2022

中国文化及相关产业统计年鉴

China Statistical Yearbook on Culture and Related Industries

国家统计局社会科技和文化产业统计司
中宣部文化体制改革和发展办公室 编

Compiled by
Department of Social, Science and Technology, and Cultural Statistics
National Bureau of Statistics of China
Cultural Reform and Development Office
Publicity Department of CPC Central Committee

图书在版编目（CIP）数据

中国文化及相关产业统计年鉴. 2022 = China Statistical Yearbook on Culture and Related Industries 2022 : 汉英对照 / 国家统计局社会科技和文化产业统计司, 中宣部文化体制改革和发展办公室编. -- 北京 : 中国统计出版社, 2022.11
ISBN 978-7-5230-0004-5

Ⅰ. ①中… Ⅱ. ①国… ②中… Ⅲ. ①文化产业－中国－2022－年鉴－汉、英 Ⅳ. ①G124-54

中国版本图书馆 CIP 数据核字(2022)第 206057 号

中国文化及相关产业统计年鉴 2022

作　　者/国家统计局社会科技和文化产业统计司，中宣部文化体制改革和发展办公室
责任编辑/郭　栋
封面设计/李雪燕
出版发行/中国统计出版社有限公司
通信地址/北京市丰台区西三环南路甲 6 号　邮政编码/100073
发行电话/邮购（010）63376909　书店（010）68783171
网　　址/http://www.zgtjcbs.com
印　　刷/河北鑫兆源印刷有限公司
经　　销/新华书店
开　　本/880mm×1230mm　1/16
字　　数/510 千字
印　　张/16.75
版　　别/2022 年 11 月第 1 版
版　　次/2022 年 11 月第 1 次印刷
定　　价/280.00 元

《中国文化及相关产业统计年鉴 2022》
编辑委员会和编辑部

China Statistical Yearbook on Culture and Related Industries 2022

Editorial Board and Editorial Staff

编者说明

《中国文化及相关产业统计年鉴2022》由国家统计局和中宣部共同编辑。本年鉴收录了2021年全国和各省、自治区、直辖市与文化产业相关的统计数据，以及2009-2021年全国主要统计数据，是一部全面反映我国文化改革发展情况的资料性年刊。

本年鉴内容分为六个部分。第一部分为经济和社会发展概况；第二部分为文化及相关产业发展情况；第三部分为文化及相关产业法人单位发展情况；第四部分为主要文化行业发展情况；第五部分为港澳台地区统计资料；第六部分为国际统计资料。附录为中国入选世界文化遗产项目、主要统计指标解释和《文化及相关产业分类(2018)》。

本年鉴对部分总计和分项因小数取舍而产生的误差，均未做配平处理。年鉴各表中的“空格”表示该统计指标数据不足本表最小单位数、数据不详或无该项数据；“#”表示其中的主要项；“*”或“1、2、3”表示本表的注解。

参与本年鉴编辑的部门还有：民政部、财政部、商务部、文化和旅游部、退役军人事务部、国家市场监督管理总局、国家广播电视总局、国家新闻出版署、国家电影局、国家文物局、国家知识产权局、国家档案局。我们对上述部门有关人员在本年鉴编辑过程中给予的大力支持，表示衷心的感谢！

EDITOR'S NOTES

Ⅰ. *China Statistical Yearbook on Culture and Related Industries 2022* is compiled by National Bureau of Statistics of China and Publicity Department of CPC Central Committee. It covers data relevant with cultural industries for 2021 at national level and local level of province, autonomous region and municipality directly under the Central Government, and national key statistical data from 2009 to 2021.The yearbook is an annual statistical publication reflecting comprehensively the development and reform of culture of China.

Ⅱ. The yearbook contains six chapters: 1. Economic and Social Development; 2. Development of Culture and Related Industries; 3. Condition on Legal Entities of Culture and Related Industries; 4. Development of Main Cultural Industries; 5. Statistical Indicators of Hong Kong, Macao and Taiwan Province of China; 6. International Statistical Indicators. Items Listing in World Cultural Heritage of China, Explanatory Notes on Main Statistical Indicators, Classification of Culture and related Industries(2018) are listed as Appendices.

Ⅲ. Statistical discrepancies on totals and relative figures due to rounding are not adjusted in the yearbook. Notations used in the yearbook: (blank space) indicates that the figure is not large enough to be measured with the smallest unit in the table, or data are unknown, or are not available; "#" indicates a major breakdown of the total.

Ⅳ. Data in the yearbook are also source from the following departments: Ministry of Civil Affairs, Ministry of Finance, Ministry of Commerce, Ministry of Culture and Tourism, Ministry of Veterans Affairs, State Administration for Market Regulation, National Radio and Television Administration, National Press and Publication Administration, China Film Administration, National Cultural Heritage Administration, China National Intellectual Property Administration and National Archives Administration. Here we want to express our deep appreciation to these departments!

目　录

Contents

一、经济和社会发展概况

Economic and Social Development

1-1　国内生产总值……3
Gross Domestic Product
1-2　国内生产总值构成……3
Composition of Gross Domestic Product
1-3　地区生产总值(2021 年)……4
Gross Regional Product (2021)
1-4　地区生产总值构成(2021 年)……5
Composition of Gross Regional Product (2021)
1-5　人口数及城乡构成……6
Population in Urban and Rural Areas
1-6　人口数及年龄结构……6
Population and Age Composition
1-7　分地区年末人口数……7
Population at Year-end by Region
1-8　按三次产业分就业人员数及构成（年底数)……8
Number of Employed Persons at Year-end and Composition by Three Strata of Industry
1-9　按行业分城镇非私营单位就业人员数(年底数)……9
Number of Employed Persons in Urban Non-Private Units at Year-end by Sector
1-10　全社会固定资产投资实际到位资金比上年增长情况……12
Growth Rate of Actual Funds Available for Investment in Total Investment in Fixed Assets in the Whole Country over Preceding Year
1-11　分地区居民人均可支配收入与消费支出(2021 年)……13
Per Capita Disposable Income and Consumption Expenditure of Households by Region (2021)
1-12　居民收入与支出……14
Income and Consumption Expenditure of Households
1-13　货物进出口总额……14
International Trade in Goods
1-14　分地区货物进出口总额(2021 年)……15
International Trade in Goods by Region (2021)
1-15　一般公共预算收入及增速……16
General Public Budget Revenue and Its Growth Rate
1-16　一般公共预算支出及增速……16
General Public Budget Expenditure and Its Growth Rate

1-17 分地区一般公共预算收入和支出 (2021 年)……17
General Public Budget Revenue and Expenditure by Region (2021)
1-18 旅游业发展情况……18
Main Indicators of Tourism
1-19 国内旅游情况……18
Domestic Tourism
1-20 分地区接待入境过夜游客……19
Number of Overnight Inbound Visitor Arrivals by Region
1-21 分地区国际旅游收入……21
Earnings from International Tourism by Region

二、文化及相关产业发展情况
Development of Culture and Related Industries

2-1-1 文化及相关产业增加值及占 GDP 比重……25
Value-added of Cultural and Related Industries and Its Percentage in GDP
2-1-2 分地区文化及相关产业增加值及占 GDP 比重(2020 年)……26
Regional Value-added of Cultural and Related Industries and Its Percentage in GDP (2020)
2-1-3 分地区文化及相关产业法人单位主要指标(2004 年)……27
Statistics on Corporate Units Engaged in Cultural and Related Industries by Region (2004)
2-1-4 分地区文化及相关产业法人单位主要指标(2008 年)……29
Statistics on Corporate Units Engaged in Cultural and Related Industries by Region (2008)
2-1-5 分地区文化及相关产业法人单位主要指标(2013 年)……31
Statistics on Corporate Units Engaged in Cultural and Related Industries by Region (2013)
2-1-6 分地区文化及相关产业法人单位主要指标(2018 年)……32
Statistics on Corporate Units Engaged in Cultural and Related Industries by Region (2018)
2-2 按类别分文化及相关产业固定资产投资增速(2021 年)……33
Growth Rate of Investment in Fixed Assets of Cultural and Related Industries by Category(2021)
2-3-1 居民人均可支配收入与文化娱乐消费支出……34
Per Capita Disposable Income and Consumption Expenditure on Culture and Recreation of Households
2-3-2 分地区居民人均文化娱乐消费支出……35
Per Capita Consumption Expenditure on Culture and Recreation of Nationwide Households by Region
2-3-3 分地区城镇居民人均文化娱乐消费支出……36
Per Capita Consumption Expenditure on Culture and Recreation of Urban Households by Region
2-3-4 分地区农村居民人均文化娱乐消费支出……37
Per Capita Consumption Expenditure on Culture and Recreation of Rural Households by Region
2-3-5 分地区居民人均文化娱乐消费支出(2021 年)……38
Per Capita Consumption Expenditure on Culture and Recreation of Households by Region(2021)
2-3-6 文化娱乐用品及服务价格指数……39
Price Indices of Articles and Service for Culture and Recreation
2-3-7 按城乡分文化娱乐用品及服务价格指数(2021 年)……39
Price Indices of Articles and Service for Culture and Recreation in Urban and Rural Area (2021)
2-4-1 文化产品进出口情况……40
Imports and Exports of Cultural Commodities

2-4-2 按商品类别分文化产品进出口情况(2021 年)……40
Imports and Exports of Cultural Commodities by Category of Commodities (2021)
2-4-3 按贸易方式分文化产品进出口情况(2021 年)……41
Imports and Exports of Cultural Commodities by Type of Trade (2021)
2-4-4 按企业性质分文化产品进出口情况(2021 年)……41
Imports and Exports of Cultural Commodities by Registration Status of Enterprises (2021)
2-4-5 文化产品前十五位出口市场……42
Ranking List of Exports of Cultural Commodities by Country (Region) of Destination
2-4-6 文化产品前十五位进口市场……43
Ranking List of Imports of Cultural Commodities by Country (Region) of Origin
2-5-1 全国一般公共预算文化旅游体育与传媒支出……45
Expenditure for Culture, Tourism, Sport and Media of National Government Revenue
2-5-2 地方一般公共预算文化旅游体育与传媒支出……46
Expenditure for Culture, Tourism, Sport and Media of Regional Government Revenue
2-6-1 国内文化及相关产业专利授权情况……47
Statistics on Granted Patent Applications on Culture and Related Industries
2-6-2 按类别分文化及相关产业专利授权情况(2021 年)……48
Statistics on Granted Patent Applications on Culture and Related Industries by Category(2021)

三、文化及相关产业法人单位发展情况

Condition on Legal Entities of Culture and Related Industries

3-1-1 按类别分文化及相关产业法人单位基本情况(2021 年)……51
Statistics on Culture and Related Industries by Category (2021)
3-1-2 分地区文化及相关产业法人单位基本情况(2021 年)……52
Statistics on Culture and Related Industries by Region (2021)
3-2-1 规模以上文化及相关产业企业基本情况(2021 年)……53
Statistics on Culture and Related Industries above Designated Size(2021)
3-2-2 按类别分规模以上文化及相关产业企业基本情况(2021 年)……54
Statistics on Culture and Related Industries above Designated Size by Category(2021)
3-2-3 分地区规模以上文化及相关产业企业基本情况(2021 年)……56
Statistics on Culture and Related Industries above Designated Size by Region(2021)
3-3-1 规模以上文化制造业企业基本情况(2021 年)……58
Statistics on Culture-Related Manufacturing Enterprises above Designated Size(2021)
3-3-2 分地区规模以上文化制造业企业主要指标(2021 年)……60
Main Indicators on Culture-Related Manufacturing Enterprises above Designated Size by Region (2021)
3-3-3 规模以上文化制造业企业科技活动情况(2021 年)……64
Statistics on Science and Technology Activities of Culture-Related Manufacturing Enterprises above Designated Size(2021)
3-3-4 分地区规模以上文化制造业企业科技活动情况(2021 年)……66
Statistics on Science and Technology Activities of Culture-Related Manufacturing Enterprises above Designated Size by Region(2021)
3-4-1 限额以上文化批发和零售业企业基本情况(2021 年)……68
Statistics on Culture-Related Wholesale and Retail Enterprises above Designated Size(2021)

3-4-2 分地区限额以上文化批发和零售业企业主要指标(2021 年)……69
Main Indicators on Culture-Related Wholesale and Retail Enterprises above Designated Size by Region(2021)
3-5-1 规模以上文化服务业企业基本情况(2021 年)……73
Statistics on Culture-Related Service Enterprises above Designated Size(2021)
3-5-2 分地区规模以上文化服务业企业主要指标(2021 年)……75
Main Indicators on Culture-Related Service Enterprises above Designated Size by Region(2021)

四、主要文化行业发展情况
Development of Main Cultural Industries

4-1-1 图书、期刊和报纸出版情况……81
Statistics on Books, Periodicals and Newspapers
4-1-2 图书出版情况 (2021 年)……82
Statistics on Books Published by Category (2021)
4-1-3 分地区少年儿童读物和课本出版情况 (2021 年)……83
Statistics on Juvenile and Children's Books, Textbooks by Region (2021)
4-1-4 课本出版情况(2021 年)……84
Statistics on Publication of Textbooks (2021)
4-1-5 音像制品和电子出版物情况……84
Statistics on Audio-Vedio and Electronic Products
4-1-6 分地区音像制品及电子出版物情况 (2021 年)……85
Statistics on Publication of Audio-Visual and Electronic Products by Region (2021)
4-1-7 全国图书出版机构及人员情况……86
Statistics on Institutions and Employed Persons of Publication Industry
4-1-8 出版物发行购、销、存情况……87
Statistics on Purchase,Sales and Stock of Publications
4-1-9 出版物印刷机构情况……88
Statistics on Printing Institutions
4-1-10 图书、期刊、报纸进出口情况……89
Statistics on Import and Export of Books, Periodicals and Newspapers
4-1-11 图书、期刊、报纸进出口情况 (2021 年)……89
Statistics on Import and Export of Books, Periodicals and Newspapers (2021)
4-1-12 全国音像制品、电子出版物与数字出版物进出口情况……90
Statistics on Import and Export of Audio-Visual Products, Electronic Publications and Digital Publications
4-1-13 全国音像、电子出版物与数字出版物进出口情况(2021 年)……90
Statistics on Import and Export of Audio-Visual Products and Electronic Publications (2021)
4-1-14 版权合同登记情况……91
Statistics on Registration of Copyright Contracts
4-1-15 全国作品自愿登记情况……92
Statistics on Registration of Original Products
4-1-16 版权引进和输出情况……93
Statistics on Copyright Import and Export

4-1-17 版权引进和输出情况 (2021 年)······94
Basic Statistics on Import and Export of Copyright (2021)
4-2-1 广播电视事业发展情况······95
Statistics on Radio and Television
4-2-2 全国广播和电视综合人口覆盖情况······96
Population Coverage of Radio and TV Programs
4-2-3 有线广播电视传输干线网络及实际用户情况······97
Transmission Trunk and Actual Users of Cable Radio and TV
4-2-4 全国广播电视节目制作和播出情况······98
Production and Broadcasting of Radio and TV Programs
4-2-5 广播电视节目制作时间······98
Statistics on Production of Radio and Television Programs
4-2-6 分地区广播节目制作情况(2021 年)······99
Production and Transaction of Radio Program by Region(2021)
4-2-7 分地区电视节目制作交易情况(2021 年)······100
Production and Transaction of TV Program by Region(2021)
4-2-8 分地区广播节目播出情况(2021 年)······103
Broadcasting of Radio Programs by Region(2021)
4-2-9 分地区电视节目播出情况(2021 年)······105
Statistics on Broadcasting of TV Program by Region(2021)
4-2-10 分地区电视剧播出情况(2021 年)······107
Statistics on Broadcasting of TV Plays by Region(2021)
4-2-11 全国广播电视从业人员情况······108
Number of Employed Persons in Radio and TV Broadcasting Industry
4-2-12 全国广播电视实际创收收入情况······109
Revenue and Assets of Radio and TV Broadcasting Industry
4-2-13 分地区广播电视实际创收收入情况(2021 年)······110
Revenue of Radio and TV Broadcasting Industry by Region(2021)
4-2-14 分地区广播电视行政事业单位财务收支情况(2021 年)······112
Main Financial Indicators of Administrative Organs and Institutions Engaged in Radio and TV Broadcasting(2021)
4-2-15 分地区广播电视行政事业单位实际创收情况(2021 年)······113
Actual Revenue of Administrative Organs and Institutions Engaged in Radio and TV Broadcasting by Region(2021)
4-2-16 分地区广播电视行政事业单位资产负债情况(2021 年)······114
Assets and Liabilities of Administrative Organs and Institutions Engaged in Radio and TV Broadcasting by Region(2021)
4-2-17 分地区广播电视企业单位经营情况(2021 年)······115
Main Financial Indicators of Enterprises Engaged in Radio and TV Broadcasting by Region(2021)
4-2-18 分地区广播电视企业单位创收情况(2021 年)······116
Actual Revenue of Enterprises Engaged in Radio and TV Broadcasting by Region(2021)
4-2-19 分地区广播电视企业单位资产负债情况(2021 年)······117
Assets and Liabilities of Enterprises Engaged in Radio and TV Broadcasting by Region(2021)
4-2-20 全国电视节目进口情况······118
Statistics on Imported TV Programs

4-2-21 电视节目进口情况(2021 年) …… 118
Statistics on Imported TV Programs (2021)
4-2-22 分地区电视节目进口情况(2021 年) …… 120
Statistics on Imported TV Programs by Region(2021)
4-2-23 电影综合情况 …… 121
Basic Statistics on Film Production
4-2-24 电影院线及票房情况 …… 122
Statistics on Movie Circuit and Movie Box Office Revenue
4-3-1 主要文化机构情况 …… 123
Statistics on Cultural Institutions
4-3-2 文化文物机构人员情况(2021 年) …… 124
Number and Personnel of Cultural and Relics Institutions (2021)
4-3-3 群众文化机构基本情况 …… 126
Statistics on Cultural Institutions
4-3-4 全国群众文化机构基本情况(2021 年) …… 127
Statistics on Cultural Institutions (2021)
4-3-5 分地区群众文化机构基本情况(2021 年) …… 129
Statistics on Cultural Institutions by Region(2021)
4-3-6 公共图书馆基本情况 …… 132
Statistics on Public Libraries
4-3-7 公共图书馆基本情况 (2021 年) …… 133
Statistics on Public Libraries (2021)
4-3-8 分地区公共图书馆基本情况(2021 年) …… 134
Statistics on Public Libraries by Region(2021)
4-3-9 艺术表演团体基本情况 …… 138
Statistics on Art Performance Troupes
4-3-10 全国艺术表演团体基本情况(2021 年) …… 139
Statistics on Art Performance Troupes (2021)
4-3-11 分地区艺术表演团体基本情况(2021 年) …… 142
Statistics on Art Performance Troupes by Region(2021)
4-3-12 艺术表演场馆基本情况 …… 145
Statistics on Art Performance Venues
4-3-13 全国艺术表演场馆基本情况(2021 年) …… 146
Statistics on Art Performance Venues (2021)
4-3-14 分地区艺术表演场馆基本情况(2021 年) …… 149
Statistics on Art Performance Venues of Culture System by Region(2021)
4-3-15 文物业基本情况 (2021 年) …… 152
Statistics on Cultural Relics (2021)
4-3-16 博物馆基本情况 …… 153
Statistics on Museums
4-3-17 分地区博物馆基本情况(2021 年) …… 154
Basic Statistics on Museums by Region(2021)
4-3-18 文物保护管理机构基本情况 …… 157
Statistics on Agencies of Cultural Relics Preservation

4-3-19 文物科研机构基本情况 …… 157
Statistics on Scientific and Research Agencies of Cultural Relics
4-3-20 分地区文物保护管理机构基本情况(2021 年) …… 158
Statistics on Agencies of Cultural Relics Preservation by Region(2021)
4-3-21 分地区文物科研机构基本情况(2021 年) …… 161
Statistics on Scientific and Research Agencies of Cultural Relics by Region(2021)
4-3-22 档案馆机构和人员情况 …… 164
Statistics on Archive Institutions and Personnel
4-3-23 国家综合档案馆基本情况 …… 165
Basic Statistics on National Comprehensive Archives
4-3-24 文化类社会组织情况(2021 年) …… 166
Statistics on Social Organizations Related with Culture(2021)
4-3-25 烈士纪念设施保护管理情况(2021 年) …… 167
Statistics on Martyr Memorial Facility Management(2021)
4-4-1 娱乐场所基本情况 …… 168
Statistics on Entertainment Units
4-4-2 分地区娱乐场所基本情况(2021 年) …… 169
Statistics on Entertainment Units by Region(2021)
4-4-3 网吧基本情况 …… 171
Statistics on Internet Bars
4-4-4 分地区网吧基本情况(2021 年) …… 172
Statistics on Internet Bars by Region(2021)
4-4-5 分地区动漫企业基本情况(2021 年) …… 174
Statistics on Comic and Animation Enterprises by Region(2021)
4-5-1 全国广告业基本情况 …… 177
Statistics on Advertising Industry
4-5-2 分地区广告经营单位 …… 178
Number of Advertising Units by Region
4-5-3 分地区广告从业人员 …… 179
Statistics on Persons Engaged in Advertising by Region
4-5-4 分地区广告经营额 …… 180
Statistics on Advertising Turnover by Region
4-5-5 文化产业相关的通信业基本情况 …… 182
Statistics on Communication Service Related with Culture Industries

五、港澳台地区统计资料
Statistical Indicators of Hong Kong, Macao and Taiwan Province of China

5-1-1 香港文化及创意产业增加值 …… 187
Value Added of the Cultural and Creative Industries of Hong Kong, China
5-1-2 香港文化及创意产业就业人数 …… 187
Number of Persons Engaged in the Cultural and Creative Industries of Hong Kong, China
5-1-3 香港文化及创意产品进出口情况 …… 188
Total Exports and Imports of Cultural and Creative Goods of Hong Kong, China

5-1-4 香港文化及创意服务输出和输入情况 ······ 189
Exports and Imports of Cultural and Creative Services of Hong Kong, China
5-2-1 澳门文化活动参与情况 ······ 192
Statistics on Arts Attendance of Macao,China
5-2-2 澳门会展业基本情况 ······ 196
Statistics on Exhibition Industry of Macao,China
5-2-3 澳门表演及文化展览情况 ······ 196
Statistics on Public Performance and Cultural Exhibitions of Macao,China
5-2-4 澳门公共图书馆及阅览室情况 ······ 197
Statistics on Public Libraries and Reading Rooms of Macao,China
5-2-5 澳门出版、博物馆及广播电影电视情况 ······ 197
Statistics on Publishing, Museums,Radio, TV and Films of Macao,China
5-3-1 台湾省文创产业从业人员情况 ······ 198
Statistics on Engaged Persons of Cultural and Creative Industries of Taiwan,China
5-3-2 台湾省文创产业营业额与本地生产总值 ······ 199
Total Revenue of Cultural and Creative Industries and GDP of Taiwan,China
5-3-3 台湾省文化创意产业企业情况 ······ 200
Statistics on Enterprises of Cultural and Creative Industries of Taiwan,China

六、国际统计资料
International Statistical Indicators

6-1 世界主要国家版权产业增加值占 GDP 的比重 ······ 205
Contribution of Copyright Industries to GDP in Main Countries
6-2 世界主要国家版权产业从业人员占从业总人员数的比重 ······ 206
Employed Persons Engaged in Copyright Industries as Percentage of Total Employed Persons
6-3 世界创意产品出口情况 ······ 207
Statistics on Exported Creative Goods
6-4 世界创意产品进口情况 ······ 208
Statistics on Imported Creative Goods
6-5 世界主要国家故事影片生产情况 ······ 209
Total Number of National Feature Films Produced in Main Countries
6-6 世界主要国家电影银幕情况 ······ 211
Total Number of Screens in Main Countries
6-7 美国文化艺术产业总产出 ······ 213
Nominal Gross Output by Arts and Cultural Production Industry
6-8 美国文化艺术产业实际增加值与上期变动百分比 ······ 214
Real Value Added by Arts and Cultural Production Industry: Percent Change from Preceding Period
6-9 加拿大文化产业基本情况 ······ 215
Statistics on Culture Industries in Canada
6-10 澳大利亚文化产业增加值基本情况 ······ 216
The Added Value of Creative Industries in Australia
6-11 英国文化产业基本情况(2019 年) ······ 217
The Creative Industries in UK (2019)

6-12 德国文化产业基本情况 …… 218
Key Data on the Culture and Creative Industries in Germany
6-13 法国文化产业增加值及构成(2020 年) …… 219
Value-added of Cultural Industries and Its Composition in France(2020)
6-14 西班牙核心文化产业增加值 …… 219
Value-added of Core Cultural Industries in Spain
6-15 日本文化产业基本情况 …… 220
Statistics on Culture Industries in Japan
6-16 韩国文化产业统计(2020 年) …… 221
Statistics of Korea's Creative Content Industry(2020)
6-17 印度娱乐传媒业营业额基本情况 …… 221
Business Revenue of Entertainment and Media Industry in India

附录一 中国入选世界文化遗产项目
Appendix 1 Items Listing in World Cultural Heritage of China
1.中国入选“世界遗产名录”的文化和自然遗产项目 …… 225
2.中国入选世界“非物质文化遗产代表作名录”的项目 …… 227

附录二 主要统计指标解释 …… 231
Appendix 2 Explanatory Notes on Main Statistical Indicators

附录三 文化及相关产业分类（2018）
Appendix 3 Classification of Culture and Related Industries (2018)
文化及相关产业分类(2018) …… 237
表 1 文化及相关产业的类别名称和行业代码 …… 239
表 2 带“*”行业分类文化生产活动内容的说明 …… 248

1

经济和社会发展概况

Economic and Social Development

1-1　国内生产总值
Gross Domestic Product

单位：亿元　　(100 million yuan)

年　份 Year	国内生产总值 Gross Domestic Product	第一产业 Primary Industry	第二产业 Secondary Industry	第三产业 Tertiary Industry	#工业 Industry	#批发零售业 Wholesale and Retail Trades
2009	348517.7	33583.8	160168.8	154765.1	138092.6	29004.6
2010	412119.3	38430.8	191626.5	182061.9	165123.1	35907.9
2011	487940.2	44781.5	227035.1	216123.6	195139.1	43734.5
2012	538580.0	49084.6	244639.1	244856.2	208901.4	49835.5
2013	592963.2	53028.1	261951.6	277983.5	222333.2	56288.9
2014	643563.1	55626.3	277282.8	310654.0	233197.4	63170.4
2015	688858.2	57774.6	281338.9	349744.7	234968.9	67719.6
2016	746395.1	60139.2	295427.8	390828.1	245406.4	73724.5
2017	832035.9	62099.5	331580.5	438355.9	275119.3	81156.6
2018	919281.1	64745.2	364835.2	489700.8	301089.3	88903.7
2019	986515.2	70473.6	380670.6	535371.0	311858.7	95650.9
2020	1013567.0	78030.9	383562.4	551973.7	312902.9	96086.1
2021	1143669.7	83085.5	450904.5	609679.7	372575.3	110492.7

注：本表按当年价格计算(以下相关表同)。
a) Data in this table are calculated at current prices.The same applies to the relevant tables following.

1-2　国内生产总值构成
Composition of Gross Domestic Product

单位：%　　(%)

年　份 Year	国内生产总值 Gross Domestic Product	第一产业 Primary Industry	第二产业 Secondary Industry	第三产业 Tertiary Industry	#工业 Industry	#批发零售业 Wholesale and Retail Trades
2009	100.0	9.6	46.0	44.4	39.6	8.3
2010	100.0	9.3	46.5	44.2	40.1	8.7
2011	100.0	9.2	46.5	44.3	40.0	9.0
2012	100.0	9.1	45.4	45.5	38.8	9.3
2013	100.0	8.9	44.2	46.9	37.5	9.5
2014	100.0	8.6	43.1	48.3	36.2	9.8
2015	100.0	8.4	40.8	50.8	34.1	9.8
2016	100.0	8.1	39.6	52.4	32.9	9.9
2017	100.0	7.5	39.9	52.7	33.1	9.8
2018	100.0	7.0	39.7	53.3	32.8	9.7
2019	100.0	7.1	38.6	54.3	31.6	9.7
2020	100.0	7.7	37.8	54.5	30.9	9.5
2021	100.0	7.3	39.4	53.3	32.6	9.7

1-3 地区生产总值(2021年)
Gross Regional Product (2021)

单位：亿元 (100 million yuan)

地区	Region	地区生产总值 Gross Regional Product	第一产业 Primary Industry	第二产业 Secondary Industry	第三产业 Tertiary Industry
北京	Beijing	40269.6	111.3	7268.6	32889.6
天津	Tianjin	15695.0	225.4	5854.3	9615.4
河北	Hebei	40391.3	4030.3	16364.2	19996.7
山西	Shanxi	22590.2	1286.9	11213.1	10090.2
内蒙古	Inner Mongolia	20514.2	2225.2	9374.2	8914.8
辽宁	Liaoning	27584.1	2461.8	10875.2	14247.1
吉林	Jilin	13235.5	1553.8	4768.3	6913.4
黑龙江	Heilongjiang	14879.2	3463.0	3975.3	7440.9
上海	Shanghai	43214.9	100.0	11449.3	31665.6
江苏	Jiangsu	116364.2	4722.4	51775.4	59866.4
浙江	Zhejiang	73515.8	2209.1	31188.6	40118.1
安徽	Anhui	42959.2	3360.6	17613.2	21985.4
福建	Fujian	48810.4	2897.7	22866.3	23046.3
江西	Jiangxi	29619.7	2334.3	13183.2	14102.2
山东	Shandong	83095.9	6029.0	33187.2	43879.7
河南	Henan	58887.4	5620.8	24331.6	28934.9
湖北	Hubei	50012.9	4661.7	18952.9	26398.4
湖南	Hunan	46063.1	4322.9	18126.1	23614.1
广东	Guangdong	124369.7	5003.7	50219.2	69146.8
广西	Guangxi	24740.9	4015.5	8187.9	12537.5
海南	Hainan	6475.2	1254.4	1238.8	3982.0
重庆	Chongqing	27894.0	1922.0	11184.9	14787.1
四川	Sichuan	53850.8	5661.9	19901.4	28287.6
贵州	Guizhou	19586.4	2730.9	6984.7	9870.8
云南	Yunnan	27146.8	3870.2	9589.4	13687.2
西藏	Tibet	2080.2	164.1	757.3	1158.8
陕西	Shaanxi	29801.0	2409.4	13802.5	13589.1
甘肃	Gansu	10243.3	1364.7	3466.6	5412.0
青海	Qinghai	3346.6	352.7	1332.6	1661.4
宁夏	Ningxia	4522.3	364.5	2021.6	2136.3
新疆	Xinjiang	15983.6	2356.1	5967.4	7660.2

注：表中数据为初步核算数(以下相关表同)。

a) Data in this table are preliminary data. The same applies to the relevant tables following.

1-4 地区生产总值构成(2021年)
Composition of Gross Regional Product (2021)

单位：% (%)

地区	Region	地区生产总值 Gross Regional Product	第一产业 Primary Industry	第二产业 Secondary Industry	第三产业 Tertiary Industry
北京	Beijing	100.0	0.3	18.0	81.7
天津	Tianjin	100.0	1.4	37.3	61.3
河北	Hebei	100.0	10.0	40.5	49.5
山西	Shanxi	100.0	5.7	49.6	44.7
内蒙古	Inner Mongolia	100.0	10.8	45.7	43.5
辽宁	Liaoning	100.0	8.9	39.4	51.6
吉林	Jilin	100.0	11.7	36.0	52.2
黑龙江	Heilongjiang	100.0	23.3	26.7	50.0
上海	Shanghai	100.0	0.2	26.5	73.3
江苏	Jiangsu	100.0	4.1	44.5	51.4
浙江	Zhejiang	100.0	3.0	42.4	54.6
安徽	Anhui	100.0	7.8	41.0	51.2
福建	Fujian	100.0	5.9	46.8	47.2
江西	Jiangxi	100.0	7.9	44.5	47.6
山东	Shandong	100.0	7.3	39.9	52.8
河南	Henan	100.0	9.5	41.3	49.1
湖北	Hubei	100.0	9.3	37.9	52.8
湖南	Hunan	100.0	9.4	39.4	51.3
广东	Guangdong	100.0	4.0	40.4	55.6
广西	Guangxi	100.0	16.2	33.1	50.7
海南	Hainan	100.0	19.4	19.1	61.5
重庆	Chongqing	100.0	6.9	40.1	53.0
四川	Sichuan	100.0	10.5	37.0	52.5
贵州	Guizhou	100.0	13.9	35.7	50.4
云南	Yunnan	100.0	14.3	35.3	50.4
西藏	Tibet	100.0	7.9	36.4	55.7
陕西	Shaanxi	100.0	8.1	46.3	45.6
甘肃	Gansu	100.0	13.3	33.8	52.8
青海	Qinghai	100.0	10.5	39.8	49.6
宁夏	Ningxia	100.0	8.1	44.7	47.2
新疆	Xinjiang	100.0	14.7	37.3	47.9

1-5 人口数及城乡构成
Population in Urban and Rural Areas

单位：万人，% (10 000 persons,%)

年份 Year	总人口(年末) Total Population (year-end)	城镇 Urban	乡村 Rural	构成 Composition 城镇 Urban	乡村 Rural
2009	133450	64512	68938	48.34	51.66
2010	134091	66978	67113	49.95	50.05
2011	134916	69927	64989	51.83	48.17
2012	135922	72175	63747	53.10	46.90
2013	136726	74502	62224	54.49	45.51
2014	137646	76738	60908	55.75	44.25
2015	138326	79302	59024	57.33	42.67
2016	139232	81924	57308	58.84	41.16
2017	140011	84343	55668	60.24	39.76
2018	140541	86433	54108	61.50	38.50
2019	141008	88426	52582	62.71	37.29
2020	141212	90220	50992	63.89	36.11
2021	141260	91425	49835	64.72	35.28

注：1.2010、2020年数据为当年人口普查数据推算数；其余年份数据为年度人口抽样调查推算数据(以下相关表同)。
2.总人口中包括现役军人，按城乡分人口中现役军人计入城镇人口。

a) Figures for years of 2010 and 2020 are the census year estimates;and figures for the rest of years are estimated on the basis of the annual national sample survey of population. The same applies to the relevant following tables.

b) Total population includes the servicemen of the Chinese People's Liberation Army, who are classified as urban population in population by residence.

1-6 人口数及年龄结构
Population and Age Composition

单位：万人，% (10 000 persons,%)

年份 Year	总人口(年末) Total Population (year-end)	按年龄组分 by Age 0-14岁 Aged 0-14 人口数 Population	比重 Proportion	15-64岁 Aged 15-64 人口数 Population	比重 Proportion	65岁及以上 Aged 65 and Over 人口数 Population	比重 Proportion
2009	133450	24659	18.5	97484	73.0	11307	8.5
2010	134091	22259	16.6	99938	74.5	11894	8.9
2011	134916	22261	16.5	100378	74.4	12277	9.1
2012	135922	22427	16.5	100718	74.1	12777	9.4
2013	136726	22423	16.4	101041	73.9	13262	9.7
2014	137646	22712	16.5	101032	73.4	13902	10.1
2015	138326	22824	16.5	100978	73.0	14524	10.5
2016	139232	23252	16.7	100943	72.5	15037	10.8
2017	140011	23522	16.8	100528	71.8	15961	11.4
2018	140541	23751	16.9	100065	71.2	16724	11.9
2019	141008	23689	16.8	99552	70.6	17767	12.6
2020	141212	25277	17.9	96871	68.6	19064	13.5
2021	141260	24678	17.5	96526	68.3	20056	14.2

1-7 分地区年末人口数
Population at Year-end by Region

单位：万人 (10 000 persons)

地 区 Region	2012	2013	2014	2015	2016	2017	2018	2019	2020	2021
全 国 National Total	**135922**	**136726**	**137646**	**138326**	**139232**	**140011**	**140541**	**141008**	**141212**	**141260**
北 京 Beijing	2078	2125	2171	2188	2195	2194	2192	2190	2189	2189
天 津 Tianjin	1378	1410	1429	1439	1443	1410	1383	1385	1387	1373
河 北 Hebei	7262	7288	7323	7345	7375	7409	7426	7447	7464	7448
山 西 Shanxi	3548	3535	3528	3519	3514	3510	3502	3497	3490	3480
内蒙古 Inner Mongolia	2464	2455	2449	2440	2436	2433	2422	2415	2403	2400
辽 宁 Liaoning	4375	4365	4358	4338	4327	4312	4291	4277	4255	4229
吉 林 Jilin	2698	2668	2642	2613	2567	2526	2484	2448	2399	2375
黑龙江 Heilongjiang	3724	3666	3608	3529	3463	3399	3327	3255	3171	3125
上 海 Shanghai	2399	2448	2467	2458	2467	2466	2475	2481	2488	2489
江 苏 Jiangsu	8120	8192	8281	8315	8381	8423	8446	8469	8477	8505
浙 江 Zhejiang	5685	5784	5890	5985	6072	6170	6273	6375	6468	6540
安 徽 Anhui	5978	5988	5997	6011	6033	6057	6076	6092	6105	6113
福 建 Fujian	3841	3885	3945	3984	4016	4065	4104	4137	4161	4187
江 西 Jiangxi	4475	4476	4480	4485	4496	4511	4513	4516	4519	4517
山 东 Shandong	9708	9746	9808	9866	9973	10033	10077	10106	10165	10170
河 南 Henan	9532	9573	9645	9701	9778	9829	9864	9901	9941	9883
湖 北 Hubei	5781	5798	5816	5850	5885	5904	5917	5927	5745	5830
湖 南 Hunan	6590	6600	6611	6615	6625	6633	6635	6640	6645	6622
广 东 Guangdong	11041	11270	11489	11678	11908	12141	12348	12489	12624	12684
广 西 Guangxi	4694	4731	4770	4811	4857	4907	4947	4982	5019	5037
海 南 Hainan	910	920	936	945	957	972	982	995	1012	1020
重 庆 Chongqing	2975	3011	3043	3070	3110	3144	3163	3188	3209	3212
四 川 Sichuan	8085	8109	8139	8196	8251	8289	8321	8351	8371	8372
贵 州 Guizhou	3587	3632	3677	3708	3758	3803	3822	3848	3858	3852
云 南 Yunnan	4631	4641	4653	4663	4677	4693	4703	4714	4722	4690
西 藏 Tibet	315	317	325	330	340	349	354	361	366	366
陕 西 Shaanxi	3787	3804	3827	3846	3874	3904	3931	3944	3955	3954
甘 肃 Gansu	2550	2537	2531	2523	2520	2522	2515	2509	2501	2490
青 海 Qinghai	571	571	576	577	582	586	587	590	593	594
宁 夏 Ningxia	659	666	678	684	695	705	710	717	721	725
新 疆 Xinjiang	2253	2285	2325	2385	2428	2480	2520	2559	2590	2589

1-8　按三次产业分就业人员数及构成（年底数）
Number of Employed Persons at Year-end and Composition by Three Strata of Industry

单位：万人，%　　(10 000 persons,%)

年　份 Year	就业人员 Employed Persons	第一产业 Primary Industry	第二产业 Secondary Industry	第三产业 Tertiary Industry	构成 Composition 第一产业 Primary Industry	第二产业 Secondary Industry	第三产业 Tertiary Industry
2009	75828	28890	21080	25857	38.1	27.8	34.1
2010	76105	27931	21842	26332	36.7	28.7	34.6
2011	76196	26472	22539	27185	34.7	29.6	35.7
2012	76254	25535	23226	27493	33.5	30.4	36.1
2013	76301	23838	23142	29321	31.3	30.3	38.4
2014	76349	22372	23057	30920	29.3	30.2	40.5
2015	76320	21418	22644	32258	28	29.7	42.3
2016	76245	20908	22295	33042	27.4	29.3	43.3
2017	76058	20295	21762	34001	26.7	28.6	44.7
2018	75782	19515	21356	34911	25.7	28.2	46.1
2019	75447	18652	21234	35561	24.7	28.2	47.1
2020	75064	17715	21543	35806	23.6	28.7	47.7
2021	74652	17072	21712	35868	22.9	29.1	48.0

1-9 按行业分城镇非私营单位就业人员数(年底数)

Number of Employed Persons in Urban Non-Private Units at Year-end by Sector

单位: 万人 (10 000 persons)

年份 Year 地区 Region	单位就业人员 Persons Employed in Various Units	农、林、牧、渔业 Agriculture, Forestry, Animal Husbandry and Fishery	采矿业 Mining	制造业 Manufacturing	电力、热力、燃气及水生产和供应业 Production and Supply of Electricity, Heat, Gas and Water	建筑业 Construction	批发和零售业 Wholesale and Retail Trades
2009	12573.0	373.7	553.7	3491.9	307.7	1177.5	520.8
2010	13051.5	375.7	562.0	3637.2	310.5	1267.5	535.1
2011	14413.3	359.5	611.6	4088.3	334.7	1724.8	647.5
2012	15236.4	338.9	631.0	4262.2	344.6	2010.3	711.8
2013	18108.4	294.8	636.5	5257.9	404.5	2921.9	890.8
2014	18277.8	284.6	596.5	5243.1	403.7	2921.2	888.6
2015	18062.5	270.0	545.8	5068.7	396.0	2796.0	883.3
2016	17888.1	263.2	490.9	4893.8	387.6	2724.7	875.0
2017	17643.8	255.4	455.4	4635.5	377.0	2643.2	842.8
2018	17258.2	192.6	414.4	4178.3	369.2	2710.9	823.3
2019	17161.8	134.1	367.7	3832.0	373.1	2270.5	830.0
2020	17039.1	85.7	352.1	3805.5	379.7	2153.3	786.9
2021	17014.5	86.8	344.8	3828.0	382.0	1971.9	797.5
北 京 Beijing	759.5	1.5	2.8	59.8	9.5	46.2	52.4
天 津 Tianjin	256.4	0.3	5.4	63.7	4.2	21.0	17.9
河 北 Hebei	566.0	1.8	15.3	101.1	18.6	38.7	20.7
山 西 Shanxi	442.9	1.3	84.6	56.5	16.1	26.9	13.7
内蒙古 Inner Mongolia	267.7	7.6	10.3	33.5	15.6	9.1	7.9
辽 宁 Liaoning	458.0	7.2	18.5	95.1	14.7	27.1	16.6
吉 林 Jilin	254.7	5.8	6.0	44.9	9.5	13.0	8.5
黑龙江 Heilongjiang	311.2	20.0	23.2	26.4	15.6	12.5	10.3
上 海 Shanghai	683.1	0.8	0.2	133.7	3.4	28.4	93.3
江 苏 Jiangsu	1314.0	2.5	5.4	461.2	15.0	230.5	54.4
浙 江 Zhejiang	1034.6	0.8	0.4	322.3	13.4	179.2	45.2
安 徽 Anhui	563.2	2.7	13.0	131.0	10.3	98.4	23.8
福 建 Fujian	579.0	1.3	1.6	160.4	10.9	112.8	24.5
江 西 Jiangxi	448.0	2.8	2.5	101.2	9.5	79.4	17.5
山 东 Shandong	1108.3	1.0	27.5	276.3	28.4	139.3	44.0
河 南 Henan	915.4	1.7	25.6	193.2	23.8	133.6	33.7
湖 北 Hubei	643.6	2.8	3.3	132.9	14.2	100.6	31.2
湖 南 Hunan	606.0	1.8	4.3	100.7	15.2	99.7	23.0
广 东 Guangdong	2110.9	2.1	1.4	830.0	27.5	124.5	109.6
广 西 Guangxi	410.3	3.3	0.9	54.2	11.3	56.4	13.6
海 南 Hainan	113.7	3.6	0.6	8.2	2.4	5.3	7.3
重 庆 Chongqing	358.1	0.4	0.8	66.7	6.4	66.3	17.7
四 川 Sichuan	871.5	2.2	11.6	144.4	23.0	142.3	35.0
贵 州 Guizhou	336.7	1.2	14.3	31.1	9.6	41.2	12.0
云 南 Yunnan	358.1	2.5	5.6	39.6	11.2	29.7	15.2
西 藏 Tibet	44.5	0.2	0.7	1.7	1.5	3.4	2.6
陕 西 Shaanxi	476.0	1.7	30.0	76.7	12.9	49.6	21.3
甘 肃 Gansu	261.3	2.1	7.3	28.3	10.6	31.5	9.4
青 海 Qinghai	67.1	0.8	2.6	9.6	2.3	3.6	2.1
宁 夏 Ningxia	70.7	0.5	6.0	9.8	4.4	2.7	2.5
新 疆 Xinjiang	324.2	2.3	13.0	33.7	11.0	19.1	10.5

1-9 续表 1 continued

单位: 万人 (10 000 persons)

年 份 Year 地 区 Region	交通运输、仓储和邮政业 Transport, Storage and Post	住宿和餐饮业 Hotels and Catering Services	信息传输、软件和信息技术服务业 Information Transmission, Software and Information Technology	金 融 业 Financial Intermediation	房地产业 Real Estate	租赁和商务服 务 业 Leasing and Business Services
2009	634.4	202.1	173.8	449.0	190.9	290.5
2010	631.1	209.2	185.8	470.1	211.6	310.1
2011	662.8	242.7	212.8	505.3	248.6	286.6
2012	667.5	265.1	222.8	527.8	273.7	292.3
2013	846.2	304.4	327.3	537.9	373.7	421.9
2014	861.4	289.3	336.3	566.3	402.2	449.4
2015	854.4	276.1	349.9	606.8	417.3	474.0
2016	849.5	269.7	364.1	665.2	431.7	488.4
2017	843.9	265.9	395.4	688.8	444.8	522.6
2018	819.0	269.8	424.3	699.3	466.0	529.5
2019	815.5	265.2	455.3	826.1	510.3	660.4
2020	812.2	256.6	487.1	859.0	525.4	643.6
2021	798.1	265.3	519.2	818.5	529.3	680.3
北 京 Beijing	54.9	28.3	101.2	61.1	46.0	68.5
天 津 Tianjin	14.9	5.7	8.3	15.8	9.8	13.4
河 北 Hebei	29.0	4.3	12.2	36.7	12.0	14.2
山 西 Shanxi	23.2	4.0	5.0	26.3	6.0	12.0
内蒙古 Inner Mongolia	19.7	2.4	4.6	18.2	5.3	5.2
辽 宁 Liaoning	30.2	4.6	13.9	27.0	11.4	13.8
吉 林 Jilin	15.8	1.9	4.5	20.3	5.0	4.5
黑龙江 Heilongjiang	23.4	1.5	5.8	20.8	5.4	13.4
上 海 Shanghai	46.9	28.2	50.7	32.4	28.2	82.2
江 苏 Jiangsu	44.9	20.6	34.6	43.5	30.8	46.0
浙 江 Zhejiang	37.1	14.4	32.8	46.7	29.9	41.8
安 徽 Anhui	20.9	5.4	10.0	22.2	15.1	21.4
福 建 Fujian	21.6	9.4	10.7	24.0	16.2	18.7
江 西 Jiangxi	17.9	4.2	5.7	16.8	9.5	8.3
山 东 Shandong	45.5	11.9	21.0	65.9	28.5	24.7
河 南 Henan	39.3	7.5	18.2	26.5	27.5	22.9
湖 北 Hubei	28.0	9.1	17.3	27.6	19.7	19.9
湖 南 Hunan	24.8	6.4	8.9	30.5	15.5	15.9
广 东 Guangdong	81.1	41.7	80.6	83.7	90.8	119.2
广 西 Guangxi	18.9	4.5	5.9	19.0	9.4	17.9
海 南 Hainan	7.3	4.9	2.8	7.7	9.4	3.6
重 庆 Chongqing	21.2	4.0	5.7	22.2	15.4	13.2
四 川 Sichuan	34.4	16.4	25.3	41.8	31.9	30.3
贵 州 Guizhou	13.0	2.9	4.6	14.2	10.4	7.9
云 南 Yunnan	15.8	5.0	5.3	12.5	9.5	11.3
西 藏 Tibet	2.3	0.7	1.3	2.0	0.8	1.9
陕 西 Shaanxi	26.2	8.7	13.0	22.6	13.2	10.8
甘 肃 Gansu	13.2	3.1	3.5	12.6	6.9	4.5
青 海 Qinghai	5.1	0.4	0.9	2.8	1.6	1.3
宁 夏 Ningxia	4.0	0.3	1.0	3.9	1.6	1.2
新 疆 Xinjiang	17.6	2.7	4.1	11.3	6.7	10.6

1-9 续表 2 continued

单位：万人 (10 000 persons)

年 份 Year 地 区 Region	科学研究和技术服务业 Scientific Research and Technical Services	水利、环境和公共设施管理业 Management of Water Conservancy, Environment and Public Facilities	居民服务、修理和其他服务业 Services to Households, Repair and Other Services	教育 Education	卫生和社会工作 Health and Social Service	文化、体育和娱乐业 Culture, Sports and Entertainment	公共管理、社会保障和社会组织 Public Management, Social Security and Social Organization
2009	272.6	205.7	58.8	1550.4	595.8	129.5	1394.3
2010	292.3	218.9	60.2	1581.8	632.5	131.4	1428.5
2011	298.5	230.3	59.9	1617.8	679.1	135.0	1467.6
2012	330.7	243.8	62.1	1653.4	719.3	137.7	1541.5
2013	387.8	259.2	72.3	1687.2	770.0	147.0	1567.0
2014	408.0	269.1	75.4	1727.3	810.4	145.5	1599.3
2015	410.6	273.3	75.2	1736.5	841.6	149.1	1637.8
2016	419.6	269.6	75.4	1729.2	867.0	150.8	1672.6
2017	420.4	268.5	78.2	1730.4	897.9	152.2	1725.6
2018	411.5	260.6	77.4	1735.6	912.4	146.6	1817.5
2019	434.3	244.5	86.3	1909.3	1006.2	151.2	1989.8
2020	431.2	245.6	82.8	1958.9	1051.9	149.5	1972.2
2021	450.1	252.6	85.9	1971.9	1094.7	151.7	1985.8
北 京 Beijing	61.2	12.0	5.8	52.5	32.9	19.2	43.6
天 津 Tianjin	11.6	3.1	5.7	21.4	12.4	1.7	20.0
河 北 Hebei	15.6	10.0	2.6	83.5	46.8	5.3	97.4
山 西 Shanxi	7.6	8.1	0.8	55.9	27.2	4.4	63.3
内蒙古 Inner Mongolia	5.9	4.7	0.6	37.0	20.3	3.1	56.5
辽 宁 Liaoning	10.7	8.4	1.6	54.1	34.6	4.3	64.1
吉 林 Jilin	6.9	6.0	1.5	36.2	22.1	3.0	39.5
黑龙江 Heilongjiang	6.0	6.8	1.5	40.0	26.4	2.3	49.6
上 海 Shanghai	35.8	13.6	10.2	38.5	31.2	6.0	19.3
江 苏 Jiangsu	27.2	14.0	5.3	112.8	63.2	8.9	93.2
浙 江 Zhejiang	21.7	10.7	4.8	90.1	55.3	7.4	80.9
安 徽 Anhui	10.7	7.1	2.4	68.2	36.9	3.5	60.2
福 建 Fujian	8.3	7.2	3.7	64.0	27.9	4.0	51.8
江 西 Jiangxi	7.1	5.9	1.2	62.8	29.5	3.2	63.1
山 东 Shandong	22.6	15.8	3.5	133.5	76.0	8.0	134.9
河 南 Henan	18.4	16.2	3.3	124.9	68.9	7.3	123.1
湖 北 Hubei	17.3	9.2	2.5	77.5	47.6	6.3	76.4
湖 南 Hunan	13.4	9.4	2.7	91.1	47.6	6.1	89.0
广 东 Guangdong	51.5	21.7	12.4	170.2	95.7	13.1	154.2
广 西 Guangxi	8.8	7.1	1.2	77.0	38.5	3.3	59.3
海 南 Hainan	3.1	5.1	0.6	16.9	8.3	1.6	15.0
重 庆 Chongqing	8.2	3.8	0.9	42.4	22.4	2.7	38.0
四 川 Sichuan	22.5	10.8	3.9	112.9	65.6	6.8	110.4
贵 州 Guizhou	5.5	5.1	1.7	57.9	29.4	2.5	72.4
云 南 Yunnan	9.6	7.0	1.8	66.5	35.7	3.7	70.7
西 藏 Tibet	1.1	0.7	0.3	5.3	2.1	0.7	15.4
陕 西 Shaanxi	13.5	9.2	1.5	64.0	34.7	5.5	60.7
甘 肃 Gansu	7.6	4.9	0.9	41.6	20.0	3.0	50.5
青 海 Qinghai	2.1	1.0	0.3	8.7	5.8	0.8	15.3
宁 夏 Ningxia	1.8	1.5	0.1	10.7	5.8	0.9	11.9
新 疆 Xinjiang	7.0	6.6	0.7	54.0	24.0	3.2	86.1

1-10 全社会固定资产投资实际到位资金比上年增长情况
Growth Rate of Actual Funds Available for Investment in Total Investment in Fixed Assets in the Whole Country over Preceding Year

单位：% (%)

年份 Year 地区 Region	本年实际到位资金 Actual Funds Available for Investment	国家预算资金 State Budget	国内贷款 Domestic Loans	利用外资 Foreign Investment	自筹资金 Self-raising Funds	其他资金 Other Funds
2009	36.8	59.5	48.6	-13.0	29.5	62.4
2010	24.3	15.7	20.2	7.9	28.4	17.1
2011	21.1	14.1	5.3	7.6	28.3	11.2
2012	18.4	27.7	11.3	-11.7	21.1	12.9
2013	20	17.7	15.2	-3.3	20.3	25.3
2014	10.6	19.9	9.7	-6.2	13.6	-5.0
2015	7.5	15.6	-6.4	-29.6	9.2	10.1
2016	5.6	17.1	10.1	-20.5	-0.2	30.7
2017	4.7	7.8	8.7	-3.1	2.2	11.5
2018	3.4	0.1	-5.4	-2.3	3.7	8.7
2019	4.1	-0.9	2.0	33.3	1.4	11.4
2020	7.3	32.8		-4.4	6.7	7.5
2021	4.3	-3.8	-3.1	-10.9	5.7	7.2
北京 Beijing	11.2	-18.4	-25.1	58.8	25.6	30.5
天津 Tianjin	3.2	-25.4	-11.7	-4.7	13.0	6.2
河北 Hebei	-2.4	6.3	-17.4	-45.0	-6.2	15.5
山西 Shanxi	8.8	52.9	2.8	-67.6	5.9	5.9
内蒙古 Inner Mongolia	7.2	-2.9	10.7	34.7	5.9	11.1
辽宁 Liaoning	-5.7	15.4	-21.8	100.8	-3.5	-9.3
吉林 Jilin	1.7	-12.4	28.8	194.0	-6.8	16.0
黑龙江 Heilongjiang	-1.5	33.7	10.0	-40.6	-0.8	-25.7
上海 Shanghai	10.7	1.3	14.3	35.1	11.5	10.9
江苏 Jiangsu	6.2	11.6	-1.6	-27.8	9.0	6.0
浙江 Zhejiang	7.7	-8.4		-34.3	7.6	14.0
安徽 Anhui	10.6	19.6	-7.8	9.5	12.3	11.5
福建 Fujian	6.6	4.4	-0.7	-47.4	8.5	6.2
江西 Jiangxi	6.7	4.5	-9.3	-37.9	10.9	0.5
山东 Shandong	4.3	-18.9	-14.6	-29.7	5.8	14.4
河南 Henan	5.4	4.0	-0.6	52.4	5.1	9.3
湖北 Hubei	-0.6	-12.3	-12.2	-56.0	-4.8	23.3
湖南 Hunan	10.4	0.2	1.7	-35.6	13.5	6.4
广东 Guangdong	9.3	5.3	4.0	24.3	13.3	8.3
广西 Guangxi	3.7	-1.3	13.0	48.7	13.4	-9.8
海南 Hainan	10.7	-3.5	40.5		-0.4	23.6
重庆 Chongqing	6.0	7.3	-13.2	42.7	9.6	10.3
四川 Sichuan	2.9	10.9	-11.1	-4.2	3.6	4.5
贵州 Guizhou	-3.8	-11.7	-15.4	124.5	1.7	-6.1
云南 Yunnan	-9.5	-22.2	-24.3	-57.0	3.1	-12.8
西藏 Tibet	8.6	40.3	-9.9		-0.9	16.9
陕西 Shaanxi	-4.9	-11.3	-14.0	0.6	-5.1	0.9
甘肃 Gansu	8.5	-10.1	-10.3	-54.9	20.8	16.4
青海 Qinghai	-7.4	-1.8	-7.3		19.6	-39.0
宁夏 Ningxia	2.7	47.0	2.6	126.2	3.2	-3.4
新疆 Xinjiang	11.3	-2.2	40.8	-12.6	13.2	10.2

注：分地区数据不含农户。

a) Data by region exclude rural households.

1-11 分地区居民人均可支配收入与消费支出(2021年)
Per Capita Disposable Income and Consumption Expenditure of Households by Region (2021)

单位：元 (yuan)

地区	Region	全国居民 Nationwide Households		城镇居民 Urban Households		农村居民 Rural Households	
		人均可支配收入 Per Capita Disposable Income	人均消费支出 Per Capita Consumption Expenditure	人均可支配收入 Per Capita Disposable Income	人均消费支出 Per Capita Consumption Expenditure	人均可支配收入 Per Capita Disposable Income	人均消费支出 Per Capita Consumption Expenditure
全国	**National Total**	**35128.1**	**24100.1**	**47411.9**	**30307.2**	**18930.9**	**15915.6**
北京	Beijing	75002.2	43640.4	81517.5	46775.7	33302.7	23574.0
天津	Tianjin	47449.4	33188.4	51485.7	36066.9	27954.5	19285.5
河北	Hebei	29383.0	19953.6	39791.0	24192.4	18178.9	15390.7
山西	Shanxi	27425.9	17191.2	37433.1	21965.5	15308.3	11410.1
内蒙古	Inner Mongolia	34108.4	22658.3	44376.9	27194.2	18336.8	15691.4
辽宁	Liaoning	35111.7	23830.8	43050.8	28438.4	19216.6	14605.9
吉林	Jilin	27769.8	19604.6	35645.8	24420.9	17641.7	13411.0
黑龙江	Heilongjiang	27159.0	20635.9	33646.1	24422.1	17889.3	15225.0
上海	Shanghai	78026.6	48879.3	82428.9	51294.6	38520.7	27204.8
江苏	Jiangsu	47498.3	31451.4	57743.5	36558.0	26790.8	21130.1
浙江	Zhejiang	57540.5	36668.1	68486.8	42193.5	35247.4	25415.2
安徽	Anhui	30904.3	21910.9	43008.7	26495.1	18371.7	17163.3
福建	Fujian	40659.3	28440.1	51140.5	33942.0	23228.9	19290.4
江西	Jiangxi	30609.9	20289.9	41684.4	24586.5	18684.2	15663.1
山东	Shandong	35705.1	22820.9	47066.4	29314.3	20793.9	14298.7
河南	Henan	26811.2	18391.3	37094.8	23177.5	17533.3	14073.2
湖北	Hubei	30829.3	23846.1	40277.8	28505.6	18259.0	17646.9
湖南	Hunan	31992.7	22798.2	44866.1	28293.8	18295.2	16950.7
广东	Guangdong	44993.3	31589.3	54853.6	36621.1	22306.0	20011.8
广西	Guangxi	26726.7	18087.9	38529.9	22555.3	16362.9	14165.3
海南	Hainan	30456.8	22241.9	40213.2	27564.8	18076.3	15487.3
重庆	Chongqing	33802.6	24597.8	43502.5	29849.6	18099.6	16095.7
四川	Sichuan	29080.1	21518.0	41443.8	26970.8	17575.3	16444.0
贵州	Guizhou	23996.2	17957.3	39211.2	25333.0	12856.1	12557.0
云南	Yunnan	25666.2	18851.0	40904.9	27440.7	14197.3	12386.3
西藏	Tibet	24949.9	15342.5	46503.3	28159.2	16932.3	10576.6
陕西	Shaanxi	28568.0	19346.5	40713.1	24783.7	14744.8	13158.0
甘肃	Gansu	22066.0	17456.2	36187.3	25756.6	11432.8	11206.1
青海	Qinghai	25919.5	19020.1	37745.3	24512.5	13604.2	13300.2
宁夏	Ningxia	27904.5	20023.8	38290.7	25385.6	15336.6	13535.7
新疆	Xinjiang	26075.0	18960.6	37642.4	25724.0	15575.3	12821.4

1-12 居民收入与支出
Income and Consumption Expenditure of Households

单位：元 (yuan)

年 份 Year	全国居民 Nationwide Households		城镇居民 Urban Households		农村居民 Rural Households	
	人均可支配收入 Per Capita Disposable Income	人均消费支出 Per Capita Consumption Expenditure	人均可支配收入 Per Capita Disposable Income	人均消费支出 Per Capita Consumption Expenditure	人均可支配收入 Per Capita Disposable Income	人均消费支出 Per Capita Consumption Expenditure
2009	10977	8377	16901	12558	5435	4464
2010	12520	9378	18779	13821	6272	4945
2011	14551	10820	21427	15554	7394	5892
2012	16510	12054	24127	17107	8389	6667
2013	18311	13220	26467	18488	9430	7485
2014	20167	14491	28844	19968	10489	8383
2015	21966	15712	31195	21392	11422	9223
2016	23821	17111	33616	23079	12363	10130
2017	25974	18322	36396	24445	13432	10955
2018	28228	19853	39251	26112	14617	12124
2019	30733	21559	42359	28063	16021	13328
2020	32189	21210	43834	27007	17131	13713
2021	35128	24100	47412	30307	18931	15916

1-13 货物进出口总额
International Trade in Goods

年 份 Year	人民币（亿元） RMB 100 million				美元（亿美元） USD 100 million			
	进出口总额 Total	出口总额 Exports	进口总额 Imports	差额 Balance	进出口总额 Total	出口总额 Exports	进口总额 Imports	差额 Balance
2009	150648.1	82029.7	68618.4	13411.3	22075.4	12016.1	10059.2	1956.9
2010	201722.3	107022.8	94699.5	12323.3	29740.0	15777.5	13962.5	1815.1
2011	236402.0	123240.6	113161.4	10079.2	36418.6	18983.8	17434.8	1549.0
2012	244160.2	129359.3	114801.0	14558.3	38671.2	20487.1	18184.1	2303.1
2013	258168.9	137131.4	121037.5	16094.0	41589.9	22090.0	19499.9	2590.2
2014	264241.8	143883.8	120358.0	23525.7	43015.3	23422.9	19592.4	3830.6
2015	245502.9	141166.8	104336.1	36830.7	39530.3	22734.7	16795.6	5939.0
2016	243386.5	138419.3	104967.2	33452.1	36855.6	20976.3	15879.3	5097.1
2017	278099.2	153309.4	124789.8	28519.6	41071.4	22633.4	18437.9	4195.5
2018	305010.1	164128.8	140881.3	23247.5	46224.4	24867.0	21357.5	3509.5
2019	315627.3	172373.6	143253.7	29119.9	45778.9	24994.8	20784.1	4210.7
2020	322215.2	179278.8	142936.4	36342.4	46559.1	25899.5	20659.6	5239.9
2021	390921.7	217287.4	173634.3	43653.1	60501.7	33630.2	26871.4	6758.8

注：本表为海关进出口统计数(下表同)。

a) Data in this table are from China Customs statistics. The same applies to the table following.

1-14 分地区货物进出口总额(2021年)
International Trade in Goods by Region (2021)

单位：亿元人民币 (RMB 100 million)

地 区	Region	按收发货人所在地分 By Location of Importers/Exporters			按境内目的地和货源地分 By Domestic Consumers/Producers		
		进出口 Total	出 口 Exports	进 口 Imports	进出口 Total	出 口 Exports	进 口 Imports
全 国	**National Total**	**390921.7**	**217287.4**	**173634.3**	**390921.7**	**217287.4**	**173634.3**
北 京	Beijing	30436.1	6122.6	24313.6	10189.0	3317.8	6871.2
天 津	Tianjin	8567.7	3875.8	4691.9	10305.5	3705.7	6599.7
河 北	Hebei	5417.5	3029.7	2387.8	8829.4	4322.6	4506.8
山 西	Shanxi	2231.1	1366.0	865.1	2365.3	1589.6	775.8
内蒙古	Inner Mongolia	1236.5	478.1	758.5	1857.6	627.0	1230.6
辽 宁	Liaoning	7722.8	3312.5	4410.3	9829.6	3862.4	5967.2
吉 林	Jilin	1505.0	353.5	1151.5	1578.3	377.8	1200.5
黑龙江	Heilongjiang	1993.0	447.4	1545.7	1857.8	496.8	1361.0
上 海	Shanghai	40604.7	15713.4	24891.4	39053.4	13077.5	25975.9
江 苏	Jiangsu	52104.5	32526.7	19577.8	55959.4	32646.8	23312.6
浙 江	Zhejiang	41418.7	30119.9	11298.8	39972.8	29638.7	10334.1
安 徽	Anhui	6913.9	4094.2	2819.7	6648.1	4295.0	2353.0
福 建	Fujian	18432.8	10812.0	7620.8	15975.5	10166.0	5809.5
江 西	Jiangxi	4976.5	3668.7	1307.7	4380.5	3083.9	1296.6
山 东	Shandong	29319.4	17557.7	11761.8	34386.1	18412.8	15973.3
河 南	Henan	8202.1	5022.0	3180.1	8808.0	5565.3	3242.7
湖 北	Hubei	5370.0	3508.6	1861.4	5136.2	3284.9	1851.3
湖 南	Hunan	5968.4	4210.3	1758.0	3672.6	2451.0	1221.6
广 东	Guangdong	82681.6	50525.5	32156.1	95301.2	58309.3	36991.9
广 西	Guangxi	5931.7	2938.8	2992.9	6469.4	1954.2	4515.2
海 南	Hainan	1468.7	327.5	1141.2	1297.3	288.2	1009.1
重 庆	Chongqing	7999.8	5167.7	2832.1	7046.2	4666.1	2380.1
四 川	Sichuan	9520.6	5708.6	3812.1	9178.0	5349.7	3828.3
贵 州	Guizhou	654.1	487.1	167.0	659.5	471.1	188.4
云 南	Yunnan	3145.3	1766.7	1378.6	2664.5	1254.0	1410.4
西 藏	Tibet	40.2	22.5	17.6	40.7	26.2	14.6
陕 西	Shaanxi	4752.1	2563.3	2188.8	4398.9	2482.1	1916.7
甘 肃	Gansu	491.9	96.9	395.0	496.7	139.7	357.0
青 海	Qinghai	31.7	17.1	14.7	25.9	20.2	5.7
宁 夏	Ningxia	213.9	174.7	39.2	301.2	248.0	53.2
新 疆	Xinjiang	1569.2	1272.1	297.1	2237.2	1156.8	1080.4

1-15 一般公共预算收入及增速
General Public Budget Revenue and Its Growth Rate

年 份 Year	一般公共预算收入(亿元) General Public Budget Revenue (100 million yuan)			构成 (%) Composition (%)		一般公共预算收入增长速度(%) Growth Rate (%)
		中央 Central Government	地方 Local Governments	中央 Central Government	地方 Local Governments	
2009	68518.3	35915.7	32602.6	52.4	47.6	11.7
2010	83101.5	42488.5	40613.0	51.1	48.9	21.3
2011	103874.4	51327.3	52547.1	49.4	50.6	25.0
2012	117253.5	56175.2	61078.3	47.9	52.1	12.9
2013	129209.6	60198.5	69011.2	46.6	53.4	10.2
2014	140370.0	64493.5	75876.6	45.9	54.1	8.6
2015	152269.2	69267.2	83002.0	45.5	54.5	5.8
2016	159605.0	72365.6	87239.4	45.3	54.7	4.5
2017	172592.8	81123.4	91469.4	47.0	53.0	7.4
2018	183359.8	85456.5	97903.4	46.6	53.4	6.2
2019	190390.1	89309.5	101080.6	46.9	53.1	3.8
2020	182913.9	82770.7	100143.2	45.3	54.7	-3.9
2021	202554.6	91470.4	111084.2	45.2	54.8	10.7

注：预算收入中不包括国内外债务收入。
a)Budget Revenue does not include the receipts of domestic and foreign debts.

1-16 一般公共预算支出及增速
General Public Budget Expenditure and Its Growth Rate

年 份 Year	一般公共预算支出(亿元) General Public Budget Expenditure (100 million yuan)			构成 (%) Composition (%)		一般公共预算支出增长速度(%) Growth Rate (%)
		中央 Central Government	地方 Local Governments	中央 Central Government	地方 Local Governments	
2009	76299.9	15255.8	61044.1	20.0	80.0	21.9
2010	89874.2	15989.7	73884.4	17.8	82.2	17.8
2011	109247.8	16514.1	92733.7	15.1	84.9	21.6
2012	125953.0	18764.6	107188.3	14.9	85.1	15.3
2013	140212.1	20471.8	119740.3	14.6	85.4	11.3
2014	151785.6	22570.1	129215.5	14.9	85.1	8.3
2015	175877.8	25542.2	150335.6	14.5	85.5	13.2
2016	187755.2	27403.9	160351.4	14.6	85.4	6.3
2017	203085.5	29857.2	173228.3	14.7	85.3	7.6
2018	220904.1	32707.8	188196.3	14.8	85.2	8.7
2019	238858.4	35115.2	203743.2	14.7	85.3	8.1
2020	245679.0	35095.6	210583.5	14.3	85.7	2.9
2021	245673.0	35050.0	210623.0	14.3	85.7	0.0

注：预算支出中包括国内外债务付息支出。
a) Budget expenditures include the interest payment on domestic and foreign debts.

1-17 分地区一般公共预算收入和支出（2021年）
General Public Budget Revenue and Expenditure by Region (2021)

单位：亿元 (100 million yuan)

地 区	Region	地方一般公共预算收入 General Public Budget Revenue	税收收入 Tax Revenue	非税收入 Non-tax Revenue	地方一般公共预算支出 General Public Budget Expenditure
地方合计	**Region Total**	**111084.2**	**83789.3**	**27295.0**	**210623.0**
北 京	Beijing	5932.3	5164.6	767.7	7205.1
天 津	Tianjin	2141.1	1621.9	519.2	3152.5
河 北	Hebei	4167.6	2735.7	1431.9	8848.2
山 西	Shanxi	2834.5	2094.7	739.8	5046.6
内蒙古	Inner Mongolia	2349.9	1671.1	678.9	5239.6
辽 宁	Liaoning	2765.6	1970.9	794.7	5879.2
吉 林	Jilin	1144.0	809.4	334.6	3696.8
黑龙江	Heilongjiang	1300.5	870.2	430.3	5104.8
上 海	Shanghai	7771.8	6606.7	1165.1	8430.9
江 苏	Jiangsu	10015.2	8171.3	1843.9	14585.3
浙 江	Zhejiang	8262.6	7172.0	1090.7	11014.6
安 徽	Anhui	3498.2	2389.9	1108.3	7591.1
福 建	Fujian	3383.4	2493.1	890.3	5204.7
江 西	Jiangxi	2812.2	1929.3	882.9	6778.9
山 东	Shandong	7284.5	5476.0	1808.5	11713.2
河 南	Henan	4353.9	2842.6	1511.4	9784.3
湖 北	Hubei	3283.3	2559.7	723.6	7933.7
湖 南	Hunan	3250.7	2246.0	1004.7	8325.5
广 东	Guangdong	14105.0	10785.2	3319.8	18247.0
广 西	Guangxi	1800.2	1191.1	609.1	5806.5
海 南	Hainan	921.2	742.9	178.2	1971.4
重 庆	Chongqing	2285.5	1543.4	742.0	4835.1
四 川	Sichuan	4773.2	3334.9	1438.3	11215.7
贵 州	Guizhou	1969.4	1177.2	792.2	5590.0
云 南	Yunnan	2278.3	1514.2	764.1	6634.4
西 藏	Tibet	215.6	142.2	73.5	2027.0
陕 西	Shaanxi	2775.4	2237.0	538.4	6069.2
甘 肃	Gansu	1001.9	667.4	334.4	4032.6
青 海	Qinghai	328.8	234.7	94.0	1854.5
宁 夏	Ningxia	460.0	300.7	159.3	1427.9
新 疆	Xinjiang	1618.6	1093.2	525.4	5376.9

1-18 旅游业发展情况
Main Indicators of Tourism

年份 Year	国际旅游收入（亿美元） Earnings from International Tourism (100 million USD)	国内旅游收入（亿元） Earnings from Domestic Tourism (100 million yuan)	国内游客（亿人次） Number of Domestic Visitors (100 million person-times)	入境游客（万人次） Number of Overseas Visitors Arrivals (10 000 person-times)	国内居民出境人数（万人次） Number of Chinese Outbound Visitors (10 000 person-times)	旅行社数（个） Number of Travel Agencies (unit)
2009	396.8	10183.7	19.0	12647.6	4765.6	20399
2010	458.1	12579.8	21.0	13376.2	5738.7	22784
2011	484.6	19305.4	26.4	13542.4	7025.0	23690
2012	500.3	22706.2	29.6	13240.5	8318.2	24944
2013	516.6	26276.1	32.6	12907.8	9818.5	26054
2014	569.1	30311.9	36.1	12849.8	11659.3	26650
2015	1136.5	34195.1	40.0	13382.0	12786.0	27621
2016	1200.0	39389.8	44.4	13844.4	13513.0	27939
2017	1234.2	45660.8	50.0	13948.2	14272.7	29717
2018	1271.0	51278.3	55.4	14119.8	16199.3	37309
2019	1312.5	57250.9	60.1	14530.8	16920.5	38943
2020		22286.3	28.8			31074
2021		29190.7	32.5			42432

注：2015年以后，“国际旅游收入”补充完善了停留时间为3-12个月的入境游客花费和游客在华短期旅居的花费，与以前年度不可比。

a) Since 2015, Earnings from International Tourism has supplemented and improved the cost of inbound tourists and short-term tourists for the term of 3-12 months in China, so it is not comparable with the previous year.

1-19 国内旅游情况
Domestic Tourism

年份 Year	国内游客（百万人次） Domestic Visitors (million person-times)	城镇居民 Urban Residents	农村居民 Rural Residents	旅游总花费（亿元） Tourism Expenditure (100 million yuan)	城镇居民 Urban Residents	农村居民 Rural Residents	人均花费（元） Per Capita Expenditure (yuan)	城镇居民 Urban Residents	农村居民 Rural Residents
2009	1902	903	999	10183.7	7233.8	2949.9	535.4	801.1	295.3
2010	2103	1065	1038	12579.8	9403.8	3176.0	598.2	883.0	306.0
2011	2641	1687	954	19305.4	14808.6	4496.8	731.0	877.8	471.4
2012	2957	1933	1024	22706.2	17678.0	5028.2	767.9	914.5	491.0
2013	3262	2186	1076	26276.1	20692.6	5583.5	805.5	946.6	518.9
2014	3611	2483	1128	30311.9	24219.8	6092.1	839.7	975.4	540.2
2015	3990	2802	1188	34195.1	27610.9	6584.2	857.0	985.5	554.2
2016	4435	3195	1240	39389.8	32241.9	7147.9	888.2	1009.1	576.4
2017	5001	3677	1324	45660.8	37673.0	7987.7	913.0	1024.6	603.3
2018	5539	4119	1420	51278.3	42590.0	8688.3	925.8	1034.0	611.9
2019	6006	4471	1535	57250.9	47509.0	9741.9	953.3	1062.6	634.7
2020	2879	2065	814	22286.3	17966.5	4319.8	774.1	870.3	530.5
2021	3246	2342	904	29190.7	23644.2	5546.6	899.3	1009.6	613.6

1-20 分地区接待入境过夜游客
Number of Overnight Inbound Visitor Arrivals by Region

单位：万人次 (10 000 person-times)

地区	Region	2015 总计 Total	2015 #外国人 Foreigners	2016 总计 Total	2016 #外国人 Foreigners	2017 总计 Total	2017 #外国人 Foreigners
北京	Beijing	420.0	357.6	416.5	354.8	392.6	332.0
天津	Tianjin	78.5	69.0	82.4	71.9	79.2	68.5
河北	Hebei	76.6	59.9	83.8	66.0	91.0	70.4
山西	Shanxi	59.4	38.0	63.0	40.4	67.0	43.5
内蒙古	Inner Mongolia	160.8	153.4	177.9	168.2	184.8	175.7
辽宁	Liaoning	264.0	204.6	273.7	212.2	278.9	217.1
吉林	Jilin	148.1	129.2	162.0	142.2	148.4	128.3
黑龙江	Heilongjiang	83.5	78.7	95.7	90.9	103.9	98.5
上海	Shanghai	653.6	540.7	690.4	572.6	719.3	589.5
江苏	Jiangsu	305.0	200.8	329.8	218.0	370.1	241.8
浙江	Zhejiang	459.0	334.0	525.6	387.3	589.1	430.1
安徽	Anhui	291.1	171.2	313.4	184.5	351.1	205.3
福建	Fujian	332.7	133.7	611.5	254.1	691.7	292.9
江西	Jiangxi	155.9	44.9	164.8	49.8	174.7	57.1
山东	Shandong	312.2	226.4	328.8	237.7	440.5	316.1
河南	Henan	135.3	84.4	149.9	95.8	155.9	99.7
湖北	Hubei	311.8	239.8	337.6	254.7	368.1	278.0
湖南	Hunan	226.1	118.2	240.8	127.4	322.3	155.5
广东	Guangdong	3450.4	783.6	3507.2	909.5	3654.5	864.8
广西	Guangxi	450.4	239.2	482.5	252.0	512.4	255.4
海南	Hainan	60.8	35.6	74.9	47.0	112.0	78.7
重庆	Chongqing	148.1	99.0	180.9	119.0	224.9	136.2
四川	Sichuan	273.2	193.4	308.8	219.2	336.2	241.3
贵州	Guizhou	68.6	29.9	72.3	31.9	32.4	13.5
云南	Yunnan	570.1	420.0	600.4	450.7	667.7	507.5
西藏	Tibet	29.3	14.3	32.2	21.1	34.4	26.9
陕西	Shaanxi	293.0	194.2	338.2	228.5	383.7	262.1
甘肃	Gansu	5.5	3.2	7.2	4.0	7.9	4.2
青海	Qinghai	6.5	4.5	7.0	5.0	7.0	5.7
宁夏	Ningxia	3.7	1.8	5.1	2.4	6.5	3.3
新疆	Xinjiang	53.1	45.9	58.2	51.6	77.4	67.2

1-20 续表 continued

单位：万人次 (10 000 person-times)

地 区	Region	2018 总计 Total	2018 #外国人 Foreigners	2019 总计 Total	2019 #外国人 Foreigners
北 京	Beijing	400.4	339.8	376.9	320.7
天 津	Tianjin	59.0	55.9	56.1	50.8
河 北	Hebei	98.9	74.5	97.1	73.6
山 西	Shanxi	71.3	46.6	76.2	49.8
内蒙古	Inner Mongolia	188.1	178.8	195.8	186.6
辽 宁	Liaoning	287.7	229.8	294.1	236.9
吉 林	Jilin	143.8	123.8	136.6	121.1
黑龙江	Heilongjiang	109.2	104.1	110.7	99.3
上 海	Shanghai	742.0	602.0	734.7	599.2
江 苏	Jiangsu	400.9	264.7	399.5	266.5
浙 江	Zhejiang	456.8	323.4	467.1	329.8
安 徽	Anhui	370.8	218.8	379.7	210.7
福 建	Fujian	513.5	218.3	566.0	240.0
江 西	Jiangxi	191.8	57.2	197.2	61.1
山 东	Shandong	422.0	306.2	404.2	294.4
河 南	Henan	167.3	105.0	180.4	113.8
湖 北	Hubei	405.1	307.0	450.0	349.9
湖 南	Hunan	365.1	178.7	467.0	250.1
广 东	Guangdong	3748.1	862.4	3731.4	857.0
广 西	Guangxi	562.3	270.2	624.0	294.8
海 南	Hainan	126.4	89.7	143.6	107.9
重 庆	Chongqing	280.0	159.0	297.1	169.7
四 川	Sichuan	369.8	276.5	414.8	313.1
贵 州	Guizhou	39.7	17.5	47.2	23.5
云 南	Yunnan	706.1	549.9	739.0	586.5
西 藏	Tibet	47.6	24.2	54.2	36.9
陕 西	Shaanxi	437.1	307.3	465.7	329.6
甘 肃	Gansu	10.0	5.7	19.8	11.4
青 海	Qinghai	6.9	5.4	7.3	4.7
宁 夏	Ningxia	8.8	3.4	12.7	3.6
新 疆	Xinjiang	99.3	85.6	34.7	25.8

1-21 分地区国际旅游收入
Earnings from International Tourism by Region

单位：百万美元 (USD million)

地 区	Region	2012	2013	2014	2015	2016	2017	2018	2019
北 京	Beijing	5149.0	4794.7	4608.0	4605.0	5070.0	5129.8	5516.4	5192.5
天 津	Tianjin	2226.4	2591.3	2992.1	3298.1	3556.9	3751.5	1109.9	1182.5
河 北	Hebei	544.9	585.8	534.2	501.9	552.4	578.7	646.7	740.2
山 西	Shanxi	720.2	822.7	280.7	297.1	317.4	350.1	378.0	410.0
内蒙古	Inner Mongolia	772.0	962.3	1003.0	962.5	1139.0	1245.6	1272.1	1340.1
辽 宁	Liaoning	3263.7	3477.1	1618.0	1636.5	1823.9	1778.1	1739.6	1739.0
吉 林	Jilin	494.8	552.4	583.9	724.1	791.2	765.8	685.9	615.0
黑龙江	Heilongjiang	835.5	604.4	563.6	395.3	458.1	479.6	537.1	645.9
上 海	Shanghai	5493.2	5244.7	5601.9	5860.4	6419.2	6698.7	7261.4	8243.5
江 苏	Jiangsu	6299.7	2379.9	3032.7	3527.3	3803.6	4194.7	4648.4	4743.6
浙 江	Zhejiang	5151.7	5392.9	5753.5	6788.5	3127.6	3586.4	2595.8	2668.2
安 徽	Anhui	1562.7	1660.4	1840.3	2262.9	2542.4	2880.8	3187.6	3387.7
福 建	Fujian	4225.7	4573.4	4911.8	5561.4	6625.7	7588.0	2828.2	3398.5
江 西	Jiangxi	484.7	525.1	556.9	567.0	584.5	629.9	745.4	865.4
山 东	Shandong	2923.7	2731.2	2330.1	2896.5	3063.4	3174.0	3292.8	3413.1
河 南	Henan	611.4	660.0	538.4	623.6	646.5	661.6	723.2	947.0
湖 北	Hubei	1203.0	1218.9	1238.5	1671.9	1872.4	2104.7	2379.7	2654.2
湖 南	Hunan	928.4	822.7	800.0	857.7	1004.6	1295.4	1520.4	2250.9
广 东	Guangdong	15610.7	16278.1	17106.4	17884.7	18577.1	19960.4	20511.7	20521.3
广 西	Guangxi	1278.9	1547.3	1572.1	1916.9	2164.3	2395.6	2777.7	3511.3
海 南	Hainan	348.0	337.5	268.6	248.5	349.9	681.0	770.5	972.4
重 庆	Chongqing	1168.3	1268.3	1354.4	1468.6	1686.8	1947.6	2189.9	2524.8
四 川	Sichuan	798.2	764.8	857.7	1180.9	1581.7	1446.5	1511.7	2023.8
贵 州	Guizhou	168.9	201.4	188.8	231.3	252.7	283.3	317.6	345.0
云 南	Yunnan	1947.1	2418.2	2420.7	2875.5	3074.8	3550.3	4418.0	5147.4
西 藏	Tibet	105.7	127.9	144.7	176.7	194.4	197.5	247.1	279.1
陕 西	Shaanxi	1597.5	1676.2	1768.7	2000.2	2338.6	2704.4	3126.7	3367.7
甘 肃	Gansu	22.4	20.4	10.2	14.2	19.1	20.9	28.3	59.1
青 海	Qinghai	24.3	19.4	24.7	38.8	44.2	38.3	36.1	33.4
宁 夏	Ningxia	5.5	12.1	18.5	20.8	40.6	37.6	55.9	69.3
新 疆	Xinjiang	550.6	585.0	497.0	555.9	518.7	810.8	946.4	454.0

2

文化及相关产业发展情况

Development of Culture and Related Industries

2-1-1 文化及相关产业增加值及占GDP比重
Value-added of Cultural and Related Industries and Its Percentage in GDP

年 份 Year	增加值 (亿元) Value-added (100 million yuan)	占GDP比重 (%) as Percentage of GDP (%)
2004	3440	2.13
2005	4253	2.27
2006	5123	2.33
2007	6455	2.39
2008	7630	2.39
2009	8786	2.52
2010	11052	2.68
2011	13479	2.76
2012	18071	3.36
2013	21870	3.69
2014	24538	3.81
2015	27235	3.95
2016	30785	4.12
2017	35427	4.26
2018	41171	4.48
2019	44363	4.50
2020	44945	4.43

注：1.2004-2011年按2004年颁布的《文化及相关产业分类》测算，2012-2016年按《文化及相关产业分类(2012)》测算，2017-2020年按《文化及相关产业分类(2018)》测算（以下相关表同）。
2.2009-2012年仅包括法人单位数据，其他年份为包括个体经营户在内的全口径数据。

a) Data of 2004-2011 are caculated according to the scope of Classification of Cultural and Related Industries issued in 2004, and data of 2012-2016 are calculated accoring to Classfication of Cultural and Relate Industries (2012),and data of 2017-2020 are calculated according to Classfication of Cultural and Relate Industries (2018).The same applies to the relevant tables following.

b) Data of 2009-2012 only include legal entities. Data of other years are calculateal of the full aperture data, including individual enterprises.

2-1-2 分地区文化及相关产业增加值及占GDP比重(2020年)
Regional Value-added of Cultural and Related Industries and Its Percentage in GDP (2020)

地 区	Region	增加值(亿元) Value-added (100 million yuan)	占GDP比重(%) as Percentage of GDP (%)
北 京	Beijing	3770	10.49
天 津	Tianjin	377	2.69
河 北	Hebei	897	2.49
山 西	Shanxi	405	2.27
内蒙古	Inner Mongolia	375	2.18
辽 宁	Liaoning	643	2.57
吉 林	Jilin	139	1.14
黑龙江	Heilongjiang	201	1.48
上 海	Shanghai	2390	6.13
江 苏	Jiangsu	4986	4.85
浙 江	Zhejiang	4495	6.95
安 徽	Anhui	1607	4.22
福 建	Fujian	2166	4.97
江 西	Jiangxi	1097	4.26
山 东	Shandong	2709	3.72
河 南	Henan	2203	4.06
湖 北	Hubei	1722	4.01
湖 南	Hunan	2058	4.95
广 东	Guangdong	6211	5.59
广 西	Guangxi	509	2.30
海 南	Hainan	195	3.51
重 庆	Chongqing	971	3.88
四 川	Sichuan	2037	4.20
贵 州	Guizhou	452	2.53
云 南	Yunnan	645	2.63
西 藏	Tibet	79	4.17
陕 西	Shaanxi	694	2.67
甘 肃	Gansu	187	2.08
青 海	Qinghai	51	1.71
宁 夏	Ningxia	103	2.61
新 疆	Xinjiang	239	1.73

2-1-3 分地区文化及相关产业法人单位主要指标(2004年)

Statistics on Corporate Units Engaged in Cultural and Related Industries by Region (2004)

行业 地区	Sector Region	法人单位数(万个) Number of Corporate Units (10 000 units)	从业人员(万人) Number of Employed Persons (10 000 persons)	资产总计(亿元) Total Assets (100 million yuan)
全　国	**National Total**	**31.79**	**873.26**	**18316.6**
文化制造业	Culture-Related Manufacturing Industry	6.89	500.29	7862.6
文化批发和零售业	Culture-Related Wholesale and Retail Industry	5.11	71.50	2778.2
文化服务业	Culture-Related Service Industry	19.79	301.47	7675.9
北　京	Beijing	3.03	55.51	2942.4
天　津	Tianjin	0.58	15.10	389.8
河　北	Hebei	0.71	25.53	360.5
山　西	Shanxi	0.57	14.42	142.9
内蒙古	Inner Mongolia	0.32	10.11	78.1
辽　宁	Liaoning	1.20	28.25	551.0
吉　林	Jilin	0.41	12.29	155.4
黑龙江	Heilongjiang	0.45	15.94	190.2
上　海	Shanghai	3.00	50.12	1747.5
江　苏	Jiangsu	2.66	71.57	1349.8
浙　江	Zhejiang	3.13	79.22	1523.3
安　徽	Anhui	0.68	21.61	286.7
福　建	Fujian	1.27	48.33	675.0
江　西	Jiangxi	0.50	15.69	162.0
山　东	Shandong	1.72	75.17	1268.3
河　南	Henan	0.93	36.93	366.2
湖　北	Hubei	0.74	24.88	369.7
湖　南	Hunan	0.75	25.76	438.6
广　东	Guangdong	3.63	231.14	3428.6
广　西	Guangxi	0.80	19.14	226.9
海　南	Hainan	0.18	4.62	152.8
重　庆	Chongqing	0.43	14.26	204.3
四　川	Sichuan	1.57	36.97	729.5
贵　州	Guizhou	0.30	7.69	74.4
云　南	Yunnan	0.61	14.66	240.5
西　藏	Tibet	0.03	1.50	8.5
陕　西	Shaanxi	0.58	16.35	229.0
甘　肃	Gansu	0.37	8.50	78.1
青　海	Qinghai	0.10	2.93	16.3
宁　夏	Ningxia	0.14	3.88	61.8
新　疆	Xinjiang	0.39	8.30	104.2

注：本表数据根据第一次全国经济普查数据测算。

a) Data in the table above are based on the first National Economic Census.

2-1-3 续表 continued

行 业 地 区	Sector Region	营业收入(亿元) Business Revenue (100 million yuan)	#主营业务收入 Revenue from Principal Business	法人单位增加值(亿元) Value-added of Corporate Units (100 million yuan)	占GDP比重(%) as Percentage of GDP (%)
全 国	**National Total**	**16561.5**	**16225.2**	**3101.7**	**1.94**
文化制造业	Culture-Related Manufacturing Industry	8911.2	8720.0	1480.7	0.93
文化批发和零售业	Culture-Related Wholesale and Retail Industry	4227.0	4169.2	327.8	0.21
文化服务业	Culture-Related Service Industry	3423.3	3336.0	1293.1	0.81
北 京	Beijing	1749.2		385.9	6.37
天 津	Tianjin	331.4		62.1	2.00
河 北	Hebei	256.2		75.0	0.89
山 西	Shanxi	107.7		36.4	1.02
内蒙古	Inner Mongolia	85.7		32.3	1.07
辽 宁	Liaoning	406.3		89.6	1.34
吉 林	Jilin	102.2		40.6	1.30
黑龙江	Heilongjiang	139.2		47.8	1.01
上 海	Shanghai	1782.3		269.5	3.34
江 苏	Jiangsu	1570.4		258.6	1.72
浙 江	Zhejiang	1366.6		273.1	2.34
安 徽	Anhui	217.3		55.5	1.17
福 建	Fujian	727.7		137.6	2.39
江 西	Jiangxi	130.1		42.0	1.22
山 东	Shandong	1628.6		286.9	1.91
河 南	Henan	381.3		101.4	1.19
湖 北	Hubei	231.1		71.3	1.27
湖 南	Hunan	318.9		108.8	1.93
广 东	Guangdong	4286.2		698.9	3.70
广 西	Guangxi	163.0		51.1	1.49
海 南	Hainan	51.7		13.4	1.68
重 庆	Chongqing	163.5		37.6	1.40
四 川	Sichuan	484.5		85.4	1.34
贵 州	Guizhou	58.7		24.1	1.43
云 南	Yunnan	157.3		47.3	1.54
西 藏	Tibet	4.6		4.6	2.08
陕 西	Shaanxi	151.6		45.7	1.44
甘 肃	Gansu	50.5		18.1	1.07
青 海	Qinghai	11.2		5.1	1.09
宁 夏	Ningxia	33.7		9.8	1.82
新 疆	Xinjiang	65.1		24.6	1.09

2-1-4 分地区文化及相关产业法人单位主要指标(2008年)

Statistics on Corporate Units Engaged in Cultural and Related Industries by Region (2008)

行 业 地 区	Sector Region	法人单位数 (万个) Number of Corporate Units (10 000 units)	从业人员 (万人) Number of Employed Persons (10 000 persons)	资产总计 (亿元) Total Assets (100 million yuan)
全 国	**National Total**	**46.08**	**1008.22**	**27486.6**
文化制造业	Culture-Related Manufacturing Industry	8.88	508.14	10438.2
文化批发和零售业	Culture-Related Wholesale and Retail Industry	5.53	63.59	3177.4
文化服务业	Culture-Related Service Industry	31.66	436.49	13870.9
北 京	Beijing	3.77	58.20	3584.9
天 津	Tianjin	0.91	15.71	918.2
河 北	Hebei	1.22	24.10	475.2
山 西	Shanxi	0.84	13.45	207.0
内蒙古	Inner Mongolia	0.60	9.84	167.8
辽 宁	Liaoning	1.79	27.46	687.1
吉 林	Jilin	0.67	12.89	307.0
黑龙江	Heilongjiang	0.74	13.52	258.6
上 海	Shanghai	2.90	47.37	2261.1
江 苏	Jiangsu	3.72	78.24	2084.9
浙 江	Zhejiang	4.43	87.16	2694.2
安 徽	Anhui	1.30	23.11	447.7
福 建	Fujian	1.80	45.65	1092.2
江 西	Jiangxi	0.69	19.68	349.6
山 东	Shandong	3.38	77.45	1895.3
河 南	Henan	1.62	39.97	618.7
湖 北	Hubei	1.69	25.31	465.0
湖 南	Hunan	1.57	27.48	592.0
广 东	Guangdong	4.91	240.33	5413.3
广 西	Guangxi	1.14	19.56	363.9
海 南	Hainan	0.25	4.76	242.7
重 庆	Chongqing	0.91	12.91	275.2
四 川	Sichuan	1.87	28.29	943.4
贵 州	Guizhou	0.46	6.41	105.9
云 南	Yunnan	0.77	13.27	353.2
西 藏	Tibet	0.05	0.96	18.7
陕 西	Shaanxi	0.88	16.72	354.9
甘 肃	Gansu	0.41	7.39	88.4
青 海	Qinghai	0.12	2.06	19.7
宁 夏	Ningxia	0.16	2.64	84.3
新 疆	Xinjiang	0.51	6.31	116.6

注：本表数据根据第二次全国经济普查数据测算。

a) Data in the table above are based on the second National Economic Census.

2-1-4 续表 continued

行 业 地 区	Sector Region	营业收入(亿元) Business Revenue (100 million yuan)	#主营业务收入 Revenue from Principal Business	法人单位增加值(亿元) Value-added of Corporate Units (100 million yuan)	占GDP比重(%) as Percentage of GDP (%)
全 国	**National Total**	**27244.3**	**26802.2**	**7166.1**	**2.28**
文化制造业	Culture-Related Manufacturing Industry	14477.6	14201.3	2944.8	0.94
文化批发和零售业	Culture-Related Wholesale and Retail Industry	4504.1	4454.5	526.7	0.17
文化服务业	Culture-Related Service Industry	8262.6	8146.3	3694.6	1.18
北 京	Beijing	2678.0	2634.6	641.4	5.77
天 津	Tianjin	549.3	545.5	92.4	1.38
河 北	Hebei	359.0	355.8	122.4	0.76
山 西	Shanxi	115.7	114.1	72.1	0.99
内蒙古	Inner Mongolia	275.4	273.1	111.2	1.31
辽 宁	Liaoning	688.5	672.1	179.7	1.31
吉 林	Jilin	222.8	220.6	108.9	1.69
黑龙江	Heilongjiang	235.1	231.3	104.1	1.25
上 海	Shanghai	2459.9	2429.1	378.4	2.69
江 苏	Jiangsu	2551.5	2523.0	644.8	2.08
浙 江	Zhejiang	2334.2	2294.1	529.7	2.47
安 徽	Anhui	376.8	371.5	117.8	1.33
福 建	Fujian	1039.4	1029.7	296.5	2.74
江 西	Jiangxi	398.7	396.1	159.2	2.28
山 东	Shandong	2547.0	2453.4	651.0	2.10
河 南	Henan	767.1	759.3	249.7	1.39
湖 北	Hubei	383.8	376.2	158.9	1.40
湖 南	Hunan	611.0	607.0	283.9	2.46
广 东	Guangdong	6565.2	6469.0	1545.0	4.20
广 西	Guangxi	266.5	259.4	99.4	1.42
海 南	Hainan	82.5	81.8	21.7	1.45
重 庆	Chongqing	288.0	284.1	103.8	1.79
四 川	Sichuan	719.4	709.5	182.5	1.45
贵 州	Guizhou	77.8	75.7	26.6	0.75
云 南	Yunnan	224.6	216.3	77.2	1.36
西 藏	Tibet	5.6	5.5	8.7	2.21
陕 西	Shaanxi	235.5	232.6	116.0	1.59
甘 肃	Gansu	57.2	55.1	28.9	0.91
青 海	Qinghai	12.8	12.5	10.3	1.01
宁 夏	Ningxia	35.6	35.3	13.8	1.14
新 疆	Xinjiang	80.6	78.8	30.1	0.72

2-1-5 分地区文化及相关产业法人单位主要指标(2013年)
Statistics on Corporate Units Engaged in Cultural and Related Industries by Region (2013)

行业 地区	Sector Region	法人单位数(万个) Number of Corporate Units (10 000 units)	从业人员(万人) Number of Employed Persons (10 000 persons)	资产总计(亿元) Total Assets (100 million yuan)	营业收入(亿元) Business Revenue (100 million yuan)	#主营业务收入 Revenue from Principal Business
全　国	**National Total**	**91.85**	**1760.0**	**95422.1**	**83743.4**	**82611.0**
文化制造业	Culture-Related Manufacturing Industry	16.25	805.5	32478.1	43501.9	42916.3
文化批发和零售业	Culture-Related Wholesale and Retail Industry	13.99	146.1	12290.0	18479.6	18336.7
文化服务业	Culture-Related Service Industry	61.61	808.4	50654.0	21762.0	21358.0
北　京	Beijing	9.78	94.2	9295.8	6408.5	6319.9
天　津	Tianjin	1.99	36.0	3749.3	2287.6	2256.4
河　北	Hebei	2.88	48.5	1869.9	1575.2	1556.3
山　西	Shanxi	1.42	21.1	718.4	306.1	301.6
内蒙古	Inner Mongolia	0.94	13.9	558.9	346.3	337.4
辽　宁	Liaoning	2.66	38.1	1737.6	1507.4	1492.0
吉　林	Jilin	0.79	13.2	481.8	271.4	266.3
黑龙江	Heilongjiang	0.97	14.6	405.4	274.5	270.6
上　海	Shanghai	3.86	71.0	7703.2	7763.2	7681.0
江　苏	Jiangsu	9.49	193.1	11884.4	11101.8	10952.1
浙　江	Zhejiang	8.57	134.3	8335.7	6580.7	6488.7
安　徽	Anhui	3.51	51.1	2290.7	2251.6	2234.7
福　建	Fujian	3.42	77.3	2666.8	3037.6	3010.6
江　西	Jiangxi	1.60	50.9	1424.2	1793.3	1783.6
山　东	Shandong	5.92	130.1	9411.5	8078.0	7949.7
河　南	Henan	3.51	84.8	3047.4	2839.6	2817.0
湖　北	Hubei	3.37	49.1	3207.3	1930.5	1903.5
湖　南	Hunan	3.60	93.2	2710.5	3480.0	3426.0
广　东	Guangdong	10.43	332.4	13550.4	15030.2	14793.8
广　西	Guangxi	1.75	29.5	808.8	733.3	723.1
海　南	Hainan	0.36	6.0	899.7	217.4	209.7
重　庆	Chongqing	2.11	32.2	1792.5	1830.4	1815.2
四　川	Sichuan	2.63	48.8	2653.0	2021.3	1994.1
贵　州	Guizhou	0.99	13.1	701.6	259.8	251.3
云　南	Yunnan	1.42	21.6	1052.2	521.7	505.3
西　藏	Tibet	0.08	1.7	41.2	23.1	22.7
陕　西	Shaanxi	1.71	27.9	1476.8	751.1	741.5
甘　肃	Gansu	0.89	13.8	346.3	169.5	164.1
青　海	Qinghai	0.22	4.1	187.4	144.5	143.3
宁　夏	Ningxia	0.28	4.1	165.5	53.0	48.7
新　疆	Xinjiang	0.73	10.1	248.0	154.8	150.7

注：本表数据来自第三次全国经济普查。
a) Data in the table above are based on the third National Economic Census.

2-1-6 分地区文化及相关产业法人单位主要指标(2018年)
Statistics on Corporate Units Engaged in Cultural and Related Industries by Region (2018)

行业 地区	Sector Region	法人单位数(万个) Number of Corporate Units (10 000 units)	从业人员(万人) Number of Employed Persons (10 000 persons)	资产总计(亿元) Total Assets (100 million yuan)	营业收入(亿元) Business Revenue (100 million yuan)	#主营业务收入 Revenue from Principal Business
全 国	**National Total**	**210.31**	**2055.8**	**225785.8**	**130185.7**	**95382.6**
文化制造业	Culture-Related Manufacturing Industry	21.99	662.0	41981.7	46300.0	38953.1
文化批发和零售业	Culture-Related Wholesale and Retail Industry	30.94	180.1	19961.6	27789.5	20382.9
文化服务业	Culture-Related Service Industry	157.38	1213.7	163842.5	56096.2	36046.6
北 京	Beijing	15.07	121.5	27169.0	13454.8	10824.9
天 津	Tianjin	2.31	20.1	4345.2	2218.8	1874.8
河 北	Hebei	9.08	58.1	4521.1	1654.3	983.0
山 西	Shanxi	4.02	23.2	1712.0	416.6	212.7
内蒙古	Inner Mongolia	2.29	12.7	1363.0	222.5	92.8
辽 宁	Liaoning	4.40	31.6	2971.0	1147.0	740.6
吉 林	Jilin	1.35	11.3	1416.8	271.0	181.3
黑龙江	Heilongjiang	1.82	12.5	871.5	285.6	128.0
上 海	Shanghai	4.47	68.9	14154.9	11080.2	8787.6
江 苏	Jiangsu	21.15	233.5	30900.4	15927.2	11694.7
浙 江	Zhejiang	15.44	140.3	18736.7	12237.3	9052.4
安 徽	Anhui	8.13	68.2	5960.9	3949.0	2649.0
福 建	Fujian	7.49	106.1	5226.6	5939.9	4327.6
江 西	Jiangxi	3.76	53.4	3275.5	2321.7	1600.1
山 东	Shandong	15.88	142.0	15935.8	9102.6	6347.7
河 南	Henan	11.71	123.7	6068.6	4447.0	2245.6
湖 北	Hubei	9.37	98.4	9887.6	5320.7	3597.6
湖 南	Hunan	6.15	90.0	5600.3	4342.1	3300.2
广 东	Guangdong	29.74	336.6	27504.9	22424.3	18217.7
广 西	Guangxi	4.07	29.2	1989.0	756.6	485.7
海 南	Hainan	1.13	8.6	3617.5	466.6	313.6
重 庆	Chongqing	6.05	55.8	5962.5	3137.8	1952.5
四 川	Sichuan	7.41	72.3	8398.9	4206.3	3165.2
贵 州	Guizhou	3.28	26.5	4985.7	790.1	364.3
云 南	Yunnan	4.35	31.4	3628.1	1163.4	735.4
西 藏	Tibet	0.31	3.3	487.0	223.0	11.2
陕 西	Shaanxi	5.19	42.9	5376.4	1594.5	1044.2
甘 肃	Gansu	1.94	13.4	1332.6	227.5	109.3
青 海	Qinghai	0.67	4.3	334.9	99.8	60.5
宁 夏	Ningxia	0.53	4.6	362.4	90.6	49.5
新 疆	Xinjiang	1.76	11.4	1688.9	666.9	233.1

注：本表数据来自第四次全国经济普查。

a) Data in the table above are based on the fourth National Economic Census.

2-2 按类别分文化及相关产业固定资产投资增速(2021年)
Growth Rate of Investment in Fixed Assets of Cultural and Related Industries by Category(2021)

单位：% (%)

类别	Category	增速 Growth Rate
合计	**Total**	**5.2**
新闻信息服务	News Information Service	2.6
内容创作生产	Creation and Manufacture of Content	7.8
创意设计服务	Services of Creative Design	13.4
文化传播渠道	Cultural Diffusion Channel	2.0
文化投资运营	Investment and Operation of Culture	17.7
文化娱乐休闲服务	Culture Leisure and Entertainment	-3.5
文化辅助生产和中介服务	Supplementary Manufacture of Culture and Intermediary Services	16.2
文化装备生产	Manufacture of Culture Equipment	5.4
文化消费终端生产	Manufacture of Culture Consumption Endpoint	12.5

2-3-1 居民人均可支配收入与文化娱乐消费支出
Per Capita Disposable Income and Consumption Expenditure on Culture and Recreation of Households

单位：元，% (yuan, %)

指　标	Item	2017	2018	2019	2020	2021
全国居民	**Nationwide Households**					
人均可支配收入	Per Capita Disposable Income	25973.8	28228.0	30732.8	32188.8	35128.1
人均消费支出	Per Capita Consumption Expenditure	18322.1	19853.1	21558.9	21209.9	24100.1
#文化娱乐	Cultural and Recreation	849.6	827.4	848.6	569.0	645.7
文化娱乐占消费支出比重	Expenditure on Culture and Recreation as Percentage of Consumption Expenditure	4.6	4.2	3.9	2.7	2.7
城镇居民	**Urban Households**					
人均可支配收入	Per Capita Disposable Income	36396.2	39250.8	42358.8	43833.8	47411.9
人均消费支出	Per Capita Consumption Expenditure	24445.0	26112.3	28063.4	27007.4	30307.2
#文化娱乐	Cultural and Recreation	1338.7	1270.7	1290.6	821.8	922.8
文化娱乐占消费支出比重	Expenditure on Culture and Recreation as Percentage of Consumption Expenditure	5.5	4.9	4.6	3.0	3.0
农村居民	**Rural Households**					
人均可支配收入	Per Capita Disposable Income	13432.4	14617.0	16020.7	17131.5	18930.9
人均消费支出	Per Capita Consumption Expenditure	10954.5	12124.3	13327.7	13713.4	15915.6
#文化娱乐	Culture and Recreation	261.0	280.0	289.1	242.2	280.5
文化娱乐占消费支出比重	Expenditure on Culture and Recreation as Percentage of Consumption Expenditure	2.4	2.3	2.2	1.8	1.8

2-3-2 分地区居民人均文化娱乐消费支出
Per Capita Consumption Expenditure on Culture and Recreation of Nationwide Households by Region

单位：元 (yuan)

地 区	Region	2017	2018	2019	2020	2021
全 国	**National Total**	**849.6**	**827.4**	**848.6**	**569.0**	**645.7**
北 京	Beijing	2394.7	2191.6	2272.1	1217.8	1367.1
天 津	Tianjin	1337.2	1522.2	1579.0	833.5	1089.1
河 北	Hebei	606.0	620.5	655.7	467.6	425.5
山 西	Shanxi	634.7	617.6	667.5	390.9	441.2
内蒙古	Inner Mongolia	924.9	737.8	742.1	543.9	608.5
辽 宁	Liaoning	1014.4	1101.0	1056.3	586.4	770.1
吉 林	Jilin	655.9	675.3	663.0	432.7	512.8
黑龙江	Heilongjiang	584.4	602.8	609.7	397.5	458.9
上 海	Shanghai	3008.5	2786.3	2898.0	1468.8	1719.2
江 苏	Jiangsu	1399.4	1100.2	1119.9	679.5	835.8
浙 江	Zhejiang	1190.5	1258.9	1366.8	866.9	958.5
安 徽	Anhui	544.0	552.6	606.1	456.2	531.2
福 建	Fujian	735.2	767.3	788.6	480.0	629.5
江 西	Jiangxi	571.5	632.2	576.0	444.6	501.5
山 东	Shandong	656.2	718.9	786.9	779.4	914.5
河 南	Henan	542.0	511.4	539.2	353.9	445.4
湖 北	Hubei	688.8	691.4	734.1	422.7	580.3
湖 南	Hunan	1111.0	1130.2	1039.8	726.1	743.6
广 东	Guangdong	1207.2	1114.0	1216.3	779.5	824.1
广 西	Guangxi	451.7	523.5	494.6	352.9	338.7
海 南	Hainan	455.6	530.4	512.1	353.4	401.4
重 庆	Chongqing	768.2	764.4	790.3	635.5	739.1
四 川	Sichuan	716.4	663.5	642.1	478.7	500.1
贵 州	Guizhou	554.5	477.2	484.0	365.6	441.9
云 南	Yunnan	584.9	552.1	549.6	418.7	437.5
西 藏	Tibet	156.9	200.4	199.7	158.5	224.2
陕 西	Shaanxi	669.8	704.5	691.5	435.2	451.3
甘 肃	Gansu	519.5	520.3	470.4	416.5	403.5
青 海	Qinghai	674.9	585.2	605.9	416.3	425.7
宁 夏	Ningxia	643.8	754.9	767.0	428.9	465.0
新 疆	Xinjiang	486.7	528.9	481.4	296.7	392.0

2-3-3 分地区城镇居民人均文化娱乐消费支出
Per Capita Consumption Expenditure on Culture and Recreation of Urban Households by Region

单位：元 (yuan)

地 区	Region	2017	2018	2019	2020	2021
全 国	**National Total**	**1338.7**	**1270.7**	**1290.6**	**821.8**	**922.8**
北 京	Beijing	2687.0	2441.1	2523.1	1335.3	1498.5
天 津	Tianjin	1539.7	1766.5	1834.3	950.9	1247.9
河 北	Hebei	999.1	991.6	1032.1	721.1	557.4
山 西	Shanxi	1050.2	996.2	1068.2	592.8	651.5
内蒙古	Inner Mongolia	1364.6	1066.0	1054.6	730.4	818.5
辽 宁	Liaoning	1393.4	1517.8	1448.6	742.4	999.1
吉 林	Jilin	966.6	1003.7	980.4	594.8	692.8
黑龙江	Heilongjiang	817.8	869.8	862.0	524.6	611.4
上 海	Shanghai	3298.1	3038.8	3156.3	1595.0	1852.4
江 苏	Jiangsu	1852.2	1431.3	1474.1	874.8	1023.4
浙 江	Zhejiang	1608.6	1652.1	1781.7	1084.2	1169.2
安 徽	Anhui	882.4	829.1	918.8	617.7	743.9
福 建	Fujian	1042.7	1050.2	1075.0	618.7	823.3
江 西	Jiangxi	946.4	1064.7	895.0	595.3	695.6
山 东	Shandong	1003.2	1097.6	1196.8	1193.6	1399.0
河 南	Henan	960.0	865.0	901.9	553.6	690.7
湖 北	Hubei	1033.5	989.8	1045.5	549.5	786.5
湖 南	Hunan	1826.0	1870.2	1694.4	1121.4	1129.2
广 东	Guangdong	1601.6	1410.5	1565.2	973.8	1016.9
广 西	Guangxi	805.5	914.8	830.3	546.0	533.1
海 南	Hainan	669.4	768.9	730.2	488.4	560.7
重 庆	Chongqing	1154.8	1133.6	1151.5	890.6	1032.9
四 川	Sichuan	1297.2	1131.2	1017.6	719.0	744.8
贵 州	Guizhou	1161.3	916.6	884.2	575.5	724.5
云 南	Yunnan	1266.6	1101.3	1071.9	771.3	812.0
西 藏	Tibet	493.1	582.9	542.8	428.0	615.2
陕 西	Shaanxi	1133.8	1169.7	1148.1	678.5	672.3
甘 肃	Gansu	1071.1	1025.7	914.7	776.8	721.5
青 海	Qinghai	1234.6	1025.8	1036.7	640.5	637.8
宁 夏	Ningxia	1019.0	1215.0	1226.0	650.5	726.4
新 疆	Xinjiang	921.3	1013.5	903.1	498.9	657.4

2-3-4 分地区农村居民人均文化娱乐消费支出
Per Capita Consumption Expenditure on Culture and Recreation of Rural Households by Region

单位：元 (yuan)

地 区	Region	2017	2018	2019	2020	2021
全 国	**National Total**	**261.0**	**280.0**	**289.1**	**242.2**	**280.5**
北 京	Beijing	531.7	601.4	672.1	469.1	526.2
天 津	Tianjin	387.2	364.9	369.5	273.1	321.7
河 北	Hebei	232.8	253.9	271.0	201.2	283.5
山 西	Shanxi	175.3	188.9	203.4	151.9	186.5
内蒙古	Inner Mongolia	291.2	256.1	275.5	261.5	285.9
辽 宁	Liaoning	268.6	280.3	281.7	274.1	311.6
吉 林	Jilin	279.7	272.2	268.1	227.3	281.4
黑龙江	Heilongjiang	265.0	234.3	260.1	218.7	241.0
上 海	Shanghai	506.8	569.4	654.3	348.9	524.2
江 苏	Jiangsu	563.9	472.8	433.1	293.6	456.6
浙 江	Zhejiang	415.1	510.2	559.0	435.2	529.5
安 徽	Anhui	228.8	287.4	296.9	292.6	310.8
福 建	Fujian	264.1	324.7	329.2	252.6	307.1
江 西	Jiangxi	211.9	205.1	251.3	286.8	292.5
山 东	Shandong	240.6	246.5	259.0	239.5	278.6
河 南	Henan	210.2	221.3	231.4	179.1	224.1
湖 北	Hubei	267.2	317.1	333.8	256.4	305.9
湖 南	Hunan	440.7	410.1	378.5	315.5	333.3
广 东	Guangdong	355.1	465.9	442.4	339.8	380.5
广 西	Guangxi	165.2	200.2	210.8	186.3	168.0
海 南	Hainan	205.8	242.3	241.8	182.7	199.2
重 庆	Chongqing	214.5	217.1	238.0	233.8	263.5
四 川	Sichuan	238.3	266.5	313.0	261.7	272.3
贵 州	Guizhou	170.4	186.4	208.5	216.5	235.0
云 南	Yunnan	127.5	170.4	174.0	159.2	155.6
西 藏	Tibet	43.6	65.3	74.2	59.3	78.8
陕 西	Shaanxi	197.0	216.6	198.7	165.3	199.9
甘 肃	Gansu	147.1	168.3	149.9	149.6	164.1
青 海	Qinghai	149.8	160.6	178.6	187.6	204.8
宁 夏	Ningxia	230.2	236.8	232.1	166.0	148.7
新 疆	Xinjiang	127.3	119.0	117.4	116.7	151.0

2-3-5 分地区居民人均文化娱乐消费支出(2021年)
Per Capita Consumption Expenditure on Culture and Recreation of Households by Region(2021)

单位：元 (yuan)

地区	Region	全国居民 Nationwide Households		城镇居民 Urban Households		农村居民 Rural Households	
		人均消费支出 Per Capita Consumption Expenditure	#文化娱乐 Culture and Recreation	人均消费支出 Per Capita Consumption Expenditure	#文化娱乐 Culture and Recreation	人均消费支出 Per Capita Consumption Expenditure	#文化娱乐 Culture and Recreation
全国	**National Total**	**24100**	**646**	**30307**	**923**	**15916**	**280**
北京	Beijing	43640	1367	46776	1498	23574	526
天津	Tianjin	33188	1089	36067	1248	19285	322
河北	Hebei	19954	425	24192	557	15391	284
山西	Shanxi	17191	441	21965	652	11410	187
内蒙古	Inner Mongolia	22658	608	27194	818	15691	286
辽宁	Liaoning	23831	770	28438	999	14606	312
吉林	Jilin	19605	513	24421	693	13411	281
黑龙江	Heilongjiang	20636	459	24422	611	15225	241
上海	Shanghai	48879	1719	51295	1852	27205	524
江苏	Jiangsu	31451	836	36558	1023	21130	457
浙江	Zhejiang	36668	959	42193	1169	25415	530
安徽	Anhui	21911	531	26495	744	17163	311
福建	Fujian	28440	629	33942	823	19290	307
江西	Jiangxi	20290	501	24587	696	15663	293
山东	Shandong	22821	914	29314	1399	14299	279
河南	Henan	18391	445	23178	691	14073	224
湖北	Hubei	23846	580	28506	787	17647	306
湖南	Hunan	22798	744	28294	1129	16951	333
广东	Guangdong	31589	824	36621	1017	20012	381
广西	Guangxi	18088	339	22555	533	14165	168
海南	Hainan	22242	401	27565	561	15487	199
重庆	Chongqing	24598	739	29850	1033	16096	263
四川	Sichuan	21518	500	26971	745	16444	272
贵州	Guizhou	17957	442	25333	725	12557	235
云南	Yunnan	18851	437	27441	812	12386	156
西藏	Tibet	15342	224	28159	615	10577	79
陕西	Shaanxi	19347	451	24784	672	13158	200
甘肃	Gansu	17456	404	25757	722	11206	164
青海	Qinghai	19020	426	24513	638	13300	205
宁夏	Ningxia	20024	465	25386	726	13536	149
新疆	Xinjiang	18961	392	25724	657	12821	151

2-3-6 文化娱乐用品及服务价格指数
Price Indices of Articles and Service for Culture and Recreation

上年=100 (preceding year=100)

年 份 Year	居民消费价格指数 Consumer Price Index	#文娱耐用消费品 Durable Consumer Goods for Cultural and Recreation	#文化娱乐服务 Services for Culture and Recreation	#旅游 Touring
2009	99.3	90.6	102.5	97.5
2010	103.3	94.3	101.0	104.9
2011	105.4	93.7	101.1	103.8
2012	102.6	94.5	101.3	101.7
2013	102.6	96.3	101.4	104.0
2014	102.0	97.3	101.3	105.0
2015	101.4	98.5	101.8	99.5
2016	102.0	97.3	100.9	102.0
2017	101.6	99.0	100.7	103.6
2018	102.1	98.3	100.8	103.3
2019	102.9	98.7	101.0	101.8
2020	102.5	98.7	99.1	101.1
2021	100.9	101.5	102.6	101.4

2-3-7 按城乡分文化娱乐用品及服务价格指数(2021年)
Price Indices of Articles and Service for Culture and Recreation in Urban and Rural Area (2021)

上年=100 (preceding year=100)

项 目	Item	全国 National Indices	城市 Urban Indices	农村 Rural Indices
居民消费价格指数	**Consumer Price Index**	**100.9**	**101.0**	**100.7**
#文化娱乐	Culture and Recreation	101.5	101.6	101.3
文娱耐用消费品	Durable Consumer Goods for Culturaland Recreation Use	101.5	101.3	102.0
其他文娱用品	Other Articles	100.6	100.7	100.2
文化娱乐服务	Service for Culture and Recreation	102.6	102.8	101.4
旅游	Tourism	101.4	101.3	101.9

2-4-1 文化产品进出口情况
Imports and Exports of Cultural Commodities

单位：亿美元，%　　　(USD 100 million ,%)

年份 Year	进出口总额 Total Imports & Exports	出口额 Total Exports	进口额 Total Imports	贸易差额 Balance	增长 Increase Rate 出口额 Total Exports	增长 Increase Rate 进口额 Total Imports
2009	388.9	346.5	42.4	304.1	-11.3	-0.2
2010	487.1	429.0	58.1	370.8	23.8	37.0
2011	671.4	582.1	89.3	492.9	35.7	53.6
2012	887.5	766.5	121.0	645.5	31.7	35.6
2013	1070.8	898.6	172.2	726.4	17.2	42.3
2014	1273.7	1118.3	155.4	962.9	24.5	-9.8
2015	1013.2	870.9	142.3	728.6	-22.1	-8.4
2016	881.5	784.9	96.6	688.3	-9.9	-32.1
2017	971.2	881.9	89.3	792.5	12.4	-7.6
2018	1023.8	925.3	98.5	826.8	4.9	10.3
2019	1114.5	998.9	115.7	883.2	7.9	17.4
2020	1086.9	972.0	114.9	857.1	-2.7	-0.7
2021	1558.1	1392.5	165.6	1227.0	43.3	44.1

注：按照《我国文化产品进出口统计目录(2015修订)》标准统计(以下相关表同)。

a)Data in this table are according to "China's cultural products import and export statistics directory" (2015 Revision) standard statistics. The same applies to the relevant tables following.

2-4-2 按商品类别分文化产品进出口情况(2021年)
Imports and Exports of Cultural Commodities by Category of Commodities (2021)

单位：亿美元，%　　　(USD 100 million ,%)

项目	Item	进出口总额 Total Imports & Exports	出口额 Total Exports	进口额 Total Imports	贸易差额 Balance	增长 Increase Rate 出口额 Total Exports	增长 Increase Rate 进口额 Total Imports
合　计	**Total**	**1558.1**	**1392.5**	**165.6**	**1227.0**	**43.3**	**44.1**
出版物	Publications	57.5	40.1	17.5	22.6	23.6	4.1
图书、报纸、期刊	Books,Newspapers and Magazines	26.9	19.6	7.3	12.4	23.9	-12.6
音像制品及电子出版物	Audio-Vedio Products and Electronic Products	7.0	0.8	6.2	-5.3	66.0	35.3
其他出版物	Other Publications	23.7	19.6	4.0	15.6	22.0	3.2
工艺美术品及收藏品	Arts,Crafts and Collections	489.0	399.1	89.9	309.2	63.3	85.8
工艺美术品	Arts and Crafts	483.5	397.6	86.0	311.6	64.0	82.9
收藏品	Collections	5.5	1.5	3.9	-2.4	-24.4	184.5
文化用品	Cultural Products	824.6	797.5	27.1	770.4	40.9	26.9
文具	Stationery	2.4	2.3	0.0	2.3	19.4	-4.4
乐器	Musical Instruments	29.1	23.4	5.7	17.7	24.2	28.9
玩具	Toys	471.5	461.2	10.3	451.0	37.7	32.7
游艺器材及娱乐用品	Recreation Equipment and Entertainment Supplies	321.7	310.6	11.1	299.4	47.5	21.1
文化专用设备	Special Cultural equipment	187.0	155.8	31.1	124.7	20.8	9.8
印刷专用设备	Printing Equipment	33.8	19.9	13.9	6.0	21.6	29.2
广播电视电影专用设备	Radio,Television and Film Special Equipment	153.1	135.9	17.2	118.7	20.6	-2.2

2-4-3 按贸易方式分文化产品进出口情况(2021年)
Imports and Exports of Cultural Commodities by Type of Trade (2021)

单位：亿美元，% (USD 100 million ,%)

项 目	Item	进出口总 额 Total Imports & Exports	出口额 Total Exports	进口额 Total Imports	增 长 Increase Rate 出口额 Total Exports	增 长 Increase Rate 进口额 Total Imports
贸易总额	**Total**	**1558.1**	**1392.5**	**165.6**	**43.3**	**44.1**
一般贸易	General Trade	814.5	731.4	83.1	39.8	29.4
加工贸易	Processing Trade	372.3	359.1	13.2	33.6	5.3
其他贸易	Other Trade	371.3	302.1	69.2	67.8	81.7

2-4-4 按企业性质分文化产品进出口情况(2021年)
Imports and Exports of Cultural Commodities by Registration Status of Enterprises (2021)

单位：亿美元，% (USD 100 million ,%)

项 目	Item	进出口总 额 Total Imports & Exports	出口额 Total Exports	进口额 Total Imports	增 长 Increase Rate 出口额 Total Exports	增 长 Increase Rate 进口额 Total Imports
贸易总额	**Total**	**1558.1**	**1392.5**	**165.6**	**43.3**	**44.1**
国有企业	State-owned Enterprises	97.2	47.5	49.6	33.9	43.1
外资企业	Foreign Funded Enterprises	419.3	361.6	57.7	29.9	26.5
集体、私营及其他企业	Collectived-owned, Private and Other Enterprises	1041.7	983.4	58.3	49.4	68.5

2-4-5 文化产品前十五位出口市场
Ranking List of Exports of Cultural Commodities by Country (Region) of Destination

位 次 Ranking	2016			2017		
	国别（地区）	Country (Region)	累计金额（亿美元） Total Value (USD 100 million)	国别（地区）	Country (Region)	累计金额（亿美元） Total Value (USD 100 million)
1	美国	United States	227.76	美国	United States	273.35
2	中国香港	Hong Kong,China	157.97	中国香港	Hong Kong,China	122.97
3	荷兰	Netherlands	41.95	荷兰	Netherlands	48.18
4	英国	United Kingdom	35.03	英国	United Kingdom	40.59
5	日本	Japan	30.47	日本	Japan	38.98
6	德国	Germany	22.17	德国	Germany	28.16
7	加拿大	Canada	18.30	加拿大	Canada	19.90
8	韩国	Korea Rep.	15.50	印度	India	17.66
9	澳大利亚	Australia	15.08	澳大利亚	Australia	17.50
10	新加坡	Singapore	15.07	韩国	Korea Rep.	14.23
11	菲律宾	Philippines	12.57	西班牙	Spain	12.66
12	印度	India	12.19	新加坡	Singapore	12.36
13	阿联酋	United Arab Emirates	12.05	阿联酋	United Arab Emirates	12.25
14	意大利	Italy	10.02	俄罗斯	Russia	11.88
15	法国	France	9.47	意大利	Italy	11.78

位 次 Ranking	2018			2019		
	国别（地区）	Country (Region)	累计金额（亿美元） Total Value (USD 100 million)	国别（地区）	Country (Region)	累计金额（亿美元） Total Value (USD 100 million)
1	美国	United States	282.68	美国	United States	264.87
2	中国香港	Hong Kong,China	144.09	中国香港	Hong Kong,China	143.97
3	荷兰	Netherlands	44.63	英国	United Kingdom	49.46
4	英国	United Kingdom	40.13	荷兰	Netherlands	46.52
5	日本	Japan	39.54	日本	Japan	38.34
6	德国	Germany	28.65	德国	Germany	33.57
7	印度	India	23.85	加拿大	Canada	24.47
8	加拿大	Canada	21.34	印度	India	20.64
9	澳大利亚	Australia	18.62	新加坡	Singapore	20.26
10	韩国	Korea Rep.	14.09	澳大利亚	Australia	19.33
11	俄罗斯	Russia	13.07	马来西亚	Malaysia	17.02
12	意大利	Italy	12.51	韩国	Korea Rep.	16.50
13	法国	France	12.32	意大利	Italy	15.88
14	西班牙	Spain	12.08	西班牙	Spain	15.23
15	墨西哥	Mexico	11.77	墨西哥	Mexico	15.09

2-4-5 续表 continued

位 次 Ranking	2020 国别(地区)	2020 Country (Region)	2020 累计金额(亿美元) Total Value (USD 100 million)	2021 国别(地区)	2021 Country (Region)	2021 累计金额(亿美元) Total Value (USD 100 million)
1	美国	United States	281.86	美国	United States	429.46
2	中国香港	Hong Kong,China	95.65	中国香港	Hong Kong,China	195.08
3	英国	United Kingdom	51.04	荷兰	Netherlands	65.27
4	日本	Japan	45.25	英国	United Kingdom	65.15
5	荷兰	Netherlands	45.25	日本	Japan	53.91
6	德国	Germany	32.15	德国	Germany	47.21
7	加拿大	Canada	26.14	韩国	Korea Rep.	31.09
8	新加坡	Singapore	24.03	澳大利亚	Australia	28.71
9	澳大利亚	Australia	22.89	加拿大	Canada	26.48
10	俄罗斯	Russia	21.14	墨西哥	Mexico	23.02
11	韩国	Korea Rep.	20.42	法国	France	22.53
12	印度	India	15.10	马来西亚	Malaysia	22.51
13	法国	France	14.66	俄罗斯	Russia	22.10
14	波兰	Poland	13.95	意大利	Italy	19.00
15	沙特阿拉伯	Saudi Arabia	13.83	西班牙	Spain	18.09

2-4-6 文化产品前十五位进口市场
Ranking List of Imports of Cultural Commodities by Country (Region) of Origin

位 次 Ranking	2016 国别(地区)	2016 Country (Region)	2016 累计金额(亿美元) Total Value (USD 100 million)	2017 国别(地区)	2017 Country (Region)	2017 累计金额(亿美元) Total Value (USD 100 million)
1	越南	Vietnam	12.56	韩国	Korea Rep.	11.81
2	韩国	Korea Rep.	8.98	德国	Germany	7.68
3	美国	United States	6.09	越南	Vietnam	7.23
4	日本	Japan	6.04	日本	Japan	7.18
5	德国	Germany	5.96	美国	United States	7.13
6	中国台湾	Taiwan,China	4.85	意大利	Italy	4.27
7	意大利	Italy	3.96	中国台湾	Taiwan,China	3.72
8	法国	France	2.66	泰国	Thailand	2.61
9	新加坡	Singapore	2.30	法国	France	2.26
10	英国	United Kingdom	2.04	新加坡	Singapore	2.04
11	泰国	Thailand	1.87	英国	United Kingdom	1.96
12	中国香港	Hong Kong,China	1.80	中国香港	Hong Kong,China	1.81
13	印度尼西亚	Indonesia	1.51	瑞士	Switzerland	1.67
14	瑞士	Switzerland	1.23	印度尼西亚	Indonesia	1.61
15	加拿大	Canada	1.12	加拿大	Canada	1.21

2-4-6 续表 continued

位 次 Ranking	2018 国别(地区)	2018 Country (Region)	2018 累计金额(亿美元) Total Value (USD 100 million)	2019 国别(地区)	2019 Country (Region)	2019 累计金额(亿美元) Total Value (USD 100 million)
1	德国	Germany	10.25	德国	Germany	12.10
2	韩国	Korea Rep.	10.14	日本	Japan	9.55
3	美国	United States	9.13	越南	Vietnam	9.24
4	越南	Vietnam	8.65	美国	United States	8.68
5	日本	Japan	8.34	意大利	Italy	8.30
6	意大利	Italy	5.26	法国	France	7.08
7	泰国	Thailand	3.05	瑞士	Switzerland	4.48
8	中国台湾	Taiwan,China	2.84	新加坡	Singapore	4.22
9	英国	United Kingdom	2.81	中国台湾	Taiwan,China	3.97
10	法国	France	2.78	英国	United Kingdom	3.85
11	瑞士	Switzerland	2.67	中国香港	Hong Kong,China	3.76
12	中国香港	Hong Kong,China	2.13	韩国	Korea Rep.	3.43
13	印度尼西亚	Indonesia	2.06	泰国	Thailand	3.10
14	新加坡	Singapore	2.04	印度尼西亚	Indonesia	2.11
15	菲律宾	Philippines	1.11	加拿大	Canada	1.64

位 次 Ranking	2020 国别(地区)	2020 Country (Region)	2020 累计金额(亿美元) Total Value (USD 100 million)	2021 国别(地区)	2021 Country (Region)	2021 累计金额(亿美元) Total Value (USD 100 million)
1	意大利	Italy	11.95	中国香港	Hong Kong,China	54.00
2	法国	France	11.92	瑞士	Switzerland	18.53
3	德国	Germany	10.78	美国	United States	13.69
4	美国	United States	10.63	德国	Germany	13.46
5	日本	Japan	10.09	日本	Japan	10.99
6	瑞士	Switzerland	6.28	法国	France	10.07
7	中国香港	Hong Kong,China	5.13	意大利	Italy	6.26
8	英国	United Kingdom	3.86	中国台湾	Taiwan,China	4.17
9	新加坡	Singapore	3.78	新加坡	Singapore	4.04
10	中国台湾	Taiwan,China	2.22	爱尔兰	Ireland	3.67
11	韩国	Korea Rep.	1.64	韩国	Korea Rep.	3.56
12	印度尼西亚	Indonesia	1.60	英国	United Kingdom	3.33
13	加拿大	Canada	0.97	荷兰	Netherlands	2.61
14	荷兰	Netherlands	0.93	泰国	Thailand	2.45
15	波兰	Poland	0.64	印度尼西亚	Indonesia	1.88

2-5-1 全国一般公共预算文化旅游体育与传媒支出
Expenditure for Culture, Tourism, Sport and Media of National Government Revenue

单位：亿元 (100 million yuan)

年份 地区	Year Region	一般公共预算文化旅游体育与传媒支出 Expenditure for Culture,Tourism, Sport and Media	文化和旅游 Culture and Tourism	文物 Cultural	体育 Sport	广播影视新闻出版 Radio,Film, Television, Press and Publication	其他 Others
	2009	1393.07	485.57	144.30	238.26	376.13	148.81
	2010	1542.70	529.54	157.87	254.17	420.51	180.61
	2011	1893.36	618.74	198.49	266.35	599.69	210.09
	2012	2268.35	757.10	259.53	272.49	663.73	315.49
	2013	2544.39	858.59	314.14	299.08	662.14	410.44
	2014	2691.48	917.42	311.18	370.75	684.28	407.86
	2015	3076.64	1064.54	338.50	356.48	754.79	562.33
	2016	3163.08	1160.46	350.86	389.48	741.47	520.81
	2017	3391.93	1254.68	355.54	474.85	770.88	535.98
	2018	3537.86	1285.73	392.29	494.72	774.84	590.29
	2019	4086.31	1783.30	385.92	537.97	776.15	602.97
	2020	4245.58	1950.12	381.60	507.64	760.48	645.74
	2021	3985.23	1839.67	384.73	470.06	722.45	568.32
中央	Central-level	211.13	49.90	16.83	27.39	113.02	3.99
地方合计	Regional Total	3774.09	1789.77	367.90	442.67	609.42	564.33
北京	Beijing	220.06	105.92	32.35	38.02	30.43	13.35
天津	Tianjin	36.97	19.33	5.52	5.39	3.95	2.77
河北	Hebei	127.08	52.78	12.52	15.22	23.92	22.64
山西	Shanxi	97.04	37.34	18.58	8.59	22.69	9.84
内蒙古	Inner Mongolia	107.33	47.66	10.15	8.56	32.42	8.54
辽宁	Liaoning	84.36	35.15	7.70	9.13	24.02	8.35
吉林	Jilin	61.08	26.28	3.25	9.18	20.96	1.41
黑龙江	Heilongjiang	55.42	20.55	6.19	7.36	12.24	9.07
上海	Shanghai	156.42	67.14	13.77	41.15	5.38	28.97
江苏	Jiangsu	271.01	146.39	23.53	22.76	28.38	49.96
浙江	Zhejiang	249.35	139.09	19.66	22.28	25.09	43.23
安徽	Anhui	86.10	40.81	7.64	5.63	18.77	13.25
福建	Fujian	104.82	49.72	7.21	15.03	16.92	15.94
江西	Jiangxi	117.32	57.21	8.43	9.72	19.67	22.29
山东	Shandong	180.36	72.17	12.65	20.60	41.45	33.49
河南	Henan	122.01	54.00	21.54	9.81	24.86	11.79
湖北	Hubei	131.37	66.72	12.23	19.17	23.85	9.39
湖南	Hunan	134.98	67.45	11.56	10.87	18.84	26.26
广东	Guangdong	395.59	190.88	22.22	54.47	28.36	99.66
广西	Guangxi	88.51	40.60	7.30	15.18	16.28	9.15
海南	Hainan	37.74	17.72	1.60	3.56	5.54	9.31
重庆	Chongqing	64.23	31.56	8.66	8.43	8.80	6.77
四川	Sichuan	210.47	90.70	27.83	23.83	38.09	30.02
贵州	Guizhou	117.08	83.86	5.19	5.81	13.61	8.60
云南	Yunnan	77.57	43.81	5.06	6.00	16.51	6.18
西藏	Tibet	46.56	21.31	5.32	2.26	15.82	1.86
陕西	Shaanxi	161.76	59.47	27.58	27.31	14.96	32.44
甘肃	Gansu	82.71	38.88	12.22	8.29	15.58	7.74
青海	Qinghai	36.99	14.55	3.36	2.60	9.83	6.66
宁夏	Ningxia	24.39	12.03	1.95	2.22	4.83	3.36
新疆	Xinjiang	87.44	38.72	5.10	4.22	27.36	12.03

注：因政府收支分类科目调整，自2019年起“文化”决算数改为“文化和旅游”科目决算数(下表同)，2018年及以前仅包括“文化”。

a) Since 2019, data of "Culture" refers to "Culture and tourism" because of the adjustment of government revenue and expenditure classification. Data of 2009-2018 only include "Culture".

2-5-2 地方一般公共预算文化旅游体育与传媒支出
Expenditure for Culture, Tourism, Sport and Media of Regional Government Revenue

单位：亿元 (100 million yuan)

地区	Region	2012	2013	2014	2015	2016	2017	2018	2019	2020	2021
地方合计	**Regional Total**	**2074.79**	**2339.94**	**2468.48**	**2804.65**	**2915.13**	**3121.02**	**3256.73**	**3777.47**	**3995.34**	**3774.09**
北京	Beijing	141.37	154.71	163.90	188.50	198.35	208.96	245.43	279.32	225.11	220.06
天津	Tianjin	35.85	44.53	47.87	51.73	57.16	57.94	52.92	46.41	34.01	36.97
河北	Hebei	59.29	72.71	82.66	88.34	87.54	103.19	115.17	158.00	163.73	127.08
山西	Shanxi	60.20	66.69	63.95	73.08	72.64	71.92	92.85	112.24	112.31	97.04
内蒙古	Inner Mongolia	87.21	88.05	91.90	95.81	89.25	116.79	109.27	119.34	123.64	107.33
辽宁	Liaoning	79.25	95.34	92.60	88.59	84.70	86.44	71.59	85.98	89.73	84.36
吉林	Jilin	47.48	56.55	61.16	73.01	72.03	70.69	70.24	71.75	71.92	61.08
黑龙江	Heilongjiang	47.27	52.37	45.63	53.17	53.21	53.56	46.20	54.70	58.37	55.42
上海	Shanghai	72.51	89.17	86.38	108.22	113.34	191.32	186.52	179.87	161.26	156.42
江苏	Jiangsu	150.90	173.54	190.86	196.06	193.28	194.37	197.22	264.53	311.68	271.01
浙江	Zhejiang	94.18	106.00	115.36	165.38	158.72	159.66	174.59	203.26	229.62	249.35
安徽	Anhui	71.43	79.50	82.25	88.19	84.23	80.94	79.77	87.98	97.06	86.10
福建	Fujian	46.07	57.88	64.18	84.82	81.25	87.34	84.73	104.00	112.88	104.82
江西	Jiangxi	44.77	52.62	60.03	68.90	70.49	74.65	79.10	87.60	120.35	117.32
山东	Shandong	114.27	127.53	127.75	137.26	137.47	141.90	153.52	189.50	170.11	180.36
河南	Henan	69.63	80.78	91.16	105.38	97.33	97.52	103.04	127.87	140.93	122.01
湖北	Hubei	62.47	72.44	76.65	84.03	96.61	95.26	113.15	148.53	146.52	131.37
湖南	Hunan	54.50	68.95	80.01	111.74	140.68	148.83	134.54	144.83	139.87	134.98
广东	Guangdong	137.64	141.68	168.16	194.58	229.71	285.87	321.84	350.33	417.22	395.59
广西	Guangxi	45.52	49.85	68.52	79.00	71.08	64.36	63.59	76.33	109.49	88.51
海南	Hainan	19.85	21.90	23.51	25.48	26.90	29.86	47.37	56.34	53.22	37.74
重庆	Chongqing	33.08	34.94	36.02	47.01	47.98	48.89	49.31	55.24	64.89	64.23
四川	Sichuan	120.70	142.40	135.65	139.41	145.20	142.46	154.91	196.48	229.27	210.47
贵州	Guizhou	49.85	48.68	54.69	61.20	67.34	64.73	60.80	68.76	72.76	117.08
云南	Yunnan	62.06	61.35	56.21	61.66	77.93	71.30	72.20	77.90	93.08	77.57
西藏	Tibet	24.18	22.51	34.10	34.73	34.85	44.93	46.02	57.55	59.43	46.56
陕西	Shaanxi	91.81	100.44	93.23	103.09	125.85	121.95	126.11	127.58	140.57	161.76
甘肃	Gansu	49.87	59.76	49.60	62.76	63.84	64.59	72.52	84.85	88.43	82.71
青海	Qinghai	18.92	25.84	34.16	33.60	33.31	37.58	35.49	42.39	45.93	36.99
宁夏	Ningxia	14.44	16.60	16.02	20.97	25.23	22.82	23.33	25.85	29.43	24.39
新疆	Xinjiang	68.23	74.63	74.32	78.96	77.61	80.40	73.39	92.14	82.50	87.44

2-6-1 国内文化及相关产业专利授权情况
Statistics on Granted Patent Applications on Culture and Related Industries

单位：项 (piece)

年份 地区	Year Region	文化及相关产业专利授权总数 Total Patent Applications Granted	发明专利 Inventions	实用新型专利 Utility Models	外观设计专利 Designs
	2009	46067	3898	10754	31415
	2010	64205	4378	16947	42880
	2011	62194	5588	20277	36329
	2012	82769	6491	24281	51997
	2013	90326	5746	30463	54117
	2014	71304	6652	23923	40729
	2015	94652	9324	32785	52543
	2016	101495	12042	36356	53097
	2017	118432	13645	41070	63717
	2018	142904	18729	61189	62986
	2019	153268	22384	59785	71099
	2020	201732	27327	88455	85950
	2021	249729	37655	112258	99816
北 京	Beijing	13263	5612	3731	3920
天 津	Tianjin	3323	350	2545	428
河 北	Hebei	4245	285	2380	1580
山 西	Shanxi	1235	120	793	322
内蒙古	Inner Mongolia	821	50	533	238
辽 宁	Liaoning	2825	496	1608	721
吉 林	Jilin	1545	340	607	598
黑龙江	Heilongjiang	1771	274	1039	458
上 海	Shanghai	10072	2151	4283	3638
江 苏	Jiangsu	20972	3302	13392	4278
浙 江	Zhejiang	25389	3898	10599	10892
安 徽	Anhui	5529	851	3243	1435
福 建	Fujian	8366	760	4182	3424
江 西	Jiangxi	5390	385	2922	2083
山 东	Shandong	12884	2002	8018	2864
河 南	Henan	6319	545	3866	1908
湖 北	Hubei	6320	1283	3443	1594
湖 南	Hunan	5512	787	2425	2300
广 东	Guangdong	92090	10943	30321	50826
广 西	Guangxi	2338	177	1210	951
海 南	Hainan	698	40	509	149
重 庆	Chongqing	3341	549	1940	852
四 川	Sichuan	6263	1236	3162	1865
贵 州	Guizhou	1571	88	831	652
云 南	Yunnan	1653	130	989	534
西 藏	Tibet	133	3	39	91
陕 西	Shaanxi	3830	872	2304	654
甘 肃	Gansu	892	69	613	210
青 海	Qinghai	223	7	142	74
宁 夏	Ningxia	395	23	237	135
新 疆	Xinjiang	521	27	352	142

2-6-2 按类别分文化及相关产业专利授权情况(2021年)
Statistics on Granted Patent Applications on Culture and Related Industries by Category(2021)

单位：项 (piece)

类别	Category	文化及相关产业专利授权总数 Total Patent Applications Granted	发明专利 Inventions	实用新型专利 Utility Models	外观设计专利 Designs
合　计	**National Total**	**249729**	**37655**	**112258**	**99816**
工艺美术品制造	Manufacture of Arts and Crafts	33289	1066	9194	23030
艺术陶瓷制造	Manufacture of Creamic Products	1767	1152	55	559
文化辅助用品制造	Manufacture of Cultural Supplementary Products	2685	927	839	918
印刷复制服务	Printing and Duplicating Services	16495	6808	3278	6409
印刷设备制造	Manufacture of Printing Equipment	27155	2754	24104	297
广播电视电影设备制造及销售	Manufacture and Sales of Radio,Film and Television Equipment	50537	12083	26510	11945
摄录设备制造及销售	Manufacture and Sales of Vedio Equipment	29273	2427	14489	12357
游乐游艺设备制造	Manufacture of Games and Entertainment Equipment	19899	1162	3944	14793
乐器制造及销售	Manufacture of Musical Instrument	4236	206	2501	1529
文具制造及销售	Manufacture of Stationery	14518	261	8635	5623
笔墨制造	Manufacture of Pens and Ink	3083	196	1307	1579
玩具制造	Manufacture of Toys	17869	252	4457	13160
节庆用品制造	Manufacture of Festival Products	423	40	320	64
信息服务终端制造及销售	Manufacture and Sales of Information Service Equipment	28502	8323	12625	7553

注：本表类别使用中类分组,具体类别参见《文化及相关产业分类(2018)》。
a) Data in the table above is divided by group.Details on more categories refer to Classification of Culture and Related Industries (2018).

3

文化及相关产业法人单位发展情况

Condition on Legal Entities of Culture and Related Industries

3-1-1　按类别分文化及相关产业法人单位基本情况(2021年)
Statistics on Culture and Related Industries by Category (2021)

单位：万元　　(10 000 yuan)

类　别	Category	年末从业人员(人) Engaged Persons at Year-end (person)	资产总计 Total Assets	营业收入 Total Revenue
合　计	**Total**	**19469881**	**2974935123**	**1638039518**
文化制造业	Culture-Related Manufacture	5835796	451394582	524975044
文化批发和零售业	Culture-Related Whole and Retail Trade	1669234	208067362	283129294
文化服务业	Culture-Related Service	11964851	2315473179	829935181
一、新闻信息服务	News Information Service	1107946	343630901	158442671
二、内容创作生产	Creation and Manufacture of Content	3868434	531077225	324193384
三、创意设计服务	Services of Creative Design	4194009	365229338	319573016
四、文化传播渠道	Cultural Diffusion Channel	1422161	237349031	171317822
五、文化投资运营	Investment and Operation of Culture	139682	538739471	13261272
六、文化娱乐休闲服务	Culture Leisure and Entertainment	1566871	343852935	36304688
七、文化辅助生产和中介服务	Supplementary Manufacture of Culture and Intermediary Services	3845780	350849816	240772249
八、文化装备生产	Manufacture of Culture Equipment	781830	67787967	78128204
九、文化消费终端生产	Manufacture of Culture Consumption Endpoint	2543168	196418440	296046211

注：因规下推算四舍五入，表中数据存在合计与分项之和不等的情况。
a) The data of under designated size are rounded. Summation is probably not equal to the total of itemizes.

3-1-2 分地区文化及相关产业法人单位基本情况(2021年)
Statistics on Culture and Related Industries by Region (2021)

单位：万元 (10 000 yuan)

地 区	Region	年末从业人员（人）Engaged Persons at Year-end (person)	资产总计 Total Assets	营业收入 Total Revenue
全 国	**National Total**	**19469881**	**2974935123**	**1638039518**
北 京	Beijing	1200839	410277626	203747788
天 津	Tianjin	135016	30822756	16272518
河 北	Hebei	484303	37299209	17622580
山 西	Shanxi	205886	34169271	6827304
内蒙古	Inner Mongolia	110167	11953686	2853596
辽 宁	Liaoning	309383	31973529	12310537
吉 林	Jilin	72215	12947645	2152321
黑龙江	Heilongjiang	99843	8473406	2744730
上 海	Shanghai	771578	208468529	141861151
江 苏	Jiangsu	2376035	443360884	182577236
浙 江	Zhejiang	1521093	274691708	178881937
安 徽	Anhui	683576	82673492	43496256
福 建	Fujian	1041025	62504406	90375767
江 西	Jiangxi	615826	58354598	41917210
山 东	Shandong	1074032	144834708	91481153
河 南	Henan	1042342	59744058	49758286
湖 北	Hubei	891522	123248696	69642463
湖 南	Hunan	826360	66131156	49020061
广 东	Guangdong	3045543	347599150	258590384
广 西	Guangxi	252045	31733740	14784595
海 南	Hainan	88012	49189133	11487142
重 庆	Chongqing	529847	65660626	36068647
四 川	Sichuan	880620	122288399	61597600
贵 州	Guizhou	212822	82906569	8462825
云 南	Yunnan	267518	30790282	11070000
西 藏	Tibet	32652	6487598	5372548
陕 西	Shaanxi	374118	85809751	16025296
甘 肃	Gansu	129487	11507117	2456241
青 海	Qinghai	38651	3823300	504206
宁 夏	Ningxia	38248	3752428	1118186
新 疆	Xinjiang	119277	31457671	6958958

3-2-1 规模以上文化及相关产业企业基本情况(2021年)
Statistics on Culture and Related Industries above Designated Size(2021)

单位：万元 (10 000 yuan)

分组	Group	企业单位数（个） Number of Enterprises (unit)	年末从业人员（人） Engaged Persons at Year-end (person)	资产总计 Total Assets
合 计	**Total**	**68358**	**8077173**	**1714142702**
按登记注册类型分	**by Status of Registration**			
内资企业	Domestic Funded Enterprises	63881	6430100	1268365965
#国有企业	Stats-owned Enterprises	1336	217718	68545453
私营公司	Private Enterprises	47466	3775706	394642673
港、澳、台商投资企业	Enterprises with Funds from Hong Kong, Macao and Taiwan	2586	1040223	318612850
外商投资企业	Foreign Funded Enterprises	1891	606850	127163887
按企业控股情况分	**by Status of Holding**			
国有控股	State-holding	7832	1446375	600093405
集体控股	Collective-holding	646	98283	21332754
私人控股	Private-holding	55655	4961261	654048587
港澳台商控股	Hong Kong, Macao and Taiwan-holding	2410	995818	310056087
外商控股	Foreign-holding	1623	537437	111055418
其他	Others	192	37999	17556452

3-2-1 续表 1 continued

单位：万元 (10 000 yuan)

分组	Group	营业收入 Total Revenue	税金及附加 Total Tax and Extra Charges
合 计	**Total**	**1226420843**	**5370246**
按登记注册类型分	**by Status of Registration**		
内资企业	Domestic Funded Enterprises	898280710	4176782
#国有企业	Stats-owned Enterprises	17260194	167011
私营公司	Private Enterprises	467720931	2226434
港、澳、台商投资企业	Enterprises with Funds from Hong Kong, Macao and Taiwan	204811991	791093
外商投资企业	Foreign Funded Enterprises	123328142	402372
按企业控股情况分	**by Status of Holding**		
国有控股	State-holding	208954040	1201097
集体控股	Collective-holding	14772172	67073
私人控股	Private-holding	680802880	2959107
港澳台商控股	Hong Kong, Macao and Taiwan-holding	202133776	763971
外商控股	Foreign-holding	114603753	356748
其他	Others	5154223	22251

3-2-1 续表 2 continued

单位：万元 (10 000 yuan)

分 组	Group	营业利润 Operating Profit	利润总额 Total Profit	应交增值税 Value-added Tax Payable
合 计	**Total**	**88919803**	**91164137**	**17471578**
按登记注册类型分	**by Status of Registration**			
内资企业	Domestic Funded Enterprises	52619670	54463301	12413154
#国有企业	Stats-owned Enterprises	1614053	1528182	361647
私营公司	Private Enterprises	25545102	26622381	6739278
港、澳、台商投资企业	Enterprises with Funds from Hong Kong, Macao and Taiwan	30328076	30698751	3789220
外商投资企业	Foreign Funded Enterprises	5972057	6002084	1269204
按企业控股情况分	**by Status of Holding**			
国有控股	State-holding	13430837	14201747	2903922
集体控股	Collective-holding	852771	892429	174288
私人控股	Private-holding	38009129	39363569	9469415
港澳台商控股	Hong Kong, Macao and Taiwan-holding	29805873	30173828	3698766
外商控股	Foreign-holding	6097799	6119339	1119408
其他	Others	723395	413225	105779

3-2-2 按类别分规模以上文化及相关产业企业基本情况(2021年)
Statistics on Culture and Related Industries above Designated Size by Category(2021)

单位：万元 (10 000 yuan)

类 别	Category	企业单位数（个） Number of Enterprises (unit)	年末从业人员（人） Engaged Persons at Year-end (person)	资产总计 Total Assets
合 计	**Total**	**68358**	**8077173**	**1714142702**
文化制造业	Culture-Related Manufacture	21099	3905470	374014469
文化批发和零售业	Culture-Related Whole and Retail	12169	524730	138941037
文化服务业	Culture-Related Service	35090	3646973	1201187195
一、新闻信息服务	News Information Service	2318	560141	272426340
二、内容创作生产	Creation and Manufacture of Content	13360	1740688	348838216
三、创意设计服务	Services of Creative Design	12032	1067559	183789826
四、文化传播渠道	Cultural Diffusion Channel	8547	710920	176703469
五、文化投资运营	Investment and Operation of Culture	485	35658	162296335
六、文化娱乐休闲服务	Culture Leisure and Entertainment	4420	424407	147533779
七、文化辅助生产和中介服务	Supplementary Manufacture of Culture and Intermediary Services	13161	1427535	211961740
八、文化装备生产	Manufacture of Culture Equipment	3209	584509	57799334
九、文化消费终端生产	Manufacture of Culture Consumption Endpoint	10826	1525756	152793663

3-2-2 续表 1 continued

单位：万元 (10 000 yuan)

类别	Category	营业收入 Total Revenue	税金及附加 Total Tax and Extra Charges
合计	**Total**	**1226420843**	**5370246**
文化制造业	Culture-Related Manufacture	446106258	2273403
文化批发和零售业	Culture-Related Whole and Retail	197393808	687876
文化服务业	Culture-Related Service	582920778	2408967
一、新闻信息服务	News Information Service	141452140	479417
二、内容创作生产	Creation and Manufacture of Content	260976846	1105658
三、创意设计服务	Services of Creative Design	200245163	537439
四、文化传播渠道	Cultural Diffusion Channel	134897688	647274
五、文化投资运营	Investment and Operation of Culture	5236928	138359
六、文化娱乐休闲服务	Culture Leisure and Entertainment	13544778	299518
七、文化辅助生产和中介服务	Supplementary Manufacture of Culture and Intermediary Services	167190192	980020
八、文化装备生产	Manufacture of Culture Equipment	68352992	242067
九、文化消费终端生产	Manufacture of Culture Consumption Endpoint	234524117	940495

3-2-2 续表 2 continued

单位：万元 (10 000 yuan)

类别	Category	营业利润 Operating Profit	利润总额 Total Profit	应交增值税 Value-added Tax Payable
合计	**Total**	**88919803**	**91164137**	**17471578**
文化制造业	Culture-Related Manufacture	24288182	25089252	6666214
文化批发和零售业	Culture-Related Whole and Retail	6639563	6895254	1598739
文化服务业	Culture-Related Service	57992058	59179631	9206626
一、新闻信息服务	News Information Service	19652344	19766388	2568984
二、内容创作生产	Creation and Manufacture of Content	36091929	36444796	4529855
三、创意设计服务	Services of Creative Design	8670296	8975827	2380659
四、文化传播渠道	Cultural Diffusion Channel	1783231	1919131	875955
五、文化投资运营	Investment and Operation of Culture	2110991	2178227	145290
六、文化娱乐休闲服务	Culture Leisure and Entertainment	-1773445	-1424670	199161
七、文化辅助生产和中介服务	Supplementary Manufacture of Culture and Intermediary Services	11228569	11709842	3756076
八、文化装备生产	Manufacture of Culture Equipment	3549511	3682796	735910
九、文化消费终端生产	Manufacture of Culture Consumption Endpoint	7606377	7911800	2279688

3-2-3 分地区规模以上文化及相关产业企业基本情况(2021年)
Statistics on Culture and Related Industries above Designated Size by Region(2021)

单位：万元 (10 000 yuan)

地 区	Region	企业单位数 (个) Number of Enterprises (unit)	年末从业人员 (人) Engaged Persons at Year-end (person)	资产总计 Total Assets	营业收入 Total Revenue
全 国	**National Total**	**68358**	**8077173**	**1714142702**	**1226420843**
北 京	Beijing	5309	599310	280673960	176285858
天 津	Tianjin	989	64508	20381752	13542328
河 北	Hebei	1361	129167	21766046	9960573
山 西	Shanxi	369	38081	12072901	3981152
内蒙古	Inner Mongolia	166	16945	3827820	1263851
辽 宁	Liaoning	813	123034	13346653	7784297
吉 林	Jilin	258	24905	6299266	1620963
黑龙江	Heilongjiang	263	21452	3182701	1225153
上 海	Shanghai	3675	429999	158905212	113148125
江 苏	Jiangsu	9757	1117887	232084846	130928005
浙 江	Zhejiang	5720	631884	186423375	136628025
安 徽	Anhui	2477	240570	39860503	29939969
福 建	Fujian	3549	428262	38382840	63586088
江 西	Jiangxi	2251	281157	29504176	30561558
山 东	Shandong	2926	369653	76678398	62076214
河 南	Henan	2895	308325	34258220	25331647
湖 北	Hubei	3065	360140	60408163	49806749
湖 南	Hunan	3845	372787	36481234	36088339
广 东	Guangdong	10552	1641537	257709896	213608524
广 西	Guangxi	804	88385	15428630	10772030
海 南	Hainan	232	30432	10637865	10226847
重 庆	Chongqing	1147	144452	36850868	21342137
四 川	Sichuan	2431	312797	67761614	47871971
贵 州	Guizhou	535	51626	12282498	4354394
云 南	Yunnan	700	72704	16547266	7727954
西 藏	Tibet	33	2445	728792	270547
陕 西	Shaanxi	1665	121987	29623113	12098014
甘 肃	Gansu	188	20137	3278020	1259946
青 海	Qinghai	50	5303	1228003	190620
宁 夏	Ningxia	74	10278	1509235	614843
新 疆	Xinjiang	259	17024	6018835	2324121

3-2-3 续表 continued

单位：万元 (10 000 yuan)

地 区	Region	税金及附加 Total Tax and Extra Charges	营业利润 Operating Profit	利润总额 Total Profit	应交增值税 Value-added Tax Payable
全 国	**National Total**	**5370246**	**88919803**	**91164137**	**17471578**
北 京	Beijing	514133	14813521	14579761	2306310
天 津	Tianjin	40702	727525	763262	154617
河 北	Hebei	60379	314619	379971	198270
山 西	Shanxi	17143	-12055	11030	52620
内蒙古	Inner Mongolia	9728	-9467	7359	6878
辽 宁	Liaoning	49397	139369	210557	112304
吉 林	Jilin	12787	97195	111537	33132
黑龙江	Heilongjiang	7460	-34730	-17302	-17278
上 海	Shanghai	386927	7217070	7629122	1267429
江 苏	Jiangsu	561379	7943598	8391790	2099102
浙 江	Zhejiang	426510	12329960	12971139	1834990
安 徽	Anhui	127923	1468556	1563564	444733
福 建	Fujian	258653	3873237	3923989	586129
江 西	Jiangxi	158659	2058900	2115466	431557
山 东	Shandong	250261	2583531	2663100	835384
河 南	Henan	212703	1214278	1292428	355619
湖 北	Hubei	355442	3792134	3878009	891259
湖 南	Hunan	544764	2501088	2528607	610179
广 东	Guangdong	757922	17035684	17067033	3197799
广 西	Guangxi	38978	1067463	1106861	185880
海 南	Hainan	32467	425576	473548	125619
重 庆	Chongqing	99364	2158978	2248629	327299
四 川	Sichuan	286847	5699611	5613446	1079854
贵 州	Guizhou	24218	-10308	16694	69727
云 南	Yunnan	40696	684934	726354	87961
西 藏	Tibet	385	10944	12169	1990
陕 西	Shaanxi	70812	699473	744288	130256
甘 肃	Gansu	7812	-28173	-23046	20845
青 海	Qinghai	1886	-32714	-20618	2203
宁 夏	Ningxia	4703	3382	9410	11400
新 疆	Xinjiang	9208	186624	185983	27514

3-3-1 规模以上文化制造业企业基本情况(2021年)
Statistics on Culture-Related Manufacturing Enterprises above Designated Size(2021)

单位：万元 (10 000 yuan)

分组	Group	企业单位数(个) Number of Enterprises (unit)	年末从业人员(人) Engaged Persons at Year-end (person)	资产总计 Total Assets
合　计	**Total**	**21099**	**3905470**	**374014469**
按企业规模分	**Grouped by Size of Enterprises**			
大型	Large	368	999494	150609940
中型	Medium-sized	2214	1191325	94744947
小型	Small	16766	1665100	117989603
微型	Micro-sized	1751	49551	10669979
按登记注册类型分	**by Status of Registration**			
内资企业	Domestic Funded Enterprises	18562	2834021	250058522
#国有企业	Stats-owned Enterprises	64	13260	984269
私营公司	Private Enterprises	16340	2134940	136998690
港、澳、台商投资企业	Enterprises with Funds from Hong Kong, Macao and Taiwan	1545	665333	61308360
外商投资企业	Foreign Funded Enterprises	992	406116	62647588
按企业控股情况分	**by Status of Holding**			
国有控股	State-holding	470	192977	46949812
集体控股	Collective-holding	152	38661	3594047
私人控股	Private-holding	18210	2671350	211490013
港澳台商控股	Hong Kong, Macao and Taiwan-holding	1405	630655	52263160
外商控股	Foreign-holding	852	370926	59421768
其他	Others	10	901	295668

3-3-1 续表 1 continued

单位：万元 (10 000 yuan)

分组	Group	营业收入 Total Revenue	税金及附加 Total Tax and Extra Charges
合　计	**Total**	**446106258**	**2273403**
按企业规模分	**Grouped by Size of Enterprises**		
大型	Large	153304669	521451
中型	Medium-sized	115470419	643224
小型	Small	164877374	1053077
微型	Micro-sized	12453795	55651
按登记注册类型分	**by Status of Registration**		
内资企业	Domestic Funded Enterprises	318631569	1837215
#国有企业	Stats-owned Enterprises	766093	7739
私营公司	Private Enterprises	205679207	1326806
港、澳、台商投资企业	Enterprises with Funds from Hong Kong, Macao and Taiwan	69323781	233868
外商投资企业	Foreign Funded Enterprises	58150907	202321
按企业控股情况分	**by Status of Holding**		
国有控股	State-holding	43668663	244525
集体控股	Collective-holding	3597240	21128
私人控股	Private-holding	278851419	1615863
港澳台商控股	Hong Kong, Macao and Taiwan-holding	64599961	206225
外商控股	Foreign-holding	55205841	184660
其他	Others	183134	1002

3-3-1　续表 2　continued

单位：万元　　(10 000 yuan)

分　组	Group	营业利润 Operating Profit	应交增值税 Value-added Tax Payable	工业总产值(当年价格) Gross Industrial Output Value (current prices)
合　计	**Total**	**24288182**	**6666214**	**437285479**
按企业规模分	**Grouped by Size of Enterprises**			
大型	Large	8266946	1642453	143125114
中型	Medium-sized	7440872	1864698	114850294
小型	Small	8155483	3026064	166646060
微型	Micro-sized	424881	132999	12664011
按登记注册类型分	**by Status of Registration**			
内资企业	Domestic Funded Enterprises	18235913	5265149	312797514
#国有企业	Stats-owned Enterprises	10061	22231	705786
私营公司	Private Enterprises	11693943	3596669	210635518
港、澳、台商投资企业	Enterprises with Funds from Hong Kong, Macao and Taiwan	2998768	861165	67795135
外商投资企业	Foreign Funded Enterprises	3053502	539900	56692830
按企业控股情况分	**by Status of Holding**			
国有控股	State-holding	2601498	660484	33137922
集体控股	Collective-holding	172690	64034	3567601
私人控股	Private-holding	16180092	4708984	283176005
港澳台商控股	Hong Kong, Macao and Taiwan-holding	2368081	756032	63337299
外商控股	Foreign-holding	2949402	473849	53887445
其他	Others	16421	2831	179206

3-3-2 分地区规模以上文化制造业企业主要指标(2021年)
Main Indicators on Culture-Related Manufacturing Enterprises above Designated Size by Region(2021)

单位：万元 (10 000 yuan)

地区	Region	企业单位数（个） Number of Enterprises (unit)	年末从业人员（人） Engaged Persons at Year-end (person)	资产总计 Total Assets	营业收入 Total Revenue	营业成本 Total Cost	利润总额 Total Profit
全国	**National Total**	**21099**	**3905470**	**374014469**	**446106258**	**382280545**	**25089252**
北京	Beijing	143	23227	5599003	5597778	4884505	158688
天津	Tianjin	180	22209	2908952	2538780	2275384	102007
河北	Hebei	551	61254	5257790	5312304	4533612	283490
山西	Shanxi	48	7649	805063	536934	464315	1240
内蒙古	Inner Mongolia	10	1747	253569	315331	282644	5390
辽宁	Liaoning	138	27813	2735682	2435284	2115682	94865
吉林	Jilin	33	4263	609475	312171	271996	9017
黑龙江	Heilongjiang	42	3296	239353	182478	162868	1608
上海	Shanghai	376	56492	9276183	13841729	12229433	589542
江苏	Jiangsu	3160	533063	60823356	64587664	55425585	3709471
浙江	Zhejiang	2641	363663	34206633	32128610	27254091	1659466
安徽	Anhui	1081	144122	16187135	15616413	13275265	731038
福建	Fujian	1472	308912	16431045	36127971	30604658	2586469
江西	Jiangxi	1067	214779	13674949	22919113	19558844	1905456
山东	Shandong	1111	212755	38711390	35836651	31869371	1882816
河南	Henan	997	151867	13715574	13302754	11546905	675142
湖北	Hubei	925	140035	13611954	21525540	17467903	1998655
湖南	Hunan	1320	233216	10929490	22973122	18439012	1581854
广东	Guangdong	4267	1076954	83346252	103734991	90566183	4008442
广西	Guangxi	206	45047	6873765	4676898	3866339	479583
海南	Hainan	8	3790	3112092	1198398	913947	106898
重庆	Chongqing	230	50349	4834329	7044737	5874094	651483
四川	Sichuan	553	136062	18090261	23530161	20656254	792096
贵州	Guizhou	126	17119	982680	1366506	1183159	72422
云南	Yunnan	120	21789	4071850	3402688	2486188	504477
西藏	Tibet	4	341	32132	12114	9698	682
陕西	Shaanxi	226	33580	5822167	4545639	3617506	491596
甘肃	Gansu	20	2454	134290	90774	79683	-86
青海	Qinghai	8	978	85877	39218	33661	-2380
宁夏	Ningxia	14	4013	484611	275458	244866	7950
新疆	Xinjiang	22	2632	167569	98048	86896	-126

3-3-2 续表 1 continued

单位：万元 (10 000 yuan)

地 区	Region	税 金及附加 Total Tax and Extra Charges	固定资产原价 Original Value of Fixed Assets	本年折旧 Depreciation This Year	销售费用 Selling Expenses
全 国	**National Total**	**2273403**	**152470736**	**11150795**	**11084500**
北 京	Beijing	23642	2024019	87796	151686
天 津	Tianjin	7740	1185875	73755	57846
河 北	Hebei	33758	3021369	175953	128349
山 西	Shanxi	4137	464204	20264	25196
内蒙古	Inner Mongolia	2520	103283	5206	2376
辽 宁	Liaoning	13318	1507035	76473	42497
吉 林	Jilin	2324	439853	19445	4130
黑龙江	Heilongjiang	993	130283	4926	4255
上 海	Shanghai	28471	3176913	165161	299009
江 苏	Jiangsu	249963	27629446	1612660	1527205
浙 江	Zhejiang	127689	13127088	806578	897494
安 徽	Anhui	74237	4688154	315005	442404
福 建	Fujian	172811	8852919	799984	973584
江 西	Jiangxi	126102	7181457	726727	327736
山 东	Shandong	140055	16295582	1123545	707991
河 南	Henan	100125	6953981	681017	311984
湖 北	Hubei	160641	8650369	851455	510144
湖 南	Hunan	389170	5554927	613771	674603
广 东	Guangdong	350060	20578892	1489477	2656762
广 西	Guangxi	18601	2760426	197942	82592
海 南	Hainan	12834	2519811	107715	27855
重 庆	Chongqing	42704	3150024	306689	125618
四 川	Sichuan	136591	5731212	460375	820037
贵 州	Guizhou	8780	389617	22757	43031
云 南	Yunnan	18022	1940449	95400	138090
西 藏	Tibet	28	18470	1391	136
陕 西	Shaanxi	23960	3921157	286923	92565
甘 肃	Gansu	768	85090	3360	1433
青 海	Qinghai	696	54314	2577	1633
宁 夏	Ningxia	1900	238070	12382	3859
新 疆	Xinjiang	764	96448	4087	2402

3-3-2 续表 2 continued

单位：万元 (10 000 yuan)

地 区	Region	管理费用 Administrative Expenses	研发费用 R&D Expenses	财务费用 Financial Expenses	营业利润 Operating Profit
全 国	**National Total**	**15869188**	**9558468**	**2984244**	**24288182**
北 京	Beijing	246236	103291	12506	143772
天 津	Tianjin	103407	43849	13590	97949
河 北	Hebei	245428	75942	43793	255992
山 西	Shanxi	37246	8876	6980	-7563
内蒙古	Inner Mongolia	10247	11684	975	4439
辽 宁	Liaoning	126437	50775	19998	69231
吉 林	Jilin	22869	6871	2280	9665
黑龙江	Heilongjiang	10045	1408	2595	530
上 海	Shanghai	577683	261831	21129	564127
江 苏	Jiangsu	2304557	1625295	359968	3513364
浙 江	Zhejiang	1310765	906590	313005	1504766
安 徽	Anhui	659121	484044	134810	688215
福 建	Fujian	1244149	400649	198519	2568226
江 西	Jiangxi	517770	456686	122639	1868428
山 东	Shandong	816012	778063	334169	1836752
河 南	Henan	392231	137546	160344	660327
湖 北	Hubei	744073	466316	156891	1965834
湖 南	Hunan	975034	507004	206982	1602042
广 东	Guangdong	4061832	2421019	513554	3889624
广 西	Guangxi	112676	74193	64400	468625
海 南	Hainan	30836	41319	72435	106439
重 庆	Chongqing	189865	151988	42032	634897
四 川	Sichuan	619626	407923	116181	790327
贵 州	Guizhou	46901	21697	2843	70701
云 南	Yunnan	241205	36958	-1743	496972
西 藏	Tibet	2326		124	355
陕 西	Shaanxi	184611	67932	53691	485673
甘 肃	Gansu	7919	209	2003	-983
青 海	Qinghai	4146	758	1684	-3334
宁 夏	Ningxia	14742	7322	3424	6371
新 疆	Xinjiang	9195	431	2443	-3580

3-3-2 续表 3 continued

单位：万元 (10 000 yuan)

地 区	Region	营业外收入 Non-operating Revenue	营业外支出 Non-operating Cost	应付职工薪酬 Employee Benefits Payable	应交增值税 Value-added Tax Payable	工业总产值（当年价格） Gross Industrial Output Value (current prices)
全 国	**National Total**	**1438690**	**637582**	**37380275**	**6666214**	**437285479**
北 京	Beijing	19447	4530	463343	112522	3521529
天 津	Tianjin	8370	4313	226902	27694	2137495
河 北	Hebei	44322	16821	470363	131826	5523685
山 西	Shanxi	12619	3816	54774	21860	620930
内蒙古	Inner Mongolia	1022	70	14218	3023	296228
辽 宁	Liaoning	32034	6400	251198	30067	2389463
吉 林	Jilin	1347	1994	25487	8057	322453
黑龙江	Heilongjiang	1390	312	18481	3004	192650
上 海	Shanghai	38789	13374	913710	131503	11567699
江 苏	Jiangsu	311878	115775	5130314	952353	63744599
浙 江	Zhejiang	220510	65808	3123076	630186	31267579
安 徽	Anhui	64768	21947	1305313	267492	15828094
福 建	Fujian	49663	31421	3556794	329314	39140449
江 西	Jiangxi	48864	11839	1867291	359298	22487835
山 东	Shandong	92127	46064	2180238	532032	33825870
河 南	Henan	34832	19963	1156637	160937	13762813
湖 北	Hubei	69769	36946	1629161	453426	23052546
湖 南	Hunan	33216	53404	2126031	436139	24135418
广 东	Guangdong	246107	127300	9658157	1351983	102765205
广 西	Guangxi	14137	3180	307774	124496	4750810
海 南	Hainan	563	104	58965	51845	1064461
重 庆	Chongqing	18976	2390	487856	130250	7145485
四 川	Sichuan	43605	41836	1639971	321074	17286521
贵 州	Guizhou	2186	466	115604	18947	1385359
云 南	Yunnan	10074	2569	194087	30591	3517032
西 藏	Tibet	470	143	3455	203	12307
陕 西	Shaanxi	9312	3389	333721	34966	5041975
甘 肃	Gansu	1049	151	13540	2210	93723
青 海	Qinghai	1122	168	6069	860	29363
宁 夏	Ningxia	2571	991	30159	5656	267655
新 疆	Xinjiang	3554	99	17588	2400	108250

3-3-3 规模以上文化制造业企业科技活动情况(2021年)
Statistics on Science and Technology Activities of Culture-Related Manufacturing Enterprises above Designated Size(2021)

分组	Group	R&D人员折合全时当量(人年) Full-time Equivalent of R&D Personnel (man-year)	R&D经费内部支出(万元) Internal Expenditure on R&D (10 000 yuan)
合计	**Total**	**163301**	**5570788**
按企业规模分	**Grouped by Size of Enterprises**		
大型	Large	52591	2414041
中型	Medium-sized	45885	1328980
小型	Small	64124	1802026
微型	Micro-sized	700	25741
按登记注册类型分	**by Status of Registration**		
内资企业	Domestic Funded Enterprises	125758	4128653
#国有企业	Stats-owned Enterprises	397	15149
私营公司	Private Enterprises	82113	2373035
港、澳、台商投资企业	Enterprises with Funds from Hong Kong, Macao and Taiwan	22292	770548
外商投资企业	Foreign Funded Enterprises	15251	671587
按企业控股情况分	**by Status of Holding**		
国有控股	State-holding	13633	629560
集体控股	Collective-holding	874	30735
私人控股	Private-holding	114796	3591089
港澳台商控股	Hong Kong, Macao and Taiwan-holding	19808	697299
外商控股	Foreign-holding	14072	619852
其他	Others	117	2253

3-3-3 续表 1 continued

分组	Group	新产品开发项目数(个) Number of New Products (unit)	新产品开发经费支出(万元) Expenditure on New Products Development (10 000 yuan)
合计	**Total**	**39127**	**8092062**
按企业规模分	**Grouped by Size of Enterprises**		
大型	Large	4075	3216266
中型	Medium-sized	8526	2012396
小型	Small	25998	2823486
微型	Micro-sized	528	39914
按登记注册类型分	**by Status of Registration**		
内资企业	Domestic Funded Enterprises	33283	6089004
#国有企业	Stats-owned Enterprises	124	18691
私营公司	Private Enterprises	26048	3583594
港、澳、台商投资企业	Enterprises with Funds from Hong Kong, Macao and Taiwan	3533	1102200
外商投资企业	Foreign Funded Enterprises	2311	900858
按企业控股情况分	**by Status of Holding**		
国有控股	State-holding	1975	884700
集体控股	Collective-holding	250	61327
私人控股	Private-holding	31786	5340174
港澳台商控股	Hong Kong, Macao and Taiwan-holding	3121	968427
外商控股	Foreign-holding	1978	835084
其他	Others	17	2350

3-3-3 续表 2 continued

分 组	Group	新产品销售收入(万元) Sales Revenue of New Products (10 000 yuan)	#出口 Export
合 计	**Total**	**124665728**	**37623071**
按企业规模分	**Grouped by Size of Enterprises**		
大型	Large	62189086	24768424
中型	Medium-sized	31131189	7956916
小型	Small	30988268	4827781
微型	Micro-sized	357185	69949
按登记注册类型分	**by Status of Registration**		
内资企业	Domestic Funded Enterprises	89599633	23521327
#国有企业	Stats-owned Enterprises	159573	483
私营公司	Private Enterprises	46868570	10199762
港、澳、台商投资企业	Enterprises with Funds from Hong Kong, Macao and Taiwan	19708825	7524267
外商投资企业	Foreign Funded Enterprises	15357270	6577476
按企业控股情况分	**by Status of Holding**		
国有控股	State-holding	14199249	2880598
集体控股	Collective-holding	881373	57377
私人控股	Private-holding	75879873	21073312
港澳台商控股	Hong Kong, Macao and Taiwan-holding	18299266	7235127
外商控股	Foreign-holding	15343212	6376644
其他	Others	62756	13

3-3-3 续表 3 continued

分 组	Group	专利申请数(件) Patent Applications (piece)	#发明专利 Inventions	有效发明专利数(件) Number of Patents in Force (piece)
合 计	**Total**	**59884**	**15511**	**55147**
按企业规模分	**Grouped by Size of Enterprises**			
大型	Large	14386	5271	16918
中型	Medium-sized	13901	4033	12810
小型	Small	31106	6128	24854
微型	Micro-sized	491	79	565
按登记注册类型分	**by Status of Registration**			
内资企业	Domestic Funded Enterprises	51236	12810	42118
#国有企业	Stats-owned Enterprises	55	13	76
私营公司	Private Enterprises	34517	6761	24328
港、澳、台商投资企业	Enterprises with Funds from Hong Kong, Macao and Taiwan	5539	1563	7414
外商投资企业	Foreign Funded Enterprises	3109	1138	5615
按企业控股情况分	**by Status of Holding**			
国有控股	State-holding	5040	2724	8106
集体控股	Collective-holding	340	60	432
私人控股	Private-holding	47388	10686	35855
港澳台商控股	Hong Kong, Macao and Taiwan-holding	4789	1318	6685
外商控股	Foreign-holding	2319	719	4057
其他	Others	8	4	12

3-3-4 分地区规模以上文化制造业企业科技活动情况(2021年)
Statistics on Science and Technology Activities of Culture-Related Manufacturing Enterprises above Designated Size by Region(2021)

地 区	Region	R&D人员折合全时当量(人年) Equivalent of R&D Personnel (man-year)	R&D经费内部支出(万元) Expenditure on R&D (10 000 yuan)	新产品开发项目数(个) New Products (unit)	新产品开发经费支出(万元) New Products Development (10 000 yuan)
全 国	**National Total**	**163301**	**5570788**	**39127**	**8092062**
北 京	Beijing	541	35848	409	95902
天 津	Tianjin	1076	26636	313	39599
河 北	Hebei	1474	46301	725	72891
山 西	Shanxi	93	5871	88	12129
内蒙古	Inner Mongolia	37	10062	14	11690
辽 宁	Liaoning	800	41255	264	51201
吉 林	Jilin	35	291	9	4563
黑龙江	Heilongjiang	24	151	11	681
上 海	Shanghai	3344	150173	669	176967
江 苏	Jiangsu	28984	990884	4671	1320148
浙 江	Zhejiang	18749	440019	6813	808815
安 徽	Anhui	9342	366709	1927	444033
福 建	Fujian	11412	304159	1846	351998
江 西	Jiangxi	8446	252385	1980	398081
山 东	Shandong	11716	532352	2290	696646
河 南	Henan	3970	140522	589	102071
湖 北	Hubei	7671	237146	1142	342232
湖 南	Hunan	6506	283006	1746	374813
广 东	Guangdong	36420	1227324	11576	2133231
广 西	Guangxi	429	20629	231	70987
海 南	Hainan	192	5771	29	23032
重 庆	Chongqing	2203	86585	427	111798
四 川	Sichuan	7324	286622	760	357278
贵 州	Guizhou	344	13264	82	10885
云 南	Yunnan	1258	25517	162	25558
西 藏	Tibet				
陕 西	Shaanxi	711	34673	289	44225
甘 肃	Gansu	12	365	10	524
青 海	Qinghai	15	230	12	721
宁 夏	Ningxia	174	6041	41	8960
新 疆	Xinjiang			2	405

3-3-4 续表 continued

地 区	Region	新产品销售收入（万元） Sales of New Products (10 000 yuan)	#出口 Export	专利申请数（件） Patent Applications (piece)	#发明专利 Inventions	有效发明专利数（件） Number of Patents in Force (piece)
全 国	**National Total**	**124665728**	**37623071**	**59884**	**15511**	**55147**
北 京	Beijing	1885819	42138	427	146	840
天 津	Tianjin	430321	52257	534	89	832
河 北	Hebei	1127102	119313	803	155	1125
山 西	Shanxi	165152	2048	107	19	57
内蒙古	Inner Mongolia	49625		12	5	28
辽 宁	Liaoning	220445	88125	283	65	190
吉 林	Jilin	36949	2732	32	3	27
黑龙江	Heilongjiang	15003	18	41	1	38
上 海	Shanghai	2722177	1456554	1468	331	2816
江 苏	Jiangsu	17667267	5706646	8487	2233	9143
浙 江	Zhejiang	13221118	3949347	6379	972	3388
安 徽	Anhui	6907768	1180050	3882	1430	3326
福 建	Fujian	3956498	2562080	2730	476	2223
江 西	Jiangxi	6401900	1948539	2283	440	1018
山 东	Shandong	13575988	4692591	3131	1382	3678
河 南	Henan	1381065	317499	1079	131	902
湖 北	Hubei	7611212	227106	2203	410	1751
湖 南	Hunan	5238766	504086	1521	515	1273
广 东	Guangdong	30557751	13816350	20335	5102	17268
广 西	Guangxi	880028	25136	304	82	169
海 南	Hainan	830945	55132	33	9	63
重 庆	Chongqing	1761576	125866	573	114	502
四 川	Sichuan	6785652	686976	2242	1095	3511
贵 州	Guizhou	517133	25913	101	34	112
云 南	Yunnan	275327	3293	311	66	316
西 藏	Tibet					
陕 西	Shaanxi	397916	31584	485	179	506
甘 肃	Gansu	3279		11		9
青 海	Qinghai	875		13		
宁 夏	Ningxia	40805	1692	65	27	35
新 疆	Xinjiang	268		9		1

3-4-1 限额以上文化批发和零售业企业基本情况(2021年) Statistics on Culture-Related Wholesale and Retail Enterprises above Designated Size(2021)

单位：万元 (10 000 yuan)

分组	Group	企业单位数(个) Number of Enterprises (unit)	年末从业人员(人) Engaged Persons at Year-end (person)	资产总计 Total Assets	营业收入 Total Revenue
合　计	**Total**	**12169**	**524730**	**138941037**	**197393808**
按登记注册类型分	**Grouped by Status of Registration**				
内资企业	Domestic Funded Enterprises	11723	450428	118657073	165202483
#国有企业	Stats-owned Enterprises	185	9915	3290265	3033479
私营公司	Private Enterprises	9334	250104	40289007	76516000
港、澳、台商投资企业	Enterprises with Funds from Hong Kong, Macao and Taiwan	240	40925	10303967	16704632
外商投资企业	Foreign Funded Enterprises	206	33377	9979998	15486693
按企业控股情况分	**by Status of Holding**				
国有控股	State-holding	1317	136617	58315304	60496643
集体控股	Collective-holding	118	9912	4764986	7491020
私人控股	Private-holding	10313	305102	56146210	97621047
港澳台商控股	Hong Kong, Macao and Taiwan-holding	239	40969	10303187	16706357
外商控股	Foreign-holding	176	31590	9271568	15057043
其他	Others	6	540	139783	21698

3-4-1 续表 continued

单位：万元 (10 000 yuan)

分组	Group	税金及附加 Total Tax and Extra Charges	营业利润 Operating Profit	应交增值税 Value-added Tax Payable
合　计	**Total**	**687876**	**6639563**	**1598739**
按登记注册类型分	**Grouped by Status of Registration**			
内资企业	Domestic Funded Enterprises	484970	4810974	1177765
#国有企业	Stats-owned Enterprises	9471	134893	24738
私营公司	Private Enterprises	244982	1748672	688474
港、澳、台商投资企业	Enterprises with Funds from Hong Kong, Macao and Taiwan	136583	1055755	209124
外商投资企业	Foreign Funded Enterprises	66323	772834	211851
按企业控股情况分	**by Status of Holding**			
国有控股	State-holding	150125	2495334	303177
集体控股	Collective-holding	12828	84365	21425
私人控股	Private-holding	322180	2230120	858847
港澳台商控股	Hong Kong, Macao and Taiwan-holding	138020	1061346	209483
外商控股	Foreign-holding	64707	774525	206032
其他	Others	17	-6127	-225

3-4-2 分地区限额以上文化批发和零售业企业主要指标(2021年)
Main Indicators on Culture-Related Wholesale and Retail Enterprises above Designated Size by Region(2021)

单位：万元 (10 000 yuan)

地 区	Region	企业单位数(个) Number of Enterprises (unit)	年末从业人员(人) Engaged Persons at Year-end (person)	资产总计 Total Assets
全 国	**National Total**	**12169**	**524730**	**138941037**
北 京	Beijing	617	44358	20374523
天 津	Tianjin	177	4160	1148022
河 北	Hebei	236	12454	1801824
山 西	Shanxi	114	5813	1293865
内蒙古	Inner Mongolia	40	2800	727502
辽 宁	Liaoning	157	7107	813911
吉 林	Jilin	82	3683	432525
黑龙江	Heilongjiang	100	3459	595315
上 海	Shanghai	619	40799	15570971
江 苏	Jiangsu	2064	64161	18493968
浙 江	Zhejiang	1090	38823	10705679
安 徽	Anhui	445	13874	4827934
福 建	Fujian	549	14453	4937829
江 西	Jiangxi	219	9583	4129628
山 东	Shandong	723	35242	10243290
河 南	Henan	580	25950	2545781
湖 北	Hubei	673	23223	3407131
湖 南	Hunan	468	18617	1845952
广 东	Guangdong	1760	91683	19766451
广 西	Guangxi	208	5353	1720526
海 南	Hainan	36	1772	507457
重 庆	Chongqing	173	12726	2404143
四 川	Sichuan	354	15647	5238437
贵 州	Guizhou	76	2412	932998
云 南	Yunnan	151	7798	1294956
西 藏	Tibet	5	76	10409
陕 西	Shaanxi	321	10219	1461830
甘 肃	Gansu	37	3617	505992
青 海	Qinghai	11	708	95318
宁 夏	Ningxia	19	624	237534
新 疆	Xinjiang	65	3536	869336

3-4-2 续表 1 continued

单位：万元 (10 000 yuan)

地 区	Region	营业收入 Total Revenue	营业成本 Total Cost	税 金 及附加 Total Tax and Extra Charges	利润总额 Total Profit
全 国	**National Total**	**197393808**	**175006903**	**687876**	**6895254**
北 京	Beijing	21548095	18546967	82901	1070270
天 津	Tianjin	1532507	1350547	4679	41930
河 北	Hebei	2020291	1547233	5763	108998
山 西	Shanxi	1298254	1171828	4861	25868
内蒙古	Inner Mongolia	408870	329243	2340	46878
辽 宁	Liaoning	1551955	1385138	8279	14179
吉 林	Jilin	429496	373179	1927	8128
黑龙江	Heilongjiang	453251	382864	1647	9245
上 海	Shanghai	29504567	25118990	125606	1413358
江 苏	Jiangsu	24523629	21784744	58306	979783
浙 江	Zhejiang	19393958	17770196	48171	533921
安 徽	Anhui	6211420	5751984	12513	164812
福 建	Fujian	14028520	13248320	35416	252272
江 西	Jiangxi	2211184	1853698	6598	119869
山 东	Shandong	17379419	16282314	39271	275335
河 南	Henan	4439650	3927180	22918	161895
湖 北	Hubei	4109416	3459666	24211	212395
湖 南	Hunan	3344027	2742757	28588	183290
广 东	Guangdong	26900131	23940755	127078	525247
广 西	Guangxi	1378296	1202348	2990	43432
海 南	Hainan	1781409	1674083	2650	60660
重 庆	Chongqing	2809934	2287971	15819	254312
四 川	Sichuan	4420151	3915326	9485	150709
贵 州	Guizhou	803985	717512	501	29954
云 南	Yunnan	1586280	1334054	4448	117129
西 藏	Tibet	13428	11640	36	666
陕 西	Shaanxi	1970069	1713024	4890	55546
甘 肃	Gansu	560334	530727	2420	6648
青 海	Qinghai	38541	25750	331	1206
宁 夏	Ningxia	127533	113577	305	2249
新 疆	Xinjiang	615209	513288	2928	25070

3-4-2 续表 2 continued

单位：万元 (10 000 yuan)

地 区	Region	固定资产原价 Original Value of Fixed Assets	本年折旧 Depreciation This Year	销售费用 Selling Expenses	管理费用 Administrative Expenses
全 国	**National Total**	**10324183**	**519701**	**10088184**	**5412708**
北 京	Beijing	875526	46748	1258226	830029
天 津	Tianjin	130167	3964	92122	48274
河 北	Hebei	209033	10133	127793	86612
山 西	Shanxi	272048	10233	65206	35369
内蒙古	Inner Mongolia	106376	3419	24413	32216
辽 宁	Liaoning	80493	4383	73412	62979
吉 林	Jilin	77718	3136	16471	30606
黑龙江	Heilongjiang	168326	5789	27029	19199
上 海	Shanghai	707666	47286	2313045	736164
江 苏	Jiangsu	1323155	71889	1304308	571329
浙 江	Zhejiang	1252498	36501	715319	360308
安 徽	Anhui	224947	11177	230237	111344
福 建	Fujian	350809	13878	321114	173181
江 西	Jiangxi	216849	11297	93303	119734
山 东	Shandong	589307	30647	537103	289968
河 南	Henan	377380	13991	198736	123808
湖 北	Hubei	469434	26189	192411	165676
湖 南	Hunan	344950	17394	213762	147746
广 东	Guangdong	893817	63231	1457768	868343
广 西	Guangxi	122161	5939	79106	56349
海 南	Hainan	89179	3337	30064	15538
重 庆	Chongqing	186916	9111	160439	100955
四 川	Sichuan	390417	16108	209085	170256
贵 州	Guizhou	25622	1563	28503	26374
云 南	Yunnan	200864	14140	117317	67601
西 藏	Tibet	3736	134	368	1207
陕 西	Shaanxi	242352	22782	104810	92823
甘 肃	Gansu	92164	3855	35431	28703
青 海	Qinghai	25802	1224	8120	3574
宁 夏	Ningxia	63373	2307	4499	8433
新 疆	Xinjiang	211099	7920	48666	28011

3-4-2 续表 3 continued

单位：万元 (10 000 yuan)

地区	Region	研发费用 R&D Expenses	财务费用 Financial Expenses	营业利润 Operating Profit	营业外收入 Non-operating Revenue	应付职工薪酬 Employee Benefits Payable	应交增值税 Value-added Tax Payable
全 国	**National Total**	**251215**	**562855**	**6639563**	**377580**	**6171041**	**1598739**
北 京	Beijing	61476	99034	1051263	43135	944671	201490
天 津	Tianjin	172	-520	37825	5878	43784	11978
河 北	Hebei	978	1206	108614	1749	114715	7866
山 西	Shanxi	3	3263	25123	4309	37613	4340
内蒙古	Inner Mongolia	0	-968	45666	1318	33710	-143
辽 宁	Liaoning	354	6446	11724	3584	61037	13719
吉 林	Jilin		5270	6668	1850	25368	2306
黑龙江	Heilongjiang	0	2826	9013	991	24048	660
上 海	Shanghai	20008	62245	1297767	129981	824864	208050
江 苏	Jiangsu	25045	46126	948081	38761	702894	244884
浙 江	Zhejiang	7343	39241	507827	32405	415351	152349
安 徽	Anhui	2121	15263	165294	3245	121900	35002
福 建	Fujian	3160	51352	246082	9399	153478	48280
江 西	Jiangxi	1488	-5975	128148	4835	121206	7194
山 东	Shandong	48969	63029	258500	23350	354065	140552
河 南	Henan	1042	18689	157356	8394	153031	26456
湖 北	Hubei	2782	15149	214429	6174	187758	60623
湖 南	Hunan	1809	10552	183273	1578	163438	38386
广 东	Guangdong	72650	118347	501643	28202	1008225	308001
广 西	Guangxi	156	-1604	44729	1395	59454	4412
海 南	Hainan		2869	59115	1878	17522	9211
重 庆	Chongqing	225	990	246227	9349	157860	29015
四 川	Sichuan	570	4590	153258	3547	158874	21354
贵 州	Guizhou	1	3576	30023	324	21198	2196
云 南	Yunnan	145	1393	117636	1485	87691	6465
西 藏	Tibet		-16	296	390	859	34
陕 西	Shaanxi	669	1394	50630	6395	84384	7177
甘 肃	Gansu	52	-219	6390	695	34393	2354
青 海	Qinghai	0	-265	78	1145	7866	294
宁 夏	Ningxia		214	1170	1093	5551	1553
新 疆	Xinjiang		-642	25716	747	44238	2683

3-5-1 规模以上文化服务业企业基本情况(2021年)
Statistics on Culture-Related Service Enterprises above Designated Size(2021)

单位：万元 (10 000 yuan)

分组	Group	企业单位数(个) Number of Enterprises (unit)	年末从业人员(人) Engaged Persons at Year-end (person)	资产总计 Total Assets
合计	**Total**	**35090**	**3646973**	**1201187195**
按登记注册类型分	**Grouped by Status of Registration**			
内资企业	Domestic Funded Enterprises	33596	3145651	899650369
#国有企业	Stats-owned Enterprises	1087	194543	64270919
私营公司	Private Enterprises	21792	1390662	217354976
港、澳、台商投资企业	Enterprises with Funds from Hong Kong, Macao and Taiwan	801	333965	247000524
外商投资企业	Foreign Funded Enterprises	693	167357	54536302
按企业控股情况分	**by Status of Holding**			
国有控股	State-holding	6045	1116781	494828289
集体控股	Collective-holding	376	49710	12973722
私人控股	Private-holding	27132	1984809	386412364
港澳台商控股	Hong Kong, Macao and Taiwan-holding	766	324194	247489740
外商控股	Foreign-holding	595	134921	42362081
其他	Others	176	36558	17121000

3-5-1 续表 1 continued

单位：万元 (10 000 yuan)

分组	Group	营业收入 Total Revenue	税金及附加 Total Tax and Extra Charges
合计	**Total**	**582920778**	**2408967**
按登记注册类型分	**Grouped by Status of Registration**		
内资企业	Domestic Funded Enterprises	414446657	1854598
#国有企业	Stats-owned Enterprises	13460622	149801
私营公司	Private Enterprises	185525724	654646
港、澳、台商投资企业	Enterprises with Funds from Hong Kong, Macao and Taiwan	118783578	420642
外商投资企业	Foreign Funded Enterprises	49690542	133728
按企业控股情况分	**by Status of Holding**		
国有控股	State-holding	104788734	806447
集体控股	Collective-holding	3683912	33117
私人控股	Private-holding	304330414	1021064
港澳台商控股	Hong Kong, Macao and Taiwan-holding	120827458	419725
外商控股	Foreign-holding	44340869	107382
其他	Others	4949391	21232

3-5-1 续表 2 continued

单位：万元 (10 000 yuan)

分 组	Group	营业利润 Operating Profit	应交增值税 Value-added Tax Payable
合 计	**Total**	**57992058**	**9206626**
按登记注册类型分	**Grouped by Status of Registration**		
内资企业	Domestic Funded Enterprises	29572783	5970240
#国有企业	Stats-owned Enterprises	1469099	314677
私营公司	Private Enterprises	12102487	2454135
港、澳、台商投资企业	Enterprises with Funds from Hong Kong, Macao and Taiwan	26273553	2718932
外商投资企业	Foreign Funded Enterprises	2145722	517454
按企业控股情况分	**by Status of Holding**		
国有控股	State-holding	8334005	1940260
集体控股	Collective-holding	595716	88829
私人控股	Private-holding	19598917	3901585
港澳台商控股	Hong Kong, Macao and Taiwan-holding	26376446	2733251
外商控股	Foreign-holding	2373872	439528
其他	Others	713102	103173

3-5-2 分地区规模以上文化服务业企业主要指标(2021年)
Main Indicators on Culture-Related Service Enterprises above Designated Size by Region(2021)

单位：万元 (10 000 yuan)

地 区	Region	企业单位数(个) Number of Enterprises (unit)	年末从业人员(人) Engaged Persons at Year-end (person)	资产总计 Total Assets
全 国	**National Total**	**35090**	**3646973**	**1201187195**
北 京	Beijing	4549	531725	254700434
天 津	Tianjin	632	38139	16324778
河 北	Hebei	574	55459	14706432
山 西	Shanxi	207	24619	9973974
内蒙古	Inner Mongolia	116	12398	2846748
辽 宁	Liaoning	518	88114	9797060
吉 林	Jilin	143	16959	5257266
黑龙江	Heilongjiang	121	14697	2348033
上 海	Shanghai	2680	332708	134058058
江 苏	Jiangsu	4533	520663	152767523
浙 江	Zhejiang	1989	229398	141511064
安 徽	Anhui	951	82574	18845433
福 建	Fujian	1528	104897	17013966
江 西	Jiangxi	965	56795	11699598
山 东	Shandong	1092	121656	27723718
河 南	Henan	1318	130508	17996865
湖 北	Hubei	1467	196882	43389078
湖 南	Hunan	2057	120954	23705792
广 东	Guangdong	4525	472900	154597194
广 西	Guangxi	390	37985	6834339
海 南	Hainan	188	24870	7018315
重 庆	Chongqing	744	81377	29612396
四 川	Sichuan	1524	161088	44432916
贵 州	Guizhou	333	32095	10366820
云 南	Yunnan	429	43117	11180461
西 藏	Tibet	24	2028	686251
陕 西	Shaanxi	1118	78188	22339116
甘 肃	Gansu	131	14066	2637738
青 海	Qinghai	31	3617	1046809
宁 夏	Ningxia	41	5641	787090
新 疆	Xinjiang	172	10856	4981930

3-5-2 续表 1 continued

单位：万元 (10 000 yuan)

地 区	Region	营业收入 Total Revenue	营业成本 Total Cost	税 金 及附加 Total Tax and Extra Charges	利润总额 Total Profit
全 国	**National Total**	**582920778**	**395573391**	**2408967**	**59179631**
北 京	Beijing	149139985	96062420	407590	13350803
天 津	Tianjin	9471040	7546982	28284	619325
河 北	Hebei	2627978	1937955	20858	-12517
山 西	Shanxi	2145964	1831251	8146	-16078
内蒙古	Inner Mongolia	539651	417271	4868	-44909
辽 宁	Liaoning	3797059	2864201	27801	101513
吉 林	Jilin	879297	569775	8536	94391
黑龙江	Heilongjiang	589424	495498	4820	-28155
上 海	Shanghai	69801830	46240999	232851	5626222
江 苏	Jiangsu	41816712	30657311	253110	3702536
浙 江	Zhejiang	85105458	52456801	250650	10777752
安 徽	Anhui	8112136	6265079	41173	667714
福 建	Fujian	13429597	10578163	50425	1085248
江 西	Jiangxi	5431261	3947019	25959	90141
山 东	Shandong	8860144	6806130	70935	504949
河 南	Henan	7589243	5755397	89660	455391
湖 北	Hubei	24171793	19856531	170589	1666958
湖 南	Hunan	9771190	7330457	127005	763463
广 东	Guangdong	82973402	55742505	280784	12533344
广 西	Guangxi	4716837	3255391	17387	583845
海 南	Hainan	7247041	5759757	16983	305990
重 庆	Chongqing	11487466	6672393	40841	1342834
四 川	Sichuan	19921659	12188810	140771	4670641
贵 州	Guizhou	2183903	1717044	14936	-85682
云 南	Yunnan	2738986	2207445	18226	104748
西 藏	Tibet	245005	210850	321	10821
陕 西	Shaanxi	5582306	4205879	41962	197146
甘 肃	Gansu	608838	457148	4624	-29608
青 海	Qinghai	112862	93041	859	-19443
宁 夏	Ningxia	211851	159747	2498	-789
新 疆	Xinjiang	1610864	1284143	5516	161038

3-5-2 续表 2 continued

单位：万元 (10 000 yuan)

地 区	Region	固定资产原价 Original Value of Fixed Assets	本年折旧 Depreciation This Year	销售费用 Selling Expenses	管理费用 Administrative Expenses
全 国	**National Total**	**187817632**	**13256842**	**52045619**	**58164476**
北 京	Beijing	34161992	3167333	19742572	11559821
天 津	Tianjin	2549683	111046	599449	505997
河 北	Hebei	4271164	219670	169177	438599
山 西	Shanxi	2680519	108503	86630	189666
内蒙古	Inner Mongolia	1621360	50279	42421	129501
辽 宁	Liaoning	3630674	176461	205185	550693
吉 林	Jilin	2080196	108842	85998	158795
黑龙江	Heilongjiang	1595653	75956	28137	109373
上 海	Shanghai	16526678	1418169	8576263	6646124
江 苏	Jiangsu	20295792	1277269	2187398	3889719
浙 江	Zhejiang	16517926	1729664	7142589	15119676
安 徽	Anhui	3724442	195375	345185	618723
福 建	Fujian	3561533	188210	699716	870965
江 西	Jiangxi	2057118	109151	674808	572225
山 东	Shandong	7766778	314296	501406	973122
河 南	Henan	4857783	325982	378699	650711
湖 北	Hubei	7534700	458425	1050303	1231807
湖 南	Hunan	5514403	272497	715104	941262
广 东	Guangdong	18869029	1529717	5446240	6348934
广 西	Guangxi	1863015	102238	130122	766753
海 南	Hainan	1890286	112090	813029	272725
重 庆	Chongqing	3969402	211925	342604	2979946
四 川	Sichuan	7123102	366846	1380353	1165241
贵 州	Guizhou	2500356	134414	126431	261175
云 南	Yunnan	3069526	150365	119291	315278
西 藏	Tibet	123602	7441	9263	16320
陕 西	Shaanxi	4457674	192300	323757	628127
甘 肃	Gansu	1173686	56950	43308	101591
青 海	Qinghai	671173	32105	11861	26358
宁 夏	Ningxia	465289	24021	19236	34092
新 疆	Xinjiang	693100	29302	49084	91157

3-5-2 续表 3 continued

单位: 万元 (10 000 yuan)

地 区	Region	研发费用 R&D Expenses	财务费用 Finiancial Expenses	营业利润 Operating Profit	应付职工薪酬 Employee Benefits Payable	应交增值税 Value-added Tax Payable
全 国	**National Total**	**30035202**	**1611795**	**57992058**	**80670998**	**9206626**
北 京	Beijing	11005233	-513585	13618487	19653461	1992298
天 津	Tianjin	260192	144237	591751	865084	114946
河 北	Hebei	44766	182744	-49987	534476	58579
山 西	Shanxi	27055	81290	-29615	229629	26421
内蒙古	Inner Mongolia	1258	20594	-59573	126156	3998
辽 宁	Liaoning	114685	81900	58414	1179755	68517
吉 林	Jilin	19315	31632	80862	160637	22768
黑龙江	Heilongjiang	4138	16913	-44274	123662	-20941
上 海	Shanghai	5217937	240516	5355176	10381249	927876
江 苏	Jiangsu	2087461	537212	3482152	7893364	901865
浙 江	Zhejiang	963218	-406445	10317367	9309436	1052455
安 徽	Anhui	348111	106711	615047	1132166	142238
福 建	Fujian	507274	65704	1058929	1537135	208535
江 西	Jiangxi	84561	103050	62323	488587	65065
山 东	Shandong	233109	174178	488279	1650422	162800
河 南	Henan	189458	142051	396596	1369205	168226
湖 北	Hubei	724402	-18770	1611870	3446697	377210
湖 南	Hunan	224391	90689	715773	1460878	135654
广 东	Guangdong	6527364	-365531	12644417	12047095	1537815
广 西	Guangxi	28271	33660	554109	439774	56972
海 南	Hainan	155895	54848	260022	643521	64564
重 庆	Chongqing	240138	78471	1277855	1277317	168034
四 川	Sichuan	760274	207634	4756027	2493121	737426
贵 州	Guizhou	119603	81982	-111032	357401	48585
云 南	Yunnan	54026	118043	70327	500069	50905
西 藏	Tibet	1299	1677	10293	18258	1753
陕 西	Shaanxi	73261	249051	163170	977838	88113
甘 肃	Gansu	6630	37972	-33580	147905	16282
青 海	Qinghai	81	14453	-29458	35542	1048
宁 夏	Ningxia	806	7529	-4159	59450	4190
新 疆	Xinjiang	10991	11386	164489	131710	22430

4

主要文化行业发展情况

Development of Main Cultural Industries

4-1-1 图书、期刊和报纸出版情况
Statistics on Books, Periodicals and Newspapers

年份 Year 地区 Region	图书 Books Published			期刊 Periodicals Published		报纸 Newspapers Published	
	种数（种） Number of Publications (kind)	#新出版 New Publications	总印数（亿册、亿张） Printed Copies (100 million copies)	种数（种） Number of Publications (kind)	总印数（亿册） Total Printed Copies (100 million copies)	种数（种） Number of Publications (kind)	总印数（亿份） Total Printed Copies (100 million copies)
1978	14987	11888	37.7	930	7.6	186	127.8
1980	21621	17660	45.9	2191	11.2	188	140.4
1985	45603	33743	66.7	4705	25.6	1445	246.8
1990	80224	55245	56.4	5751	17.9	1444	211.2
1995	101381	59159	63.2	7583	23.4	2089	263.3
2000	143376	84235	62.7	8725	29.4	2007	329.3
2005	222473	128578	64.7	9468	27.6	1931	412.6
2006	233971	160757	64.1	9468	28.5	1938	424.5
2007	248283	136226	62.9	9468	30.4	1938	438.0
2008	274123	148978	70.6	9549	31.0	1943	442.9
2009	301719	168296	70.4	9851	31.5	1937	439.1
2010	328387	189295	71.7	9884	32.2	1939	452.1
2011	369523	207506	77.0	9849	32.9	1928	467.4
2012	414005	241986	79.2	9867	33.5	1918	482.3
2013	444427	255981	83.1	9877	32.7	1915	482.4
2014	448431	255890	81.8	9966	30.9	1912	463.9
2015	475768	260426	86.6	10014	28.8	1906	430.1
2016	499884	262415	90.4	10084	27.0	1894	390.1
2017	512487	255106	92.4	10130	24.9	1884	362.5
2018	519250	247108	100.1	10139	22.9	1871	337.3
2019	505979	224762	106.0	10171	21.9	1851	317.6
2020	489051	213636	103.7	10192	20.4	1810	289.1
2021	529197	225253	118.6	10185	20.1	1752	283.0
中　央 Central Level	216059	89335	33.5	3106	7.2	204	75.3
北　京 Beijing	14775	6242	4.0	171	0.2	30	2.7
天　津 Tianjin	7857	3999	1.0	249	0.3	16	1.9
河　北 Hebei	10855	2928	3.8	225	0.4	62	10.3
山　西 Shanxi	3187	1767	1.2	199	0.2	54	22.4
内蒙古 Inner Mongolia	3049	1179	0.6	151	0.1	53	2.3
辽　宁 Liaoning	11433	5195	1.9	322	0.6	66	5.4
吉　林 Jilin	27597	13147	3.1	241	0.4	46	5.5
黑龙江 Heilongjiang	8562	5566	0.9	316	0.2	51	3.1
上　海 Shanghai	30082	12885	5.0	642	0.6	67	6.5
江　苏 Jiangsu	28273	9844	7.9	478	1.2	75	19.0
浙　江 Zhejiang	16211	7041	4.9	236	0.6	66	16.8
安　徽 Anhui	10121	3558	3.2	186	0.3	48	5.5
福　建 Fujian	4833	2353	1.5	174	0.2	42	6.5
江　西 Jiangxi	10217	5246	2.9	166	0.8	37	7.3
山　东 Shandong	15591	5170	5.8	279	0.6	80	14.7
河　南 Henan	9670	4286	4.5	252	0.7	77	12.9
湖　北 Hubei	14910	6472	3.2	433	0.8	68	6.0
湖　南 Hunan	11045	4293	5.1	259	0.9	44	6.7
广　东 Guangdong	11565	5692	5.1	387	1.0	92	14.5
广　西 Guangxi	7054	2776	3.4	179	0.4	42	4.5
海　南 Hainan	4048	1630	0.8	42	0.0	13	1.6
重　庆 Chongqing	5626	1984	1.4	143	0.3	27	1.7
四　川 Sichuan	14406	7190	4.2	360	0.5	72	10.0
贵　州 Guizhou	1202	787	1.3	93	0.1	27	2.2
云　南 Yunnan	6169	3347	2.0	129	0.2	40	3.0
西　藏 Tibet	541	207	0.2	40	0.0	26	1.0
陕　西 Shaanxi	12497	4991	2.3	288	0.3	43	4.4
甘　肃 Gansu	4562	1948	1.1	131	0.8	45	3.1
青　海 Qinghai	613	281	0.1	55	0.0	25	0.7
宁　夏 Ningxia	2384	1157	0.5	37	0.0	13	0.9
新　疆 Xinjiang	4203	2757	2.2	216	0.1	101	4.5

4-1-2 图书出版情况（2021年）
Statistics on Books Published by Category (2021)

类　别	Category	种　数（种）Number of Publications (kind)	印　数（万册）Printed Copies (10 000 copies)
图书总计	**Total**	**529197**	**1186381**
使用“中国标准书号”部分合计	**Publications with "China Standard Book Numbering"**	**528850**	**1184463**
马列主义、毛泽东思想	Marxism-Leninism, Mao Zedong Thought	1012	2559
哲学	Philosophy	9363	8175
社会科学总论	General Social Sciences	5669	3378
政治、法律	Politics and Law	18530	61340
军事	Military Affairs	1313	1005
经济	Economics	35554	15247
文化、科学、教育、体育	Culture, Science, Education and Sports	219040	900214
语言、文字	Languages	18949	25530
文学	Literature	54780	79217
艺术	Arts	24504	18907
历史、地理	History and Geography	19569	18331
自然科学总论	General Natural Sciences	1034	1104
数理科学、化学	Mathematics, Physics and Chemistry	11551	6560
天文学、地球科学	Astronomy and Geology	3935	1823
生物科学	Biology	4351	3182
医学、卫生	Medicine and Health Care	23008	12039
农业科学	Agricultural Science	5279	1426
工业技术	Industrial Technology	56028	17939
交通运输	Transportation	7034	2222
航空、航天	Aeronautics and Aerospace	1039	337
环境科学	Environmental Science	3093	1044
综合性图书	General Books	4215	2884
不使用“中国标准书号”部分合计	**Publications without "China Standard Book Numbering"**	**347**	**1918**
图片	Pictures	347	283
国标(GB)、部标(BB)等标准类文件印品	Standards Publications such as National Standards, Ministry Standards		1000
活页文选、活页歌篇、小件印品等	Loose-leaf Collectanea, Loose-leaf Song Collections and Prints of Small Volume		635

4-1-3　分地区少年儿童读物和课本出版情况（2021年）
Statistics on Juvenile and Children's Books, Textbooks by Region (2021)

地　区	Region	种数(种) Number of Publications (kind)		总印数（万册） Printed Copies (10 000 copies)		总印张(千印张) Printed Sheets (1 000 sheets)	
		少儿读物 Juvenile and Children's Books	课　本 Textbooks	少儿读物 Juvenile and Children's Books	课　本 Textbooks	少儿读物 Juvenile and Children's Books	课　本 Textbooks
全　国	**National Total**	**46322**	**90143**	**96994**	**432063**	**5592253**	**33587497**
中　央	Central Level	11520	55297	26487	115852	1517020	11541919
北　京	Beijing	3180	715	8662	2307	570231	227575
天　津	Tianjin	1012	459	1688	1801	89813	136797
河　北	Hebei	1053	315	1934	17250	90208	1173849
山　西	Shanxi	139	207	90	5719	6798	407396
内蒙古	Inner Mongolia	375	768	132	4378	10581	312603
辽　宁	Liaoning	1056	2569	1498	6439	94902	538087
吉　林	Jilin	2636	534	2647	4399	152869	312594
黑龙江	Heilongjiang	694	1006	568	3438	35384	263726
上　海	Shanghai	1686	6269	7664	15062	258012	1221203
江　苏	Jiangsu	1996	3588	2808	27910	197549	1868931
浙　江	Zhejiang	2445	1510	3542	18450	266253	1160873
安　徽	Anhui	1868	727	2810	13615	184936	1005899
福　建	Fujian	668	309	1361	6714	77302	460840
江　西	Jiangxi	2349	321	6125	8802	334688	704121
山　东	Shandong	2256	1300	4181	22329	278789	1564338
河　南	Henan	471	1171	1093	25673	35448	1641687
湖　北	Hubei	1169	2709	3070	9245	236712	756542
湖　南	Hunan	997	1120	2842	16958	212200	1080529
广　东	Guangdong	944	1912	1452	27966	75181	1751063
广　西	Guangxi	2002	506	2630	12365	136698	840904
海　南	Hainan	224	44	233	2206	17179	139466
重　庆	Chongqing	167	2167	141	7120	6395	507246
四　川	Sichuan	2743	2133	8013	14516	450135	1021399
贵　州	Guizhou	229	95	1839	8055	55529	573671
云　南	Yunnan	681	214	1223	9412	89308	667894
西　藏	Tibet	49	76	25	1259	921	90456
陕　西	Shaanxi	540	1808	1234	7903	48914	582150
甘　肃	Gansu	310	34	390	4102	23329	307819
青　海	Qinghai	7	137	4	1116	159	84660
宁　夏	Ningxia	125	17	238	1077	20690	80535
新　疆	Xinjiang	731	106	370	8625	18120	560725

4-1-4 课本出版情况(2021年)
Statistics on Publication of Textbooks (2021)

项　目	Item	种数(种) Number of Publications (kind)	#新出版 New Publications	总印数(万册) Printed Copies (10 000 copies)	总印张(千印张) Printed Sheets (1 000 sheets)	定价总金额(万元) Total Priced Value (10 000 yuan)
总　计	**Total**	**90143**	**20075**	**432063**	**33587497**	**4890588**
大专及以上课本	Textbooks for Higher Education	66257	16451	33605	6014554	1498942
中专、技校课本	Textbooks for Secondary Vocational Education	7399	1025	10945	1509138	324498
中学课本	Textbooks for Secondary Education	5438	722	188125	15144425	1632630
小学课本	Textbooks for Primary Education	5257	848	195095	10190265	1228265
业余教育课本	Textbooks for Spare-time Education	1848	558	1425	265075	69627
扫盲课本	Textbooks for Literacy Courses	3	3	1	59	34
教学用书	Teaching Materials	3941	468	2867	463981	136592

4-1-5 音像制品和电子出版物情况
Statistics on Audio-Vedio and Electronic Products

年　份 Year	音像制品 Audio-Vedio Products		电子出版物 Electronic Products	
	种数(种) Number of Publications (kind)	出版数量(万盒、万张) Volume of Publication (10 000 cassettes, 10 000 discs)	种数(种) Number of Publications (kind)	数量(万张) Volume of Publication (10 000 discs)
2009	25384	39146.5	10708	22914.0
2010	21552	42383.9	11175	25911.9
2011	19408	46431.0	11154	21322.2
2012	18485	39365.8	11822	26344.9
2013	16972	40604.6	11708	35220.2
2014	15355	32839.0	11823	35048.8
2015	15372	29418.2	10091	21438.4
2016	14384	27584.6	9836	29064.7
2017	13552	25591.9	9240	28132.9
2018	11063	24124.1	8403	25884.2
2019	10712	23171.4	9070	29261.9
2020	8611	17515.0	7825	25270.7
2021	8172	17200.8	8199	31773.1

4-1-6 分地区音像制品及电子出版物情况（2021年）
Statistics on Publication of Audio-Visual and Electronic Products by Region (2021)

地 区	Region	录像制品出版品种（种）Number of Publications of Video Products (kind)	录像制品出版数量（万盒、万张）Volume of Publications of Video Products (10 000 cassettes, 10 000 discs)	录音制品出版品种（种）Number of Publications of Audio Products (kind)	录音制品出版数量（万盒、万张）Volume of Publications of Audio Products (10 000 cassettes, 10 000 discs)	电子出版物出版品种（种）Number of Electronic Publications (kind)	电子出版物出版数量（万张）Volume of Electronic Publications (10 000 discs)
全 国	**National Total**	**3373**	**4752.8**	**4799**	**12448.0**	**8199**	**31773.1**
中 央	Central Level	1527	3065.6	1744	9922.1	3958	25592.7
北 京	Beijing	115	22.4	223	134.4	36	23.8
天 津	Tianjin	12	1.1	13	0.6	1	0.0
河 北	Hebei	3	1.7	39	445.7	119	155.7
山 西	Shanxi	11	1.6	53	77.0	37	1.9
内蒙古	Inner Mongolia	6	0.7	13	2.1	100	89.3
辽 宁	Liaoning	36	4.4	96	154.1	216	125.8
吉 林	Jilin	176	11.4	39	87.8	66	5.8
黑龙江	Heilongjiang	11	0.1			22	168.8
上 海	Shanghai	307	809.6	763	559.8	448	953.4
江 苏	Jiangsu	26	2.7	139	80.8	442	2295.5
浙 江	Zhejiang	64	51.7	66	149.8	229	674.2
安 徽	Anhui	9	0.6	14	0.6	40	0.3
福 建	Fujian	12	3.3	22	3.5	33	9.8
江 西	Jiangxi	188	321.6	104	112.7	65	78.8
山 东	Shandong	120	18.7	64	6.4	584	121.6
河 南	Henan	28	2.1	2	0.1	302	172.8
湖 北	Hubei	35	6.1	44	11.8	198	30.9
湖 南	Hunan	80	38.3	121	157.7	106	140.4
广 东	Guangdong	189	35.6	951	414.1	426	989.1
广 西	Guangxi	12	2.7	116	56.0	10	0.8
海 南	Hainan	5	1.5	16	1.5		
重 庆	Chongqing	25	7.5	18	4.6	112	49.1
四 川	Sichuan	40	2.7	18	2.0	502	38.6
贵 州	Guizhou					8	2.5
云 南	Yunnan	66	11.0	38	7.2	14	40.9
西 藏	Tibet	16	39.0	1	0.2	20	2.0
陕 西	Shaanxi	69	62.8	58	19.1	102	8.6
甘 肃	Gansu	13	2.3	3	0.3	2	0.2
青 海	Qinghai	12	0.3			1	0.0
宁 夏	Ningxia						
新 疆	Xinjiang	160	224.0	21	36.0		

4-1-7 全国图书出版机构及人员情况
Statistics on Institutions and Employed Persons of Publication Industry

年 份 Year 地 区 Region	机构数（个）Number of Institutions (unit)	职工人数（人）Number of Employed Persons (person)
2009	580	62890
2010	581	63903
2011	580	67173
2012	580	67125
2013	582	64757
2014	583	66074
2015	584	67103
2016	584	66820
2017	585	67252
2018	585	67166
2019	585	66507
2020	586	65759
2021	587	66178
中 央 Central Level	220	28816
北 京 Beijing	20	1112
天 津 Tianjin	12	893
河 北 Hebei	8	904
山 西 Shanxi	8	657
内蒙古 Inner Mongolia	7	545
辽 宁 Liaoning	18	1460
吉 林 Jilin	15	1813
黑龙江 Heilongjiang	13	894
上 海 Shanghai	40	3814
江 苏 Jiangsu	19	2746
浙 江 Zhejiang	14	1492
安 徽 Anhui	11	1034
福 建 Fujian	11	776
江 西 Jiangxi	7	1310
山 东 Shandong	17	2188
河 南 Henan	12	1394
湖 北 Hubei	14	2120
湖 南 Hunan	13	1454
广 东 Guangdong	19	1792
广 西 Guangxi	8	1405
海 南 Hainan	4	350
重 庆 Chongqing	3	1198
四 川 Sichuan	16	1468
贵 州 Guizhou	6	388
云 南 Yunnan	8	762
西 藏 Tibet	2	91
陕 西 Shaanxi	17	1810
甘 肃 Gansu	9	294
青 海 Qinghai	2	169
宁 夏 Ningxia	3	168
新 疆 Xinjiang	11	861

4-1-8 出版物发行购、销、存情况
Statistics on Purchase,Sales and Stock of Publications

单位：万元　　　　(10 000 yuan)

年 份 地 区	Year Region	购进金额 Purchase	销售金额 Sales	库存金额 Stock
	2009	16005755	15569553	6582141
	2010	17753997	17541569	7377979
	2011	20248910	19534916	8040534
	2012	21609143	21598845	8418751
	2013	24182149	23461488	9643972
	2014	24478617	24155210	10101107
	2015	26693829	25637427	10824358
	2016	28571116	8330971	11430050
	2017	30421914	29544348	12209707
	2018	33605735	32133713	13754029
	2019	36618876	35655010	14771552
	2020	37047468	36589123	15185913
	2021	44973585	43561574	17057717
中 央	Central Level	9736817	9446972	5926191
北 京	Beijing	680512	689990	545288
天 津	Tianjin	372157	374897	154671
河 北	Hebei	1579241	1529283	231925
山 西	Shanxi	635253	616721	205806
内蒙古	Inner Mongolia	292520	288085	72229
辽 宁	Liaoning	607357	603424	266269
吉 林	Jilin	794522	775984	234956
黑龙江	Heilongjiang	385979	393523	78239
上 海	Shanghai	1511121	1503752	1025464
江 苏	Jiangsu	3597592	3284885	1725987
浙 江	Zhejiang	3066427	2934712	1128884
安 徽	Anhui	1677227	1680959	353873
福 建	Fujian	783903	805992	187575
江 西	Jiangxi	1677925	1721312	242495
山 东	Shandong	2748755	2604557	799563
河 南	Henan	1848954	1828561	266624
湖 北	Hubei	1057736	1020923	302135
湖 南	Hunan	2301342	2182082	847642
广 东	Guangdong	1722102	1689279	497647
广 西	Guangxi	1041023	1020648	200585
海 南	Hainan	218048	227313	17614
重 庆	Chongqing	652634	618182	201961
四 川	Sichuan	1983274	1769120	821385
贵 州	Guizhou	626183	615816	73977
云 南	Yunnan	695470	677954	178060
西 藏	Tibet	55195	61151	18585
陕 西	Shaanxi	1078711	1066028	236365
甘 肃	Gansu	526511	517447	54536
青 海	Qinghai	51132	51409	13351
宁 夏	Ningxia	135271	134970	19662
新 疆	Xinjiang	832691	825641	128173

注：本表数据为全国新华书店系统和出版社自办发行单位的数据。
a) Data in the table above refer to data of issuing units owned by Xinhua bookstores and presses.

4-1-9 出版物印刷机构情况
Statistics on Printing Institutions

年份 Year 地区 Region	印刷单位数（个）Number of Printing Institutions (unit)	职工人数（万人）Number of Employed Persons (10 000 persons)	印刷产量 Output of Printing		装订产量（万令）Output of Bookbinding (10 000 reams)	用纸量（万令）Amount of Paper Used (10 000 reams)
			黑白（万令）Black and White (10 000 reams)	彩色（万对开色令）Color (10 000 bisect color reams)		
2009	8189	63.14	27034	129520	35498	
2010	8484	61.28	28272	141917	29007	37860
2011	8309	57.62	30091	152913	28985	33366
2012	8714	55.09	32654	164713	29740	63821
2013	8963	51.68	32608	255672	36316	85621
2014	9079	48.85	31936	252659	31965	65406
2015	8910	48.29	30945	219634	31630	60698
2016	8936	47.83	31518	150688	33669	64299
2017	8753	45.17	30375	140601	33425	62256
2018	8923	42.98	27760	116388	33358	55951
2019	9014	40.86	24907	119584	34739	51814
2020	9271	37.28	20960	110037	29640	43238
2021	9518	35.76	18956	123687	29626	39305
北京 Beijing	934	2.50	1478	12982	2368	3228
天津 Tianjin	225	0.62	345	2969	503	895
河北 Hebei	802	2.58	1788	4000	3261	2566
山西 Shanxi	139	0.55	160	1355	302	375
内蒙古 Inner Mongolia	175	0.27	94	819	115	254
辽宁 Liaoning	187	0.50	403	2150	548	728
吉林 Jilin	211	0.53	381	1814	317	701
黑龙江 Heilongjiang	152	0.33	180	962	224	350
上海 Shanghai	183	1.33	310	7763	523	1645
江苏 Jiangsu	438	2.44	1409	8975	2142	3047
浙江 Zhejiang	705	2.64	1676	13097	2531	3548
安徽 Anhui	358	1.17	445	4564	908	1069
福建 Fujian	287	1.18	587	2033	711	901
江西 Jiangxi	156	0.60	744	1823	889	1081
山东 Shandong	635	3.52	2238	8513	2989	3642
河南 Henan	460	1.23	821	4912	1202	1478
湖北 Hubei	373	1.36	1058	4365	1460	1797
湖南 Hunan	493	1.76	795	6679	1454	1815
广东 Guangdong	819	5.81	1690	19171	3950	5539
广西 Guangxi	259	0.61	340	3067	501	800
海南 Hainan	46	0.15	43	586	30	141
重庆 Chongqing	95	0.42	205	1560	329	435
四川 Sichuan	305	0.91	875	2628	1105	1345
贵州 Guizhou	160	0.34	73	1361	144	262
云南 Yunnan	165	0.48	162	1528	232	364
西藏 Tibet	25	0.07	34	271	42	69
陕西 Shaanxi	316	0.86	337	1922	464	669
甘肃 Gansu	106	0.33	131	492	147	203
青海 Qinghai	60	0.13	30	128	32	51
宁夏 Ningxia	110	0.10	38	93	40	57
新疆 Xinjiang	139	0.41	89	1107	163	250

4-1-10 图书、期刊、报纸进出口情况
Statistics on Import and Export of Books, Periodicals and Newspapers

年 份 Year	出口 Exports		进口 Imports	
	数量（万册、万份） Number (10 000 copies)	金额（万美元） Value (10 000 USD)	数量（万册、万份） Number (10 000 copies)	金额（万美元） Value (10 000 USD)
2009	885.16	3437.72	2794.53	24505.27
2010	945.64	3711.00	2881.87	26008.58
2011	1144.18	3905.51	2979.88	28373.26
2012	1639.27	4863.15	3138.07	30121.65
2013	1992.86	6012.40	2361.54	28048.63
2014	1689.42	5649.66	2538.85	28381.57
2015	1552.63	5726.74	2811.75	30557.53
2016	1765.52	5886.67	3108.18	30051.73
2017	1870.72	6024.66	3255.60	31978.76
2018	1478.09	5723.00	4088.02	36202.19
2019	1472.85	6079.69	4206.50	38560.51
2020	928.63	3262.80	3974.18	36216.29
2021	699.47	3539.03	4435.73	37858.58

注：本表仅包括有出版物进口经营许可证的出版物进出口经营单位数据(以下相关表同)。

a)Data in the table above only source from those units with the quanlification of publication imports and exports. The same applies to the relevant tables following.

4-1-11 图书、期刊、报纸进出口情况（2021年）
Statistics on Import and Export of Books, Periodicals and Newspapers (2021)

指 标	Item	出 口 Exports		进 口 Imports	
		数量（万册、万份） Number (10 000 copies)	金额（万美元） Value (10 000 USD)	数量（万册、万份） Number (10 000 copies)	金额（万美元） Value (10 000 USD)
总 计	**Total**	**699.47**	**3539.03**	**4435.73**	**37858.58**
图书	Books	552.77	3211.32	3636.71	25138.51
哲学、社会科学	Philosophy, Social Science	88.78	905.37	130.41	2127.63
文化、教育	Culture and Education	120.66	554.28	654.38	4448.07
文学、艺术	Literature and Arts	75.79	561.84	843.94	5736.99
自然、科学技术	Natural Science and S&T	25.15	217.94	266.99	3330.71
少儿读物	Juvenile and Children's Books	151.37	182.72	967.09	3343.54
综合性图书	General Books	91.02	789.17	773.90	6151.57
期刊	Periodicals	141.10	326.26	226.73	11732.55
报纸	Newspapers	5.60	1.45	572.29	987.52

4-1-12 全国音像制品、电子出版物与数字出版物进出口情况
Statistics on Import and Export of Audio-Visual Products, Electronic Publications and Digital Publications

年 份 Year	出口 Exports		进口 Imports	
	数量（盒、张） Number (cassette, disc)	金额（万美元） Value (10 000 USD)	数量（盒、张） Number (cassette, disc)	金额（万美元） Value (10 000 USD)
2009	100053	61.11	167428	6527.06
2010	1018687	47.16	629542	11382.70
2011	77091	35.17	396287	14134.78
2012	93448	33.54	185646	16685.95
2013	34136	122.43	285070	20022.34
2014	20692	156.46	134380	21000.13
2015	9409	136.76	116213	24207.67
2016	13270	156.43	108096	25859.38
2017	19294	163.34	135551	34584.46
2018	12354	212.20	88444	38019.93
2019	11126	205.90	113804	41116.31
2020	6660	171.74	200690	43293.73
2021	1863	185.19	146387	42688.27

4-1-13 全国音像、电子出版物与数字出版物进出口情况(2021年)
Statistics on Import and Export of Audio-Visual Products and Electronic Publications (2021)

指 标	Item	出 口 Exports		进 口 Imports	
		数量（盒、张） Number (cassette,disc)	金额（万美元） Value (10 000 USD)	数量（盒、张） Number (cassette,disc)	金额（万美元） Value (10 000 USD)
总 计	**Total**	**1863**	**185.19**	**146387**	**42688.27**
录音合计	Audio Products	194	0.31	143599	154.77
录像合计	Video Products	1648	4.15	2788	5.00
电子出版物	Electronic Publications	21	50.07		
数字出版物	Digital Publications		130.66		42528.50

4-1-14 版权合同登记情况
Statistics on Registration of Copyright Contracts

单位：份 (unit)

年份 地区	Year Region	合计 Total	#书刊 Books	#音像制品 Audio-Video Products	#电子出版物 Electronic Publications	#软件 Software
	2009	14223	12741	257	473	393
	2010	15160	13537	306	418	453
	2011	20797	14689	245	485	955
	2012	18645	16753	319	417	1085
	2013	19521	17431	150	183	1161
	2014	17376	16214	130	194	276
	2015	19030	16085	1688	190	762
	2016	19744	16854	1790	238	686
	2017	20015	16635	1860	424	869
	2018	20339	16685	1877	420	1045
	2019	20313	16218	1563	296	1156
	2020	17811	15336	1001	169	965
	2021	17610	14788	788	88	1353
中国版权保护中心	Copyright Protection Center of China	968		758		210
北　京	Beijing	7633	7617		14	2
天　津	Tianjin	285	285			
河　北	Hebei	198	198			
山　西	Shanxi	8	8			
内蒙古	Inner Mongolia					
辽　宁	Liaoning	166	166			
吉　林	Jilin	204	204			
黑龙江	Heilongjiang	108	108			
上　海	Shanghai	1215	1131	30	54	
江　苏	Jiangsu	1777	647			1130
浙　江	Zhejiang	318	318			
安　徽	Anhui	60	60			
福　建	Fujian	115	113			2
江　西	Jiangxi	235	235			
山　东	Shandong	364	364			
河　南	Henan	237	234			
湖　北	Hubei	260	260			
湖　南	Hunan	399	398			
广　东	Guangdong	917	311		20	
广　西	Guangxi	264	264			
海　南	Hainan	133	131			2
重　庆	Chongqing	107	107			
四　川	Sichuan	1093	1091			2
贵　州	Guizhou	66	66			
云　南	Yunnan	180	180			
西　藏	Tibet					
陕　西	Shaanxi	274	266			5
甘　肃	Gansu	15	15			
青　海	Qinghai					
宁　夏	Ningxia	8	8			
新　疆	Xinjiang	3	3			

4-1-15 全国作品自愿登记情况
Statistics on Registration of Original Products

单位：件 (piece)

年份 地区	Year Region	合计 Total	#文字 Literature	#音乐 Music	#曲艺 Recitation and Ballad	#舞蹈 Dance	#美术 Arts	#摄影 Photograph	#影视 Films and TV
	2009	336086	3509	1360	94	47	30501	299218	291
	2010	359871	6294	1425	112	18	37607	311897	1243
	2011	442983	80424	2004	46	34	53326	297028	7544
	2012	560583	179471	3901	58	40	85873	239801	30335
	2013	834569	124948	62119	118	21	171059	429903	11943
	2014	997350	349885	6094	73	19	187408	424449	11222
	2015	1349552	485539	2839	90	119	279884	540722	13820
	2016	1895053	631997	18496	310	147	440099	729473	26530
	2017	2068388	487238	11683	179	270	668930	778647	45938
	2018	2458995	291489	35119	382	175	1019601	961561	71746
	2019	2967177	192974	17467	397	164	1370975	1179451	93331
	2020	3362591	219440	16478	374	185	1318146	1526428	197659
	2021	4051221	300727	50875	444	279	1694362	1591157	261202
北京	Beijing	1025501	6546	34308			6107	967103	677
天津	Tianjin	94253	475	65	25		5080	86819	233
河北	Hebei	64318	13657	234	113	35	21438	18039	2180
山西	Shanxi	467	100	8			238	20	86
内蒙古	Inner Mongolia	6007	686	312	33	13	2834	1739	65
辽宁	Liaoning	15813	1498	249		6	4980	7428	36
吉林	Jilin	6849	130	63			5930	539	1
黑龙江	Heiiongjiang	2844	298	56			457	2009	7
上海	Shanghai	345668	21375	4640	1	18	200029	64219	23163
江苏	Jiangsu	371776	65725	791	10	50	207727	15051	36161
浙江	Zhejiang	45743	1091	286		3	39707	3290	219
安徽	Anhui	175896	53430	577	53	20	31032	53916	33847
福建	Fujian	176768	3117	733	3	4	160394	4198	7234
江西	Jiangxi	35323	9940	99		12	11887	11000	661
山东	Shandong	230814	12018	640	60	17	89427	123480	2490
河南	Henan	2487	742	116	3	8	1307	126	99
湖北	Hubei	76293	12335	224	2		42101	465	20987
湖南	Hunan	59974	8663	184	7	6	20977	23535	2702
广东	Guangdong	66882	1463	833	27	6	46196	6732	4187
广西	Guangxi	1499	302	131	12	3	882	56	71
海南	Hainan	334	69	113			111		12
重庆	Chongqing	183199	3380	393		2	40432	53573	84687
四川	Sichuan	183233	35814	785	34	21	60865	83571	1353
贵州	Guizhou	200937	4328	1444	12	8	180836	4122	3367
云南	Yunnan	23368	6854	573			8442	5545	30
西藏	Tibet	6	6						
陕西	Shaanxi	29610	1871	200	28	4	10794	9210	7430
甘肃	Gansu	30037	7172	36	1	6	18854	3430	250
青海	Qinghai	22	4	2		3	13		
宁夏	Ningxia	568	95	15	2		371	13	72
新疆	Xinjiang	1040	489	73			282		20

注：全国作品自愿登记中包含中国版权保护中心数据，故各地区合计与全国合计不等。

a)The total data of registration of original products include those registered in Copyright Protection Center of China, so the sum of regional data do not equal to the total.

4-1-16 版权引进和输出情况
Statistics on Copyright Import and Export

单位：项 (item)

项目	Item	2010	2011	2012	2013	2014	2015
引进合计	**Total Number of Copyright Import**	**16602**	**16639**	**17589**	**18167**	**16695**	**16467**
#图书	Books	13724	14708	16115	16625	15542	15458
录音制品	Audio Products	439	278	475	378	208	133
录像制品	Video Products	356	421	503	538	451	90
电子出版物	Electronic Publications	49	185	100	72	120	292
输出合计	**Total Number of Copyright Export**	**5691**	**7783**	**9365**	**10401**	**10293**	**10471**
#图书	Books	3880	5922	7568	7305	8088	7998
录音制品	Audio Products	36	130	97	300	139	217
录像制品	Video Products	8	20	51	193	73	
电子出版物	Electronic Publications	187	125	115	646	433	650

4-1-16 续表 continued

单位：项 (item)

项目	Item	2016	2017	2018	2019	2020	2021
引进合计	**Total Number of Copyright Import**	**17252**	**18120**	**16829**	**16140**	**14185**	**12220**
#图书	Books	16587	17154	16071	15684	13919	12005
录音制品	Audio Products	119	147	125	78	79	63
录像制品	Video Products	251	364	192	204	154	124
电子出版物	Electronic Publications	217	372	214	11	33	28
输出合计	**Total Number of Copyright Export**	**11133**	**13816**	**12778**	**15767**	**13895**	**12770**
#图书	Books	8328	10670	10873	13680	12915	11795
录音制品	Audio Products	201	322	214	290	230	238
录像制品	Video Products	18	102		8	14	23
电子出版物	Electronic Publications	1264	1557	743	838	736	714

4-1-17 版权引进和输出情况（2021年）
Basic Statistics on Import and Export of Copyright (2021)

单位：项 (item)

项目	Item	合计				
		Total	图书 Books	录音制品 Audio Products	录像制品 Video Products	电子出版物 Electronic Publications
本年引进版权总数	**Number of Imported Copyright in the Year**	**12220**	**12005**	**63**	**124**	**28**
美国	United States	3218	3211	6		1
英国	United Kingdom	2659	2624	13	22	
德国	Germany	888	883	2	3	
法国	France	762	742	6	14	
俄罗斯	Russia	101	97	1	3	
加拿大	Canada	126	125		1	
新加坡	Singapore	270	267	1	2	
日本	Japan	2025	1990	5	23	7
韩国	South Korea	445	441		2	2
中国香港	Hong Kong, China	153	129	19	4	1
中国澳门	Macao, China	2	2			
中国台湾	Taiwan, China	360	355	4	1	
其他	Others	1211	1139	6	49	17
本年输出版权总数	**Number of Exported Copyright in the Year**	**12770**	**11795**	**238**	**23**	**714**
美国	United States	887	849	11		27
英国	United Kingdom	446	417			29
德国	Germany	435	403			32
法国	France	166	165			1
俄罗斯	Russia	1025	1000			25
加拿大	Canada	233	228			5
新加坡	Singapore	668	549		9	110
日本	Japan	371	366	2		3
韩国	South Korea	512	458	16		38
中国香港	Hong Kong, China	726	539	182		5
中国澳门	Macao, China	58	58			
中国台湾	Taiwan, China	1005	784	5	5	211
其他	Others	6238	5979	22	9	228

4-2-1 广播电视事业发展情况
Statistics on Radio and Television

指　　标	Item	2010	2020	2021
广播	**Radio**			
广播节目综合人口覆盖率 (%)	Population Coverage Rate of Radio Programs (%)	96.78	99.38	99.48
#乡村	Rural Areas	95.64	99.17	99.26
公共广播节目套数 (套)	Number of Public Radio Programs (set)	2549	2932	2941
公共广播节目播出时间(万小时)	Broadcasting of Public Radio Programs (10 000 hours)	1266.0	1580.7	1589.5
广播节目制作时间 (万小时)	Production of Radio Programs (10 000 hours)	681.4	821.0	812.7
电视	**Television**			
电视节目综合人口覆盖率 (%)	Population Coverage Rate of TV Programs (%)	97.62	99.59	99.66
#乡村	Rural	96.78	99.45	99.52
有线广播电视实际用户数(万户)	Actual Users of Cable Radio and TV(10 000 households)	18872	20745	20423
#乡村	Rural	7293	7055	6719
#数字电视	Users of Digital TV	8870	19889	19634
有线广播电视实际用户数占家庭总户数比重 (%)	Actual Popularization Rate of Cable Radio and TV(%)	46.40	46.23	44.63
#乡村有线广播电视实际用户数占乡村家庭总户数比重	Actual Rural Popularization Rate of Cable Radio and TV	29.35	30.18	33.11
公共电视节目套数 (套)	Number of Public TV Programs(set)	3272	3603	3613
公共电视节目播出时间(万小时)	Broadcasting of Public TV Programs (10 000 hours)	1635.5	1988.3	2014.0
电视剧播出数 (万部)	Number of TV Dramas Broadcasted (10 000 series)	24.92	21.27	20.89
#进口电视剧播出数	Imported TV Dramas	0.88	0.04	0.03
电视剧播出数 (万集)	Number of TV Dramas Broadcasted (10 000 episodes)	635.86	739.38	744.14
#进口电视剧播出数	Imported TV Dramas	19.51	1.18	0.98
电视动画播出时间 (万小时)	Number of Cartoons Broadcasted(10 000 hours)		44.61	45.24
#进口电视动画播出时间	Imported Cartoons		0.71	0.29
电视节目制作时间 (万小时)	Production of TV Programs (10 000 hours)	274.3	328.2	306.0

4-2-2 全国广播和电视综合人口覆盖情况
Population Coverage of Radio and TV Programs

单位：% (%)

年份 Year / 地区 Region		广播节目综合人口覆盖率 Population Covertage Rate of Radio Programs	#乡村 Rural	电视节目综合人口覆盖率 Population Covertage Rate of TV Programs	#乡村 Rural
	2009	96.31	95.10	97.23	91.90
	2010	96.78	95.64	97.62	96.78
	2011	97.06	96.09	97.82	97.10
	2012	97.51	96.60	98.20	97.55
	2013	97.79	97.00	98.42	97.86
	2014	97.99	97.29	98.60	98.11
	2015	98.17	97.53	98.77	98.32
	2016	98.37	97.79	98.88	98.49
	2017	98.71	98.24	99.07	98.74
	2018	98.94	98.58	99.25	99.01
	2019	99.13	98.84	99.39	99.19
	2020	99.38	99.17	99.59	99.45
	2021	99.48	99.26	99.66	99.52
北　京	Beijing	100.00	100.00	100.00	100.00
天　津	Tianjin	100.00	100.00	100.00	100.00
河　北	Hebei	99.79	99.68	99.86	99.80
山　西	Shanxi	98.84	98.19	99.22	98.91
内蒙古	Inner Mongolia	99.74	99.55	99.74	99.52
辽　宁	Liaoning	99.48	99.05	99.46	99.05
吉　林	Jilin	99.51	99.40	99.60	99.37
黑龙江	Heilongjiang	99.94	99.95	99.93	99.93
上　海	Shanghai	100.00	100.00	100.00	100.00
江　苏	Jiangsu	100.00	100.00	100.00	100.00
浙　江	Zhejiang	99.79	99.81	99.86	99.87
安　徽	Anhui	99.94	99.92	99.92	99.90
福　建	Fujian	99.85	99.79	99.87	99.83
江　西	Jiangxi	99.23	98.99	99.63	99.44
山　东	Shandong	99.51	99.27	99.65	99.58
河　南	Henan	99.66	99.61	99.64	99.58
湖　北	Hubei	99.89	99.83	99.85	99.78
湖　南	Hunan	99.42	98.98	99.75	99.59
广　东	Guangdong	99.98	99.94	99.98	99.97
广　西	Guangxi	98.56	98.19	99.31	99.07
海　南	Hainan	99.35	99.17	99.39	99.24
重　庆	Chongqing	99.49	99.28	99.56	99.41
四　川	Sichuan	99.17	98.95	99.58	99.49
贵　州	Guizhou	95.96	95.29	97.76	97.30
云　南	Yunnan	99.60	99.45	99.63	99.52
西　藏	Tibet	99.24	99.32	99.39	99.34
陕　西	Shaanxi	99.36	99.06	99.66	99.49
甘　肃	Gansu	99.43	99.20	99.49	99.31
青　海	Qinghai	99.10	98.61	99.17	98.66
宁　夏	Ningxia	99.93	99.89	99.98	99.98
新　疆	Xinjiang	99.15	98.95	99.24	99.11

4-2-3 有线广播电视传输干线网络及实际用户情况
Transmission Trunk and Actual Users of Cable Radio and TV

年份 Year 地区 Region	有线广播电视传输干线网络总长(万公里) Total Length of Transmission Trunk for Cable Radio and TV (10 000 km)	有线广播电视实际用户数(万户) Actual Users of Cable Radio and TV (10 000 households)	#乡村 Rural Areas	#数字电视 Users of Digital TV	#增值业务 Value-Added Service	有线广播电视实际用户数占家庭总户数的比重(%) Actual Popularization Rate of Cable Radio and TV (%)	#乡村 Rural Areas
2009		17523	6863	6322		44.0	
2010	356.3	18872	7293	8870	1105	46.4	29.4
2011	369.7	20264	8123	11489	1761	49.4	32.4
2012	376.1	21509	8432	14303	2501	51.5	33.5
2013	381.6	22894	8911	17160	3498	54.1	35.3
2014	415.3	23458	7986	19143	4505	54.8	31.5
2015	426.2	23567	8250	19776	5559	54.6	33.5
2016	477.6	22830	8093	20157	5817	52.8	33.2
2017	214.5	21446	7504	19404	7014	48.3	31.7
2018	225.3	21832	7404	20144	7730	49.0	31.2
2019	218.9	20661	7322	19417	7987	46.2	30.5
2020	227.6	20745	7055	19889	5872	46.2	30.2
2021	220.6	20423	6719	19634	6059	44.6	33.1
北京 Beijing	22.2	615	97	614	93	110.2	99.1
天津 Tianjin	0.4	361	50	356	1	86.8	69.7
河北 Hebei	7.8	628	129	599	104	23.8	12.0
山西 Shanxi	7.7	399	92	333	14	110.5	83.5
内蒙古 Inner Mongolia	1.3	217	40	217		23.3	12.2
辽宁 Liaoning	2.9	566	140	530	158	36.6	21.7
吉林 Jilin	1.7	622	212	622	322	60.6	49.7
黑龙江 Heilongjiang	9.7	564	107	558	203	40.2	19.4
上海 Shanghai	9.4	754		739	180	134.3	
江苏 Jiangsu	4.4	1335	497	1332	340	52.3	35.5
浙江 Zhejiang	4.1	1304	777	1291	343	74.9	111.0
安徽 Anhui	3.5	790	268	615	182	36.3	18.9
福建 Fujian	22.9	733	496	733	542	63.1	62.4
江西 Jiangxi	11.0	526	252	501	75	35.5	43.6
山东 Shandong	44.2	1550	648	1443	496	45.4	36.6
河南 Henan	5.1	666	185	642	170	20.1	12.0
湖北 Hubei	3.1	1257	564	1246	459	60.2	63.1
湖南 Hunan	10.9	631	133	606	134	26.4	13.6
广东 Guangdong	21.8	1710	363	1642	881	54.4	59.2
广西 Guangxi	1.3	781	317	781	222	46.3	40.5
海南 Hainan	0.2	134	43	124		49.9	27.6
重庆 Chongqing	0.7	611	155	546	245	50.8	29.3
四川 Sichuan	3.2	930	287	895	273	29.2	15.1
贵州 Guizhou	1.7	869	451	869	151	65.2	61.8
云南 Yunnan	3.6	409	125	384	128	25.9	17.4
西藏 Tibet	0.5	28	0	27		27.8	0.1
陕西 Shaanxi	4.5	759	252	759	275	56.5	59.5
甘肃 Gansu	1.7	162	18	123	10	18.5	4.6
青海 Qinghai	0.8	98	0	98	11	57.3	0.6
宁夏 Ningxia	0.5	122	11	120		44.8	12.6
新疆 Xinjiang	4.1	294	7	292	49	33.3	2.3

注：自2020年起，原“付费电视用户数”指标改为为“增值业务用户数”。

a)Since 2020, the former indicator "pay TV users" has been changed to "value-added service users".

4-2-4 全国广播电视节目制作和播出情况
Production and Broadcasting of Radio and TV Programs

单位：小时 (hour)

年 份 Year	广播节目制作时间 Radio Programs Produced	公共广播节目播出时间 Broadcasting Hours of Public Radio Programs	电视节目制作时间 TV Programs Produced	公共电视节目播出时间 Broadcasting Hours of Public TV Programs
2009	6716500	12265513	2653552	15776767
2010	6814226	12660314	2742949	16355043
2011	6936960	13057496	2950490	16753029
2012	7188245	13383651	3436301	16985291
2013	7391000	13795461	3398000	17057212
2014	7647267	14058328	3277394	17476126
2015	7718163	14218253	3520190	17796010
2016	7820296	14565058	3507217	17924388
2017	7888254	14918863	3651775	18810197
2018	8017573	15267407	3577444	19250257
2019	8018667	15533983	3455809	19509935
2020	8210448	15807230	3282440	19883117
2021	8127066	15894889	3059642	20139917

4-2-5 广播电视节目制作时间
Statistics on Production of Radio and Television Programs

单位：小时 (hour)

项 目	Item	1995	2005	2010	2015	2020	2021
广播节目制作	**Production of Radio Programs**	**2332164**	**6139227**	**6814226**	**7718163**	**8210448**	**8127066**
新闻资讯	News Programs	353368	1066880	1216632	1436129	1452701	1457219
专题服务	Special Subject Programs	1054140	1822621	1955180	2072348	2241754	2226133
综艺益智	General Entertainment Programs	924656	1937290	1942828	2078791	1977798	1938630
广播剧	Radio Play Programs		75456	80181	183124	218581	223858
广告	Advertising Programs		671071	775931	752705	684014	712183
其他	Others		565909	843474	1195065	1635600	1569044
电视节目制作	**Production of TV Programs**	**383513**	**2553861**	**2742949**	**3520190**	**3282440**	**3059642**
新闻资讯	News Programs	80800	637956	719680	978801	1097543	1093688
专题服务	Special Subject Programs	193391	525528	640857	930283	899825	792714
综艺益智	General Entertainment Programs	109322	382350	407849	511398	341886	300189
影视剧	TV Drama Programs		193771	93536	120604	95403	75241
广告	Advertising Programs		524892	526839	481973	389655	379452
其他	Others		289364	354188	497131	458128	418358

4-2-6 分地区广播节目制作情况(2021年)
Production and Transaction of Radio Program by Region(2021)

单位：小时 (hour)

地区	Region	全年制作广播节目时间 Radio Programs Produced	新闻资讯类 News Programs	专题服务类 Special Subject Programs	综艺益智类 General Entertainment Programs	广播剧类 Radio Play Programs	广告类 Advertising Programs	其他类 Others
全国	**National Total**	**8127066**	**1457219**	**2226133**	**1938630**	**223858**	**712183**	**1569044**
国家广播电视总局	National Radio and Television Administration	1769		905	499		120	246
中央广播电视总台	China Media Group	259964	58662	116962	56553	2449	5959	19380
其他部门所属单位	Under Other Department	98	42	56			0	
北京	Beijing	94390	17789	25187	22611	6359	479	21965
天津	Tianjin	96913	9557	21933	40294	62	14996	10071
河北	Hebei	435464	55595	101318	115833	14089	52623	96006
山西	Shanxi	287118	55737	76028	56846	18028	26237	54243
内蒙古	Inner Mongolia	308706	45322	95448	101437	10293	17658	38549
辽宁	Liaoning	415278	62188	136963	106904	17492	34846	56886
吉林	Jilin	239101	24169	75107	96295	3609	19694	20227
黑龙江	Heilongjiang	229833	34257	75195	54752	10436	13246	41949
上海	Shanghai	100134	10524	27431	26452	3155	4445	28127
江苏	Jiangsu	573694	86109	142712	146474	12152	74588	111659
浙江	Zhejiang	509181	92456	132327	116156	10148	49867	108227
安徽	Anhui	286798	49211	82549	41439	4759	29432	79408
福建	Fujian	239943	52786	56584	56243	4124	7585	62621
江西	Jiangxi	180100	39280	41271	45674	5526	15944	32405
山东	Shandong	581667	91314	134503	147320	17087	56950	134493
河南	Henan	334798	63728	87026	97294	6307	36343	44101
湖北	Hubei	239208	48832	79511	66372	5921	22603	15970
湖南	Hunan	247908	50735	36179	43033	3602	21532	92826
广东	Guangdong	648061	107888	142407	84186	13241	53538	246800
广西	Guangxi	216710	50898	39489	82376	1918	12573	29455
海南	Hainan	60662	13110	11943	6763	1623	2916	24308
重庆	Chongqing	102871	20539	40531	22977	2893	4884	11046
四川	Sichuan	296528	76246	97530	57492	7365	16746	41149
贵州	Guizhou	137163	33023	29224	33556	6705	14532	20124
云南	Yunnan	192046	45657	67912	28855	7690	19012	22920
西藏	Tibet	45405	7107	13665	13793	6549	3176	1116
陕西	Shanxi	235051	38422	72091	45667	9214	20604	49052
甘肃	Gansu	154398	35722	35913	40274	3756	14834	23898
青海	Qinghai	48634	14969	14545	9227	2600	5212	2081
宁夏	Ningxia	59845	11789	27347	10108	1201	7089	2310
新疆	Xinjiang	267624	53557	88341	64875	3506	31919	25427

4-2-7 分地区电视节目制作交易情况(2021年)
Production and Transaction of TV Program by Region(2021)

地区	Region	全年制作电视节目时间(小时) TV Programs Produced (hour)	新闻资讯类 News Programs	专题服务类 Special Subject Programs	综艺益智类 General Entertainment Programs	影视剧类 TV Drama Programs
全国	**National Total**	**3059642**	**1093688**	**792714**	**300189**	**75241**
国家广播电视总局	National Radio and Television Administration					
中央广播电视总台	Chian Media Group	224157	108090	64399	35955	7930
其他部门所属单位	Under Other Department	6540	2126	389	3719	212
北京	Beijing	72133	17194	26622	6289	2344
天津	Tianjin	29439	6957	18949	2243	928
河北	Hebei	131076	39352	38049	14608	4168
山西	Shanxi	130735	40555	22788	9411	5334
内蒙古	Inner Mongolia	79660	32201	19291	7496	
辽宁	Liaoning	136064	34920	25486	16371	86
吉林	Jilin	68914	11835	21548	13518	145
黑龙江	Heilongjiang	104503	34631	34575	7828	1530
上海	Shanghai	40120	15059	9144	4951	3870
江苏	Jiangsu	192809	58655	49503	25958	8988
浙江	Zhejiang	143728	47811	41069	9717	2891
安徽	Anhui	78638	29002	19033	5568	267
福建	Fujian	55383	24224	14085	2381	303
江西	Jiangxi	80066	29858	18442	5955	8677
山东	Shandong	192580	58080	61048	20733	3335
河南	Henan	135620	43052	37930	22410	283
湖北	Hubei	81094	30090	19879	7827	165
湖南	Hunan	103316	39256	21228	10891	315
广东	Guangdong	201968	59118	36183	18974	4393
广西	Guangxi	95631	39879	18635	2911	44
海南	Hainan	20692	8901	5545	2756	39
重庆	Chongqing	57183	17995	22165	4787	25
四川	Sichuan	140536	60266	35074	9350	2012
贵州	Guizhou	55939	28319	12207	1007	1014
云南	Yunnan	109093	48860	24159	3054	5542
西藏	Tibet	27203	12310	5041	4842	2504
陕西	Shaanxi	98147	39414	23779	6868	561
甘肃	Gansu	64165	24070	19000	5436	2345
青海	Qinghai	19880	10150	6659	651	1056
宁夏	Ningxia	17543	7794	4560	1470	1
新疆	Xinjiang	65088	33667	16248	4254	3935

4-2-7 续表 1 continued

地 区	Region	广告类 Advertising Programs	其他类 Others	全年电视节目制作投资额（万元）Investment in Production of TV Programs (10 000 yuan)	#电视剧 TV Dramas
全 国	**National Total**	**379452**	**418358**	**3478149**	**1725361**
国家广播电视总局	National Radio and Television Administration				
中央广播电视总台	Chian Media Group	98	7685	1020025	13627
其他部门所属单位	Under Other Department	0	94	33088	
北 京	Beijing	4353	15330	857558	732511
天 津	Tianjin	318	44	27879	22974
河 北	Hebei	23263	11636	4438	1190
山 西	Shanxi	12335	40311	1945	125
内蒙古	Inner Mongolia	11422	9250	93	
辽 宁	Liaoning	30387	28815	10871	10335
吉 林	Jilin	15845	6024	545	35
黑龙江	Heilongjiang	11459	14480	10464	9300
上 海	Shanghai	1050	6047	203191	180978
江 苏	Jiangsu	33390	16315	41251	32461
浙 江	Zhejiang	29525	12716	397857	179289
安 徽	Anhui	12146	12621	18285	12635
福 建	Fujian	4407	9984	72696	66180
江 西	Jiangxi	9939	7194	18802	6800
山 东	Shandong	27770	21614	49917	25867
河 南	Henan	14056	17890	8175	
湖 北	Hubei	15743	7389	101405	2560
湖 南	Hunan	17442	14184	147580	132418
广 东	Guangdong	11611	71689	136686	19619
广 西	Guangxi	18642	15520	1830	605
海 南	Hainan	2696	755	23636	23278
重 庆	Chongqing	4670	7540	9531	7680
四 川	Sichuan	12464	21369	31583	14767
贵 州	Guizhou	5655	7737	21652	19000
云 南	Yunnan	16233	11246	17979	14416
西 藏	Tibet	1963	543	1112	38
陕 西	Shaanxi	17828	9696	22461	14892
甘 肃	Gansu	7388	5926	12066	10520
青 海	Qinghai	329	1035		
宁 夏	Ningxia	2525	1192	150	
新 疆	Xinjiang	2500	4485	173399	171261

4-2-7 续表 2 continued

地 区	Region	#动画电视 Cartoon Programs	全年电视节目国内销售额(万元) Domestic Sales of TV Programs (10 000 yuan)	#电视剧 TV Dramas	#动画电视 Cartoon Programs
全 国	**National Total**	**143056**	**3340605**	**2326346**	**112260**
国家广播电视总局	National Radio and Television Administration				
中央广播电视总台	Chian Media Group	9240	435336	21760	8404
其他部门所属单位	Under Other Department	2288	332	115	
北 京	Beijing	7588	623487	493278	4540
天 津	Tianjin	2066	107688	103310	452
河 北	Hebei	325	2251	458	441
山 西	Shanxi	744	339	10	10
内蒙古	Inner Mongolia		358	199	
辽 宁	Liaoning	504	2007	1393	614
吉 林	Jilin	181	670	336	233
黑龙江	Heilongjiang		74	64	
上 海	Shanghai	9360	407752	393410	4845
江 苏	Jiangsu	7319	336207	218831	2777
浙 江	Zhejiang	13026	646015	519915	4482
安 徽	Anhui	3075	11425	8497	870
福 建	Fujian	4666	103104	30011	12964
江 西	Jiangxi	5152	8474	87	568
山 东	Shandong	5190	18506	6691	866
河 南	Henan		38		
湖 北	Hubei	5422	2625	1401	204
湖 南	Hunan	3793	46217	42762	364
广 东	Guangdong	58841	85429	10806	60853
广 西	Guangxi	281	1223	130	10
海 南	Hainan		85252	85224	
重 庆	Chongqing	1614	53574	44590	7980
四 川	Sichuan	151	14623	12700	217
贵 州	Guizhou	1306	291		
云 南	Yunnan	299	7982	4833	161
西 藏	Tibet	122	527	13	172
陕 西	Shaanxi		106044	102814	189
甘 肃	Gansu	400	675	122	8
青 海	Qinghai				
宁 夏	Ningxia	102	279		36
新 疆	Xinjiang		231801	222587	

4-2-8　分地区广播节目播出情况(2021年)
Broadcasting of Radio Programs by Region(2021)

地　区	Region	公共广播节目套数(套) Number of Public Radio Programs (set)	全年公共广播节目播出时间(小时) Broadcasting Hours of Radio Programs (hour)	#转中央台节目 Relaying Programs of CCTV	#自制节目 Own-produced Programs	#购买交换节目 Purchased or Exchanged Programs
全　国	**National Total**	**2941**	**15894889**	**1969571**	**9468664**	**3022539**
中央广播电视总台	China Media Group	23	180127		178968	1159
北　京	Beijing	21	123731	2629	77464	42343
天　津	Tianjin	22	143558	3385	116836	15427
河　北	Hebei	184	907268	94234	498018	257373
山　西	Shanxi	128	562061	84212	288588	139695
内蒙古	Inner Mongolia	126	685125	101416	387151	104154
辽　宁	Liaoning	110	685592	45787	452821	176305
吉　林	Jilin	83	593673	47406	352018	182914
黑龙江	Heilongjiang	106	571793	98845	273699	101247
上　海	Shanghai	21	135818	4905	98717	27776
江　苏	Jiangsu	120	743493	38415	573193	109533
浙　江	Zhejiang	112	772276	52363	579834	87780
安　徽	Anhui	112	649973	75627	372926	149647
福　建	Fujian	93	529142	95471	305310	56302
江　西	Jiangxi	96	391466	78715	197051	72638
山　东	Shandong	171	1029237	79150	668362	233084
河　南	Henan	160	725486	77897	481306	108532
湖　北	Hubei	100	590950	62796	340889	149363
湖　南	Hunan	123	533915	67544	300859	96144
广　东	Guangdong	139	828676	44231	644609	68129
广　西	Guangxi	78	431361	47334	264618	78987
海　南	Hainan	25	147371	16454	75705	42870
重　庆	Chongqing	39	208083	23016	121670	48729
四　川	Sichuan	154	737383	165087	377397	137211
贵　州	Guizhou	48	280169	44593	168071	56777
云　南	Yunnan	79	446140	101284	261936	70220
西　藏	Tibet	30	158975	28136	38214	32993
陕　西	Shaanxi	107	469867	77232	269077	85520
甘　肃	Gansu	99	388581	76903	199986	57825
青　海	Qinghai	47	259000	90702	77501	53963
宁　夏	Ningxia	24	136834	20153	73808	35256
新　疆	Xinjiang	161	847764	123650	352063	142643

4-2-8 续表 continued

地 区	Region	按节目类型分播出时间(小时) by Type of Programs (hour)					
		新闻资讯类 News	专题服务类 Special Subject	综艺益智类 General Entertainment	广播剧类 Radio Plays	广告类 Advertising	其他类 Others
全 国	**National Total**	**3133267**	**3364658**	**3543340**	**977790**	**1434397**	**3441435**
中央广播电视总台	China Media Group	36119	67049	65173	3182	8149	455
北 京	Beijing	21994	34079	43614	5655	11029	7359
天 津	Tianjin	19669	32607	56542	460	17807	16473
河 北	Hebei	134699	155741	241457	77344	91312	206716
山 西	Shanxi	115945	110313	108237	49986	47602	129978
内蒙古	Inner Mongolia	124240	135284	208030	41955	31439	144176
辽 宁	Liaoning	104164	184782	170122	45848	65119	115557
吉 林	Jilin	68133	116524	197954	33962	74232	102868
黑龙江	Heilongjiang	118720	129140	99466	51265	39123	134079
上 海	Shanghai	20476	40729	44327	4980	8800	16506
江 苏	Jiangsu	125455	169472	172009	32280	95884	148395
浙 江	Zhejiang	153899	173879	169276	22035	76733	176454
安 徽	Anhui	116252	121349	104946	37573	70494	199359
福 建	Fujian	117951	98955	105327	15994	26334	164581
江 西	Jiangxi	85727	74860	82273	31457	36187	80962
山 东	Shandong	162325	213308	236442	57581	101084	258497
河 南	Henan	135162	143242	214241	50765	69261	112816
湖 北	Hubei	113190	147020	168533	40960	60837	60411
湖 南	Hunan	116843	77623	89490	27964	52217	169778
广 东	Guangdong	142818	145498	112092	24719	84205	319344
广 西	Guangxi	111067	56315	121301	12684	36207	93788
海 南	Hainan	29454	23158	13429	5290	10889	65151
重 庆	Chongqing	44726	60961	40365	14228	13193	34611
四 川	Sichuan	193042	158686	129689	51662	51804	152500
贵 州	Guizhou	59308	44990	46731	19027	28791	81322
云 南	Yunnan	109813	100809	67021	35283	43968	89246
西 藏	Tibet	35510	30034	34390	27271	3607	28163
陕 西	Shaanxi	109016	104833	86909	40301	40034	88774
甘 肃	Gansu	116843	76995	75348	21595	32273	65528
青 海	Qinghai	71251	50706	49049	49287	12574	26133
宁 夏	Ningxia	31334	34439	29195	9856	16587	15423
新 疆	Xinjiang	188125	251278	160360	35342	76623	136036

4-2-9　分地区电视节目播出情况(2021年)
Statistics on Broadcasting of TV Program by Region(2021)

地　区	Region	公共电视节目套数(套) Number of Public TV Programs (set)	全年公共电视节目播出时间(小时) Broadcasting Hours of TV Programs (hour)	#转中央台节目 Relaying Programs of CCTV	#自制节目 Own-produced Programs	#购买交换节目 Purchased or Exchanged Programs
全　国	**National Total**	**3613**	**20139917**	**1664640**	**5862042**	**11278614**
中央广播电视总台	China Media Group	30	242743		234103	8640
其他部门所属单位	Under Other Department	5	43800	213	23424	20163
北　京	Beijing	27	162951	1814	60206	92458
天　津	Tianjin	24	171407	18342	57860	92770
河　北	Hebei	208	976581	66268	288879	578903
山　西	Shanxi	134	627667	64731	172842	340081
内蒙古	Inner Mongolia	120	689257	62575	197444	385309
辽　宁	Liaoning	125	770706	31088	264461	449128
吉　林	Jilin	77	526367	17167	183863	320205
黑龙江	Heilongjiang	104	621838	63161	173036	308474
上　海	Shanghai	21	129943	2443	60146	67321
江　苏	Jiangsu	122	768813	30131	293942	432361
浙　江	Zhejiang	113	724134	23702	273220	421836
安　徽	Anhui	134	731258	42002	208125	445642
福　建	Fujian	100	476633	24584	143499	284229
江　西	Jiangxi	128	655426	101114	162010	355975
山　东	Shandong	267	1479086	69592	441301	923710
河　南	Henan	172	940166	88141	300051	504991
湖　北	Hubei	115	722229	38009	200720	469456
湖　南	Hunan	143	797814	96179	203383	419986
广　东	Guangdong	156	858793	43326	260564	502053
广　西	Guangxi	119	669476	30644	176556	402094
海　南	Hainan	16	113677	3102	42232	64744
重　庆	Chongqing	48	296198	10447	106786	174014
四　川	Sichuan	212	1214995	188622	318512	624747
贵　州	Guizhou	111	563950	42074	139474	352171
云　南	Yunnan	171	940858	139264	231833	505962
西　藏	Tibet	82	393993	48924	49035	154909
陕　西	Shaanxi	125	638938	67110	200422	334995
甘　肃	Gansu	117	580291	64500	152611	323391
青　海	Qinghai	50	310496	56855	54892	136781
宁　夏	Ningxia	30	183362	22030	38511	117760
新　疆	Xinjiang	207	1116072	106486	148099	663353

4-2-9 续表 continued

地 区	Region	按节目类型分播出时间(小时) by Type of Programs (hour)					
		新闻资讯类 News	专题服务类 Special Subject	综艺益智类 General Entertainment	影视剧类 TV Plays	广告类 Advertising	其他类 Others
全 国	**National Total**	**2888358**	**2742201**	**1094621**	**8843308**	**2260300**	**2311129**
中央广播电视总台	China Media Group	69784	75023	35238	52049	6660	3988
其他部门所属单位	Under Other Department	1260	7689	13492	12349	4337	4673
北 京	Beijing	26162	47018	7779	39356	15151	27484
天 津	Tianjin	20446	52208	6621	56738	17127	18266
河 北	Hebei	116411	115764	52301	496179	99425	96502
山 西	Shanxi	92070	73604	33867	293338	69775	65012
内蒙古	Inner Mongolia	93257	81349	48842	317007	54281	94521
辽 宁	Liaoning	75501	123942	77655	318602	85644	89363
吉 林	Jilin	41043	82937	79531	207142	70554	45159
黑龙江	Heilongjiang	89392	90298	30509	245531	62340	103769
上 海	Shanghai	18468	32776	7932	44382	13122	13264
江 苏	Jiangsu	107990	122566	38867	293829	107513	98048
浙 江	Zhejiang	105834	103435	24289	307600	111348	71628
安 徽	Anhui	95938	82898	24730	369171	99402	59119
福 建	Fujian	74663	79937	17173	179296	66354	59211
江 西	Jiangxi	91014	62704	29425	311766	67811	92706
山 东	Shandong	170668	202492	94962	701164	161583	148218
河 南	Henan	118098	129031	67017	439827	84125	102069
湖 北	Hubei	103852	102415	30822	348342	101572	35226
湖 南	Hunan	103635	78243	54774	373646	97536	89981
广 东	Guangdong	132693	118121	26199	332423	109185	140172
广 西	Guangxi	107386	85045	17639	259266	107193	92947
海 南	Hainan	27735	14970	4735	42497	18032	5708
重 庆	Chongqing	43514	62215	20256	98832	32246	39136
四 川	Sichuan	189730	133604	55349	581125	118012	137174
贵 州	Guizhou	100903	57427	9982	232126	83393	80119
云 南	Yunnan	144172	111600	20326	395416	125376	143969
西 藏	Tibet	72789	31663	23288	191898	14637	59718
陕 西	Shaanxi	113887	70918	28212	292941	63045	69934
甘 肃	Gansu	98267	80507	26735	271551	47223	56008
青 海	Qinghai	57781	44897	35007	133987	14570	24254
宁 夏	Ningxia	22066	22761	5058	86505	22665	24307
新 疆	Xinjiang	161950	162143	46010	517428	109064	119477

4-2-10 分地区电视剧播出情况(2021年)
Statistics on Broadcasting of TV Plays by Region(2021)

地区	Region	全年电视剧播出数 Number of TV Plays Broadcasted		#进口电视剧 Imported TV Plays		全年电视动画片播出时间(小时) Broadcasting Hours of Cartoon (hour)	#进口动画电视 Imported Cartoon
		部 series	集 episodes	部 series	集 episodes		
全 国	**National Total**	**208923**	**7441410**	**314**	**9817**	**452408**	**2939**
中央广播电视总台	China Media Group	1588	58418			6156	723
其他部门所属单位	Under Other Department	104	5129			324	43
北 京	Beijing	1040	34562			8034	
天 津	Tianjin	1403	51062	3	84	7170	
河 北	Hebei	11974	421631	1	25	14877	
山 西	Shanxi	6339	221109	11	424	8028	107
内蒙古	Inner Mongolia	7709	265514			17093	
辽 宁	Liaoning	8618	323925			10253	
吉 林	Jilin	5330	197133			3915	
黑龙江	Heilongjiang	4574	174449			9674	
上 海	Shanghai	984	43660	24	460	17653	21
江 苏	Jiangsu	6228	237499			14406	
浙 江	Zhejiang	6555	259854	1	28	22573	
安 徽	Anhui	8885	321938	13	461	11808	
福 建	Fujian	3801	142042			17037	
江 西	Jiangxi	7105	226318	102	2709	15231	1248
山 东	Shandong	16037	586639	2	49	27008	157
河 南	Henan	13016	414452			9128	23
湖 北	Hubei	10976	377405			18496	
湖 南	Hunan	11793	357165	24	640	26371	57
广 东	Guangdong	6368	264958	8	248	35022	
广 西	Guangxi	6211	245605	69	2985	15306	
海 南	Hainan	895	40609			5081	
重 庆	Chongqing	2234	101769			9817	
四 川	Sichuan	15315	523930	38	1210	26637	15
贵 州	Guizhou	5353	174883			9779	365
云 南	Yunnan	7497	266453	9	269	19476	
西 藏	Tibet	1499	59474			2729	
陕 西	Shaanxi	6804	226610	9	225	5817	
甘 肃	Gansu	6114	209284			12668	182
青 海	Qinghai	2110	72470			6304	
宁 夏	Ningxia	1719	67593			5921	
新 疆	Xinjiang	12745	467868			32614	

4-2-11 全国广播电视从业人员情况
Number of Employed Persons in Radio and TV Broadcasting Industry

单位：人 (person)

年份 地区	Year Region	从业人员 Number of Employed Persons	#编辑、记者 Editors and Reporters	#播音员、主持人 Announcers and Anchor Persons	#工程技术人员 Engineering Technical Personnel
	2009	705817	122004	24627	126257
	2010	750899	132186	25743	132431
	2011	786372	135748	28007	143474
	2012	820410	142297	28164	151884
	2013	844330	146798	29683	152130
	2014	864351	152571	29116	149882
	2015	900664	154976	30191	153624
	2016	919283	160253	30563	151234
	2017	976856	167284	30812	158294
	2018	978974	167792	30962	152859
	2019	994422	172246	31001	152592
	2020	1010997	175679	29997	149627
	2021	1050050	180175	30120	149828
国家广播电视总局	National Radio and Television Administration	9494	138	1	5035
中央广播电视总台	China Media Group	41097	8230	546	4319
其他部门所属单位	Under Other Department	5305	1681	31	527
北京	Beijing	125901	10247	1600	14677
天津	Tianjin	9097	2904	257	1404
河北	Hebei	34832	6755	1381	4722
山西	Shanxi	25831	6678	718	2922
内蒙古	Inner Mongolia	18239	5232	855	3219
辽宁	Liaoning	24284	4680	1061	4292
吉林	Jilin	20135	4527	804	3537
黑龙江	Heilongjiang	22707	5035	736	3756
上海	Shanghai	40277	3891	612	4754
江苏	Jiangsu	62977	11607	1883	8747
浙江	Zhejiang	61800	9381	1594	9482
安徽	Anhui	27329	5138	1112	4030
福建	Fujian	35843	5457	804	4348
江西	Jiangxi	20771	3444	770	2373
山东	Shandong	58847	12913	2523	9295
河南	Henan	38541	9296	1530	4763
湖北	Hubei	38421	6546	978	5566
湖南	Hunan	47058	6281	1008	6436
广东	Guangdong	79888	9387	2036	12541
广西	Guangxi	18520	3722	654	3273
海南	Hainan	7536	1403	289	1131
重庆	Chongqing	15335	2940	417	1796
四川	Sichuan	49622	7641	1419	5287
贵州	Guizhou	20759	4073	622	2998
云南	Yunnan	22554	5969	838	4644
西藏	Tibet	5020	1122	305	875
陕西	Shaanxi	20909	4122	725	2244
甘肃	Gansu	14997	3472	640	1909
青海	Qinghai	4290	1013	320	866
宁夏	Ningxia	4926	1373	208	866
新疆	Xinjiang	16908	3877	843	3194

4-2-12 全国广播电视实际创收收入情况
Revenue and Assets of Radio and TV Broadcasting Industry

单位：万元 (10 000 yuan)

年份 Year	实际创收收入 Actual Revenue	#广告收入 Revenue from Advertising	#广播广告收入 Radio Advertising Revenue	#电视广告收入 TV Advertising Revenue
2009	15820227	7817757	814648	6758184
2010	20028538	9399745	995807	7965883
2011	23711781	11228956	1233178	9345355
2012	28033517	12702465	1361954	10462897
2013	32427688	13870071	1399245	11192629
2014	36355079	14644911	1599361	11161883
2015	39522681	15295391	1564218	10651632
2016	43224005	15472245	1458277	10048691
2017	48417556	16512368	1555599	9683447
2018	56396113	18644866	1403677	9588555
2019	67668964	20752728	1212365	8776106
2020	77117578	19400576	956710	6939079
2021	96731132	30794236	1025201	6839432

4-2-12 续表 continued

单位：万元 (10 000 yuan)

年份 Year	#有线电视网络收入 Revenue from Network Services	#有线电视收视费收入 Revenue from Subscription of Cable TV Programs	#付费电视收入 Revenue from Pay Digital TV	#增值业务收入 Revenue from Value-Added Service
2009	4188499	2846206	181747	
2010	4874430	3225188	252921	
2011	5637763	3641728	376876	205841
2012	6609791	4083530	448793	376684
2013	7549089	4378749	585982	501372
2014	8272101	4573905	665108	579657
2015	8660586	4751534	702337	845340
2016	9102646	4579214	764358	1223967
2017	8344311	4140032	655596	1028187
2018	7794763	3683780	568467	1114073
2019	7533513	3266825	503951	1161175
2020	7569791	2987229	343302	1016509
2021	7345627	2760252	296222	1037299

注：原指标“三网融合业务收入”于2020年调整为“增值业务收入”，统计范围与口径与原指标基本一致。

a)“Revenue from Value-Added Service ”is changed from"Revenue from Three-network Convergence" in 2020, statistical range and specification are basically consistent with the original index.

4-2-13 分地区广播电视实际创收收入情况(2021年)
Revenue of Radio and TV Broadcasting Industry by Region(2021)

单位：万元 (10 000 yuan)

地区	Region	实际创收收入 Actual Revenue	#广告收入 Revenue from Advertising	#有线电视网络收入 Revenue from Network Services
全国	**National Total**	**96731132**	**30794236**	**7345627**
国家广播电视总局	National Radio and Television Administration	351031	2177	41392
中央广播电视总台	China Media Group	6016163	2632886	4243
其他部门所属单位	Under Other Department	334383	166103	
北京	Beijing	40222729	13934206	234422
天津	Tianjin	899404	93682	55794
河北	Hebei	579474	124375	257160
山西	Shanxi	232878	72357	65864
内蒙古	Inner Mongolia	191566	29379	110151
辽宁	Liaoning	387179	121016	204980
吉林	Jilin	349350	88747	173972
黑龙江	Heilongjiang	320398	68283	157191
上海	Shanghai	10702265	5235941	359862
江苏	Jiangsu	4125930	928754	748708
浙江	Zhejiang	5617672	1046560	772874
安徽	Anhui	860358	365211	163146
福建	Fujian	2528640	935586	396246
江西	Jiangxi	378024	106398	161680
山东	Shandong	1661465	488207	422713
河南	Henan	467633	169956	84812
湖北	Hubei	1462797	205118	320967
湖南	Hunan	3006601	1119253	204533
广东	Guangdong	9668729	1929429	882404
广西	Guangxi	401829	45109	179374
海南	Hainan	668141	44781	39310
重庆	Chongqing	638391	83888	202137
四川	Sichuan	1196127	222865	394871
贵州	Guizhou	730311	120882	262297
云南	Yunnan	374946	116490	124622
西藏	Tibet	90327	47436	2208
陕西	Shaanxi	698521	117298	184102
甘肃	Gansu	100815	24590	39250
青海	Qinghai	29669	9615	15544
宁夏	Ningxia	58854	15998	22742
新疆	Xinjiang	1378529	81659	56053

4-2-13 续表 continued

单位：万元 (10 000 yuan)

地 区	Region	#新媒体业务收入 revenue New media	#广播电视节目销售收入 Revenue from Sales of Radio and TV Programs	#电视购物频道收入 Revenue from TV Shopping
全 国	**National Total**	**35010385**	**4382399**	**1156097**
国家广播电视总局	National Radio and Television Administration	91592	3880	
中央广播电视总台	China Media Group	880362	457885	123642
其他部门所属单位	Under Other Department	24099	13449	
北 京	Beijing	21608971	744636	68059
天 津	Tianjin	200390	214691	7878
河 北	Hebei	87268	5653	16
山 西	Shanxi	24405	1041	10183
内蒙古	Inner Mongolia	14213	2572	
辽 宁	Liaoning	20231	4048	5743
吉 林	Jilin	22858	1108	650
黑龙江	Heilongjiang	8176	711	
上 海	Shanghai	2689202	532218	83087
江 苏	Jiangsu	502458	419035	109031
浙 江	Zhejiang	971270	837991	51151
安 徽	Anhui	47727	16523	164432
福 建	Fujian	140648	95132	93
江 西	Jiangxi	23415	9839	25869
山 东	Shandong	305327	29945	25527
河 南	Henan	73510	1128	
湖 北	Hubei	772838	4432	
湖 南	Hunan	763314	51979	192514
广 东	Guangdong	4802261	132244	50901
广 西	Guangxi	25920	3691	3034
海 南	Hainan	290837	81317	
重 庆	Chongqing	64556	79468	
四 川	Sichuan	316116	21721	5684
贵 州	Guizhou	62573	590	153818
云 南	Yunnan	23217	9549	1119
西 藏	Tibet	32	1144	5
陕 西	Shaanxi	63668	74576	72992
甘 肃	Gansu	10143	1177	
青 海	Qinghai	2887		
宁 夏	Ningxia	4914	881	647
新 疆	Xinjiang	70987	528145	22

4-2-14 分地区广播电视行政事业单位财务收支情况(2021年)
Main Financial Indicators of Administrative Organs and Institutions Engaged in Radio and TV Broadcasting(2021)

单位：万元 (10 000元)

地 区	Region	总收入 Total Revenue	财政补助收入 Government Subsidy	事业收入 Revenue from Radio and TV Institutions	经营收入 Business Revenue	其他收入 Other income	总支出 Total Expenses
全 国	**National Total**	**11696751**	**8550194**	**2140437**	**556324**	**449796**	**11753042**
国家广播电视总局	National Radio and Television Administration	422357	327874	68921		25562	411941
其他部门所属单位	Under Other Department	199174	25871	101076	63391	8836	211438
北 京	Beijing	633786	320214	272930	18938	21704	599963
天 津	Tianjin	111390	51332	45470	5035	9553	127933
河 北	Hebei	292754	266757	20482	2246	3270	288420
山 西	Shanxi	438294	392567	32709	1584	11435	432739
内蒙古	Inner Mongolia	337425	334452	447	1119	1407	337386
辽 宁	Liaoning	347071	272717	62506	6849	4998	336488
吉 林	Jilin	263819	256374	2772	2307	2366	280205
黑龙江	Heilongjiang	266822	246403	4891	7999	7529	260924
上 海	Shanghai	212208	198380	2057	1122	10649	219247
江 苏	Jiangsu	583384	257958	160933	107198	57296	628077
浙 江	Zhejiang	700108	432639	149775	71933	45761	692742
安 徽	Anhui	577361	417981	134513	6825	18042	615218
福 建	Fujian	285043	224264	44601	2479	13699	292485
江 西	Jiangxi	422092	374746	14893	22345	10109	418669
山 东	Shandong	726530	396868	271927	19092	38642	720773
河 南	Henan	473434	313629	137225	5834	16746	456608
湖 北	Hubei	293352	237092	45506	2026	8728	299499
湖 南	Hunan	299885	217834	62240	10933	8878	303048
广 东	Guangdong	592083	298593	208852	50444	34195	705048
广 西	Guangxi	439642	341849	79098	607	18088	430008
海 南	Hainan	100386	72545	17478	5474	4890	83672
重 庆	Chongqing	129315	120852	853	3569	4040	131474
四 川	Sichuan	771315	678616	39247	47003	6450	762878
贵 州	Guizhou	194488	180456	4642	79	9311	199265
云 南	Yunnan	295785	207369	78531	2278	7607	300010
西 藏	Tibet	128062	125450	1749	135	728	128811
陕 西	Shaanxi	294875	207092	18632	58789	10361	295205
甘 肃	Gansu	267374	234916	24018	3508	4932	249642
青 海	Qinghai	116354	105992	7884		2479	101192
宁 夏	Ningxia	100158	75852	18032	2313	3961	95433
新 疆	Xinjiang	380626	334663	5547	22872	17544	336603

4-2-15 分地区广播电视行政事业单位实际创收情况(2021年)

Actual Revenue of Administrative Organs and Institutions Engaged in Radio and TV Broadcasting by Region(2021)

单位：万元 (10 000 yuan)

地 区	Region	实际创收收入 Actual Revenue	#广告收入 Revenue from Advertising	#有线电视网络收入 Revenue from Network Services	#新媒体业务收入 revenue New media	#广播电视节目销售收入 Revenue from Sales of Radio and TV Programs	#电视购物频道收入 Revenue from TV Shopping
全 国	**National Total**	**3301991**	**2103880**	**167679**	**134044**	**17458**	**4468**
国家广播电视总局	National Radio and Television Administration	80634	248				
其他部门所属单位	Under Other Department	156786	67996		21530	3559	
北 京	Beijing	318150	207764		4333	3087	
天 津	Tianjin	56423	35036			56	
河 北	Hebei	27725	23735	151	30	41	
山 西	Shanxi	79456	46688	8800	477		
内蒙古	Inner Mongolia	47261	29238		13125		
辽 宁	Liaoning	87237	48430	22311	8000	1352	
吉 林	Jilin	96043	83250	1263	7601		650
黑龙江	Heilongjiang	25407	15366		7	37	
上 海	Shanghai	3341	70				
江 苏	Jiangsu	309552	205768		7698	262	
浙 江	Zhejiang	270926	162149	64723	805		
安 徽	Anhui	171144	155792	1350	268		
福 建	Fujian	41607	25733		890	703	
江 西	Jiangxi	102288	85205	2518	2256		
山 东	Shandong	336154	276563		911	2860	
河 南	Henan	154039	89839	8825	36199	151	
湖 北	Hubei	55865	44917		818	217	
湖 南	Hunan	78269	59973	9462	1571	3	
广 东	Guangdong	271301	122761	43447	3948	3461	
广 西	Guangxi	104332	40183		34		3034
海 南	Hainan	27940	11547				
重 庆	Chongqing	13826	8350		83		
四 川	Sichuan	104581	53599	1029	4598	1267	762
贵 州	Guizhou	7175	6681		8		
云 南	Yunnan	82260	55470	897	13933		
西 藏	Tibet	1679	1145	534			
陕 西	Shaanxi	77209	70424	8	128	44	
甘 肃	Gansu	26389	14531				
青 海	Qinghai	8056	7614				
宁 夏	Ningxia	20913	11934		4570		
新 疆	Xinjiang	58023	35881	2361	226	357	22

4-2-16 分地区广播电视行政事业单位资产负债情况(2021年)
Assets and Liabilities of Administrative Organs and Institutions Engaged in Radio and TV Broadcasting by Region(2021)

单位：万元 (10 000 yuan)

地 区	Region	资产总额 Total Assets	#固定资产净值 Net Value of Fixed Assets	负债合计 Total Liabilities
全 国	**National Total**	**25563347**	**9935103**	**5694389**
国家广播电视总局	National Radio and Television Administration	1028890	503905	87937
其他部门所属单位	Under Other Department	427047	20450	38152
北 京	Beijing	1075569	477437	222485
天 津	Tianjin	652006	256702	89827
河 北	Hebei	491632	206233	147454
山 西	Shanxi	645199	195332	122344
内蒙古	Inner Mongolia	572096	363443	77875
辽 宁	Liaoning	830664	218076	415642
吉 林	Jilin	567511	154145	191575
黑龙江	Heilongjiang	749022	264575	66671
上 海	Shanghai	423505	224290	80869
江 苏	Jiangsu	2692351	866299	1020710
浙 江	Zhejiang	1965454	708592	407037
安 徽	Anhui	1313936	646278	298574
福 建	Fujian	479023	230282	61333
江 西	Jiangxi	479362	171853	67762
山 东	Shandong	1552971	638435	270418
河 南	Henan	910861	481515	119482
湖 北	Hubei	714434	360170	111846
湖 南	Hunan	610946	178145	150605
广 东	Guangdong	1938452	531561	531126
广 西	Guangxi	738886	244764	242160
海 南	Hainan	133157	72713	11045
重 庆	Chongqing	110214	57189	30133
四 川	Sichuan	1159592	357367	141708
贵 州	Guizhou	381331	181559	60020
云 南	Yunnan	521441	279067	201946
西 藏	Tibet	189956	56389	56413
陕 西	Shaanxi	573463	266464	171585
甘 肃	Gansu	505016	193856	69369
青 海	Qinghai	298531	116446	16839
宁 夏	Ningxia	191315	98775	52338
新 疆	Xinjiang	639518	312797	61110

4-2-17 分地区广播电视企业单位经营情况(2021年)
Main Financial Indicators of Enterprises Engaged in Radio and TV Broadcasting by Region(2021)

单位：万元 (10 000 yuan)

地 区	Region	总收入 Total Revenue	#营业收入 Revenue from Principal Business	本年应缴税金 Value Tax Payable	营业利润 Principal Profits	本年新增固定资产 Newly Increased Fixed Assets
全 国	**National Total**	**103191382**	**101284922**	**2977108**	**3301119**	**3812876**
国家广播电视总局	National Radio and Television Administration	272732	261588	5808	-4460	17170
中央广播电视总台	China Media Group	5985729	5678854	231118	1017475	879235
其他部门所属单位	Under Other Department	311664	297264	25986	23448	45541
北 京	Beijing	43854921	43574823	1236601	398294	661320
天 津	Tianjin	856263	832925	50694	165919	15213
河 北	Hebei	649656	586628	17757	24701	62816
山 西	Shanxi	232294	224712	5264	-4538	8688
内蒙古	Inner Mongolia	175943	163536	1229	-25243	12538
辽 宁	Liaoning	314986	294460	6919	-9385	61270
吉 林	Jilin	260084	250585	1773	74174	112269
黑龙江	Heilongjiang	339364	315665	6122	-25216	56495
上 海	Shanghai	12466129	12320241	227018	-151119	95131
江 苏	Jiangsu	3902480	3707155	218716	282275	338089
浙 江	Zhejiang	5963553	5851771	202291	273186	213020
安 徽	Anhui	786454	770965	15555	28416	60527
福 建	Fujian	2857524	2773591	53913	57490	113880
江 西	Jiangxi	317029	308094	3091	-7248	21006
山 东	Shandong	1618689	1581887	57771	78779	153004
河 南	Henan	322621	314640	4720	-66069	12213
湖 北	Hubei	1673405	1595806	26152	-202412	126306
湖 南	Hunan	2983213	2913196	164741	89176	47431
广 东	Guangdong	10128454	9966950	204979	1192738	210096
广 西	Guangxi	312092	302169	6721	-21705	66453
海 南	Hainan	666299	660113	65839	12218	7452
重 庆	Chongqing	738107	706914	12034	96141	60106
四 川	Sichuan	1566393	1500027	44534	49601	112416
贵 州	Guizhou	738289	682338	19678	4769	71185
云 南	Yunnan	396694	373984	27813	-41133	65524
西 藏	Tibet	104165	102791	742	-4606	163
陕 西	Shaanxi	960255	948176	8092	-5051	80619
甘 肃	Gansu	82150	79066	-13667	-56039	4350
青 海	Qinghai	21612	20432	1726	-5204	4037
宁 夏	Ningxia	43428	41583	769	2046	885
新 疆	Xinjiang	1288711	1281994	34608	59699	16430

4-2-18 分地区广播电视企业单位创收情况(2021年)
Actual Revenue of Enterprises Engaged in Radio and TV Broadcasting by Region(2021)

单位：万元 (10 000 yuan)

地区	Region	实际创收收入 Actual Revenue	#广告收入 Revenue from Advertising	#有线电视网络收入 Revenue from Network Services	#新媒体业务收入 revenue New media	#广播电视节目销售收入 Revenue from Sales of Radio and TV Programs	#电视购物频道收入 Revenue from TV Shopping
全　国	**National Total**	**93429140**	**28690356**	**7177949**	**34876340**	**4364941**	**1151629**
国家广播电视总局	National Radio and Television Administration	270396	1929	41392	91592	3880	
中央广播电视总台	China Media Group	6016163	2632886	4243	880362	457885	123642
其他部门所属单位	Under Other Department	177597	98107		2568	9890	
北　京	Beijing	39904579	13726442	234422	21604638	741549	68059
天　津	Tianjin	842981	58646	55794	200390	214635	7878
河　北	Hebei	551750	100640	257009	87237	5612	16
山　西	Shanxi	153422	25669	57064	23929	1041	10183
内蒙古	Inner Mongolia	144304	141	110151	1088	2572	
辽　宁	Liaoning	299943	72586	182668	12231	2695	5743
吉　林	Jilin	253308	5496	172709	15257	1108	
黑龙江	Heilongjiang	294991	52917	157191	8169	674	
上　海	Shanghai	10698924	5235871	359862	2689202	532218	83087
江　苏	Jiangsu	3816378	722986	748708	494761	418773	109031
浙　江	Zhejiang	5346746	884411	708152	970465	837991	51151
安　徽	Anhui	689215	209419	161796	47460	16523	164432
福　建	Fujian	2487033	909854	396246	139759	94429	93
江　西	Jiangxi	275736	21193	159162	21160	9839	25869
山　东	Shandong	1325312	211644	422713	304416	27085	25527
河　南	Henan	313595	80117	75988	37311	976	
湖　北	Hubei	1406932	160201	320967	772020	4215	
湖　南	Hunan	2928332	1059281	195071	761743	51976	192514
广　东	Guangdong	9397428	1806668	838957	4798313	128783	50901
广　西	Guangxi	297497	4925	179374	25886	3691	
海　南	Hainan	640201	33234	39310	290837	81317	
重　庆	Chongqing	624564	75538	202137	64473	79468	
四　川	Sichuan	1091546	169266	393842	311518	20454	4921
贵　州	Guizhou	723135	114201	262297	62565	590	153818
云　南	Yunnan	292687	61020	123726	9284	9549	1119
西　藏	Tibet	88648	46291	1674	32	1144	5
陕　西	Shaanxi	621312	46875	184094	63540	74532	72992
甘　肃	Gansu	74426	10059	39250	10143	1177	
青　海	Qinghai	21612	2001	15544	2887		
宁　夏	Ningxia	37941	4065	22742	344	881	647
新　疆	Xinjiang	1320505	45778	53693	70761	527788	

4-2-19 分地区广播电视企业单位资产负债情况(2021年)
Assets and Liabilities of Enterprises Engaged in Radio and TV Broadcasting by Region(2021)

单位：万元 (10 000 yuan)

地区	Region	资产总额 Total Assets	#固定资产净值 Net Value of Fixed Assets	负债总额 Total Liabilities
全 国	**National Total**	**243963332**	**22709844**	**135945824**
国家广播电视总局	National Radio and Television Administration	7227802	97482	1041803
中央广播电视总台	China Media Group	20330494	2041923	3201262
其他部门所属单位	Under Other Department	984328	73584	272070
北 京	Beijing	58267550	1805819	43617922
天 津	Tianjin	2577937	182517	1800892
河 北	Hebei	2197280	628582	1331869
山 西	Shanxi	664729	162701	477112
内蒙古	Inner Mongolia	768437	176150	315359
辽 宁	Liaoning	974475	414698	573719
吉 林	Jilin	2875524	766466	1447735
黑龙江	Heilongjiang	1385958	446374	976710
上 海	Shanghai	31929345	1016333	15493434
江 苏	Jiangsu	17227008	2959177	8749303
浙 江	Zhejiang	21602041	1464626	11441763
安 徽	Anhui	1384990	431181	854208
福 建	Fujian	3688477	496679	2646420
江 西	Jiangxi	797015	217524	643173
山 东	Shandong	4855433	1322617	1918023
河 南	Henan	1552347	396174	1315518
湖 北	Hubei	4454468	1018000	3292841
湖 南	Hunan	9914408	856463	4077435
广 东	Guangdong	24376978	1457371	14640449
广 西	Guangxi	1356542	549054	846830
海 南	Hainan	1050335	111601	779143
重 庆	Chongqing	1574405	359391	972396
四 川	Sichuan	4585422	818652	2917366
贵 州	Guizhou	3472096	742418	2480304
云 南	Yunnan	2855947	522372	1945238
西 藏	Tibet	208404	11167	115159
陕 西	Shaanxi	2434102	524600	1465658
甘 肃	Gansu	1405458	371818	1234599
青 海	Qinghai	71597	52438	25862
宁 夏	Ningxia	302561	104223	208170
新 疆	Xinjiang	4609438	109671	2826078

4-2-20 全国电视节目进口情况
Statistics on Imported TV Programs

单位：万元 (10 000 yuan)

年 份 Year	电视节目进口额 Value of Imported TV Programs	#电视剧 TV Dramas	#动画电视 Cartoon Programs
2009	49146	26887	128
2010	43047	21450	247
2011	54099	34564	702
2012	62534	39584	1489
2013	58658	24498	4432
2014	209024	169807	11028
2015	99398	29466	44472
2016	209872	81500	105645
2017	190278	81453	82254
2018	360621	80657	250634
2019	164302	33793	108290
2020	96223	37885	45826
2021	133054	63140	57420

4-2-21 电视节目进口情况(2021年)
Statistics on Imported TV Programs (2021)

指 标	Item	合 计 Total	欧 洲 Europe	非 洲 Africa	美 洲 America
全年电视节目进口总额(万元)	**Value of Imported TV Programs(10 000 yuan)**	**133054**	**13918**	**3**	**32528**
#电视剧	TV Dramas	63140	743		14679
动画电视	Cartoon Programs	57420	7851		15459
纪录片	Documentary	5525	3556	3	93
全年电视节目进口量(小时)	**Time of Imported TV Programs (hour)**	**40953**	**2152**	**1**	**3787**
#电视剧 (部/集)	TV Dramas (series/episodes)	236/6221	14/111		12/390
动画电视 (小时)	Cartoon Programs (hour)	6390	524		3406
纪录片 (小时)	Documentary (hour)	1686	1298	1	41

4-2-21 续表 1 continued

指标	Item	#美国 United States	亚洲 Asia	#日本 Japan	#韩国 Republic of Korea
全年电视节目进口总额(万元)	**Value of Imported TV Programs(10 000 yuan)**	**32041**	**86315**	**36001**	**1756**
#电视剧	TV Dramas	14679	47718	2727	1040
动画电视	Cartoon Programs	15307	34110	33253	716
纪录片	Documentary	35	1655	7	
全年电视节目进口量(小时)	**Time of Imported TV Programs (hour)**	**3729**	**34920**	**2507**	**69**
#电视剧 (部/集)	TV Dramas (series/episodes)	12/390	210/5720	21/201	2/32
动画电视 (小时)	Cartoon Programs (hour)	3359	2460	2313	34
纪录片 (小时)	Documentary (hour)	33	313		

4-2-21 续表 2 continued

指标	Item	#东南亚 Southeast Asia	#中国香港 Hong Kong, China	#中国台湾 Taiwan, China	大洋洲 Oceania
全年电视节目进口总额(万元)	**Value of Imported TV Programs(10 000 yuan)**	**2831**	**43449**	**2120**	**291**
#电视剧	TV Dramas	2698	39139	2100	
动画电视	Cartoon Programs	35	5		
纪录片	Documentary	98	1509		217
全年电视节目进口量(小时)	**Time of Imported TV Programs (hour)**	**644**	**30424**	**1235**	**94**
#电视剧 (部/集)	TV Dramas (series/episodes)	26/697	129/3145	31/1625	
动画电视 (小时)	Cartoon Programs (hour)	53	55		
纪录片 (小时)	Documentary (hour)	18	276		34

4-2-22 分地区电视节目进口情况(2021年)
Statistics on Imported TV Programs by Region(2021)

地 区	Region	全年电视节目进口总额(万元) Value of Imported TV Programs (10 000 yuan)	#电视剧 TV Dramas	#动画电视 Cartoon Programs	全年电视节目进口量(小时) Time of Imported TV Programs (hour)	进口电视剧 Imported TV Plays 部 series	集 episodes
全 国	**National Total**	**133054**	**63140**	**57420**	**40953**	**236**	**6221**
中央广播电视总台	China Media Group	5052	213		774		
其他部门所属单位	Under Other Department	4971			378		
北 京	Beijing	55917	8130	46953	4786	33	541
天 津	Tianjin	1033	961	72	228	12	292
河 北	Hebei						
山 西	Shanxi						
内蒙古	Inner Mongolia						
辽 宁	Liaoning						
吉 林	Jilin						
黑龙江	Heilongjiang						
上 海	Shanghai	13081	7139	5023	33920	151	4510
江 苏	Jiangsu						
浙 江	Zhejiang						
安 徽	Anhui						
福 建	Fujian						
江 西	Jiangxi						
山 东	Shandong	14	14		15	1	20
河 南	Henan						
湖 北	Hubei						
湖 南	Hunan	5068	893	3607	211	9	134
广 东	Guangdong	307		307	33		
广 西	Guangxi						
海 南	Hainan	47611	45790	1459	606	30	724
重 庆	Chongqing						
四 川	Sichuan						
贵 州	Guizhou						
云 南	Yunnan						
西 藏	Tibet						
陕 西	Shaanxi						
甘 肃	Gansu						
青 海	Qinghai						
宁 夏	Ningxia						
新 疆	Xinjiang						

4-2-23 电影综合情况
Basic Statistics on Film Production

年 份 Year	电影故事片厂 (个) Number of Feature Film Studios (unit)	生产故事影片 (部) Feature Films (film)	生产动画影片 (部) Cartoon Films (reel)	生产科教影片 (部) Popular Science Films (reel)	生产纪录影片 (部) Documentary Films (reel)	生产特种影片 (部) Special Films (reel)
1978	12	46	26	289	202	
1979	17	65	25	349	317	
1980	17	82	32	337	242	
1981	19	105	33	277	276	
1982	19	112	33	284	259	
1983	19	127	37	343	299	
1984	20	144	37	387	337	
1985	20	127	45	357	419	
1986	20	134	46	383	417	
1987	22	146	45	353	347	
1988	22	158	38	344	350	
1989	22	136	53	334	259	
1990	22	134	51	326	296	
1991	22	130	46	351	283	
1992	22	170	56	354	307	
1993	22	154	47	252	300	
1994	22	148	32	182	22	
1995	30	146	37	40	111	
1996	30	110	58	33	39	
1997	31	88	28	34	95	
1998	31	82	9	30	54	
1999	31	99	3	20	14	
2000	31	91	1	49	10	
2001	27	88	1	56	9	
2002	31	100	2	60	7	
2003	31	140	2	53	6	
2004	31	212	4	30	10	
2005	32	260	7	33	2	
2006	32	330	13	36	13	
2007	32	402	6	34	9	
2008	33	406	16	39	16	2
2009	31	456	27	52	19	4
2010	31	526	16	54	16	9
2011	31	558	24	76	26	5
2012	31	745	33	74	15	26
2013	31	638	29	121	18	18
2014	31	618	40	52	25	23
2015	31	686	51	96	38	17
2016	31	772	49	67	32	24
2017	31	798	32	68	44	28
2018		902	51	61	57	11
2019		850	51	74	47	15
2020		531	45	25	31	18
2021		565	47	54	55	19

注：1.本表电影故事片厂指国有电影故事片厂。
2.2005年及以前动画片数为美术片数。

a) Number of feature film studios in this table refers to state-owned film studios.

b) Cartoon films before 2005 referred to puppet films.

4-2-24 电影院线及票房情况
Statistics on Movie Circuit and Movie Box Office Revenue

年 份 Year	电影院线 Movie Circuit			全国电影票房收入（亿元） Domestic Movie Box Office Revenue (100 million yuan)		
	数量（条） Number of Movie Circuit (line)	院线内影院（家） Cinemas in Movie Circuit (unit)	银幕（块） Screens in Movie Circuit (unit)		国产电影票房收入（亿元） Chinese Movies (100 million yuan)	进口电影票房收入（亿元） Imported Movies (100 million yuan)
2009	37	1687	4723	106.7		
2010	37	1820	6256	157.2		
2011	39	2803	9286	177.5		
2012	40		13118	208.2		
2013	42		18195	217.7	127.7	90.0
2014	45		23600	296.4	161.6	134.8
2015	46	6395	31600	440.7	271.4	169.3
2016	48	8011	41129	492.8	287.5	205.4
2017	48	9293	50776	559.1	301.0	258.1
2018	48	10955	60079	609.8	379.0	230.8
2019	50	12408	69787	642.7	411.8	230.9
2020	51	13374	75581	204.2	170.9	33.2
2021	51	14480	82248	472.6	399.3	73.3

4-3-1 主要文化机构情况
Statistics on Cultural Institutions

单位：个 (unit)

年 份 Year	公共图书馆 Public Libraries	文化馆(站) Cultural Centers	省级、地市级文化馆 Cultural Centers at Provincial & Prefecture Level	县市级文化馆 Cultural Centers at County & City Level	乡镇(街道)文化站 Township (sub-district) Cultural Centers	博物馆 Museums	艺术表演团体 Art Performance Troupes	艺术表演场馆 Art Performance Venues
1978	1218	6893	92	2748	4053	349	3150	1095
1980	1732	8739	218	2912	5609	365	3533	1444
1985	2344	8576	335	2960	5281	711	3317	1377
1986	2406	8913	337	2993	5583	777	3195	2058
1987	2440	8974	348	2973	5653	827	3094	2148
1988	2485	9045	358	2975	5712	903	2985	2081
1989	2512	9037	366	2955	5716	967	2850	2050
1990	2527	9216	366	2955	5895	1013	2805	1955
1991	2535	10507	371	2894	7242	1075	2772	2068
1992	2558	9564	372	2900	6292	1106	2753	2037
1993	2572	10155	370	2886	6899	1130	2707	2024
1994	2589	11276	374	2887	8015	1161	2698	1998
1995	2615	13487	373	2886	10228	1194	2682	1958
1996	2620	45253	392	2892	41969	1219	2664	1934
1997	2628	45449	385	2901	42163	1282	2663	1947
1998	2662	45834	386	2901	42547	1339	2652	1929
1999	2669	45837	389	2905	42543	1363	2632	1911
2000	2675	45321	390	2907	42024	1392	2619	1900
2001	2696	43379	399	2842	40138	1461	2605	1854
2002	2697	42516	389	2854	39273	1511	2587	1829
2003	2709	41816	382	2846	38588	1515	2601	1900
2004	2720	41402	380	2841	38181	1548	2759	1928
2005	2762	41588	375	2851	38362	1581	2805	1866
2006	2778	40088	395	2819	36874	1617	2866	1839
2007	2799	40601	411	2806	37384	1722	4512	1732
2008	2820	41156	389	2829	37938	1893	5114	1662
2009	2850	41959	361	2862	38736	2252	6139	1499
2010	2884	43382	374	2890	40118	2435	6864	1461
2011	2952	43675	379	2906	40390	2650	7055	1429
2012	3076	43876	382	2919	40575	3069	7321	1279
2013	3112	44260	385	2930	40945	3473	8180	1344
2014	3117	44423	385	2928	41110	3658	8769	1338
2015	3139	44291	386	2929	40976	3852	10787	2143
2016	3153	44497	389	2933	41175	4109	12301	2285
2017	3166	44521	390	2938	41193	4721	15742	2455
2018	3176	44464	390	2936	41138	4918	17123	2478
2019	3196	44073	390	2936	40747	5132	17795	2716
2020	3212	43687	390	2931	40366	5452	17581	2770
2021	3215	43531	390	2926	40215	5772	18370	3093

注：1.1996年以前文化站数据未包括其他部门所属乡镇文化站。1996-1998年包括其他部门所属文化站，1999年以后，其他部门所属文化站划归文化部门管理。

2.2007年以前艺术表演团体为系统内数据，2007年起含系统外单位。

3.2015年以前艺术表演场馆为公有制艺术表演场馆，2015年起含民营艺术表演场馆。

a) Culture stations did not include township culture stations of other departments before 1996. During 1996-1998, culture stations of other departments Since 1999, culture stations of other department were put under the management of culture departments.

b) Art performance troupes referred to those under the cultural departments before 2007, and expanded to cover those both under and outside the cultural departments starting from 2007.

c) Art performance venues refer to those of state-owned before 2015, and include those of non-state venues since 2015.

4-3-2　文化文物机构人员情况(2021年)
Number and Personnel of Cultural and Relics Institutions (2021)

机构类别	Category of Institution	机　构（个）Number of Institutions (unit)	文化和旅游部门 Cultural and Tourism Department	其他部门 Other Depart-ments
总　计	**Total**	**312067**	**65305**	**246762**
文化和旅游合计	**Total culture and Tourism**	**301522**	**57003**	**244519**
艺术表演团体	Art Performance Troupes	18370	1947	16423
艺术表演场馆	Art Performance Venues	3093	1075	2018
公共图书馆	Public Libraries	3215	3215	
文化馆	Cultural Centers	3316	3316	
文化站	Cultural Stations	40215	40215	
艺术展览创作机构	Art Exhibition and Creative Institutions	824	774	50
文化和旅游部门教育机构	Educational Institutions in the Cultural and Tourism Sector	107	107	
文化和旅游科研机构	Cultural and Tourism Research Institutions	179	178	1
文化市场经营机构	Institutions of Cultural Market Management	172762		172762
文化和旅游行政部门	Cultural and Tourism Administration	3244	3244	
其他文化和旅游机构	Other Cultural and Tourism Institutions	56197	2932	53265
文物合计	**Cultural Relics Institutions**	**10545**	**8302**	**2243**
博物馆	Museums	5772	3666	2106
文物保护管理机构	Agencies of Cultural Relics Preservation	2257	2225	32
文物科研机构	Scientific and Research Agencies	132	131	1
其他文物机构	Other Cultural Relics Agencies	2384	2280	104

注：文化市场经营机构不包括非公有制院团和场馆。
a) Institutions of cultural market managemnet do not include non-public troupes and venues.

4-3-2 续表 continued

机构类别	Category of Institution	从业人员（人）Number of Employed Persons (person)	文化和旅游部门 Cultural and Tourism Department	其他部门 Other Depart-ments
总 计	**Total**	**4834341**	**710429**	**4123912**
文化和旅游合计	**Total culture and Tourism**	**4652849**	**561945**	**4090904**
艺术表演团体	Art Performance Troupes	453254	106690	346564
艺术表演场馆	Art Performance Venues	73827	18242	55585
公共图书馆	Public Libraries	59301	59301	
文化馆	Cultural Centers	54595	54595	
文化站	Cultural Stations	135412	135412	
艺术展览创作机构	Art Exhibition and Creative Institutions	7418	6786	632
文化和旅游部门教育机构	Educational Institutions in the Cultural and Tourism Sector	13127	13127	
文化和旅游科研机构	Cultural and Tourism Research Institutions	4917	4915	2
文化市场经营机构	Institutions of Cultural Market Management	1120042		1120042
文化和旅游行政部门	Cultural and Tourism Administration	111049	111049	
其他文化和旅游机构	Other Cultural and Tourism Institutions	2619907	51828	2568079
文物合计	**Cultural Relics Institutions**	**181492**	**148484**	**33008**
博物馆	Museums	125704	96720	28984
文物保护管理机构	Agencies of Cultural Relics Preservation	30212	27632	2580
文物科研机构	Scientific and Research Agencies	5970	5958	12
其他文物机构	Other Cultural Relics Agencies	19606	18174	1432

4-3-3　群众文化机构基本情况
Statistics on Cultural Institutions

年　份 Year	机构数(个) Number of Institutions (unit)	从业人员(人) Number of Employed Persons (person)	组织文艺活动次数(次) Number of Art and Cultural Activities (time)	举办训练班次(次) Number of Training Courses (time)	举办展览个数(个) Number of Exhibitions (unit)	收入合计(万元) Total Revenue (10 000 yuan)	支出合计(万元) Total Expenditure (10 000 yuan)	实际使用房屋建筑面积(万平方米) Floor Space of Buildings Actually Used (10 000 sq.m)
2009	41959	137484	555052	304955	110251	807244	794190	2194
2010	43382	141002	576799	358719	117353	944397	931951	2527
2011	43675	147732	620586	339883	107785	1285601	1267505	2983
2012	43876	156228	688482	387201	114774	1453601	1467803	3172
2013	44260	164355	740611	390758	138225	1667594	1635395	3389
2014	44423	170299	845421	469300	131728	1901726	1828632	3686
2015	44291	173499	959901	536328	139792	2077606	2014894	3848
2016	44497	182030	1065287	590516	150128	2272289	2183721	3991
2017	44521	180911	1114261	675852	154106	2533892	2562411	4107
2018	44464	185636	1231269	768995	158742	2955019	3057577	4283
2019	44073	190068	1359460	889247	163968	2998761	3094571	4518
2020	43687	185076	1088949	668940	137945	2828093	2871598	4678
2021	43531	190007	1391490	920740	167497	3067449	3186376	4974

4-3-4 全国群众文化机构基本情况(2021年)
Statistics on Cultural Institutions (2021)

指 标	Item	总计 Total	省、区、直辖市级 Provincial Level	地市级 Prefecture Level	县市级 County (City) Level
机构数 (个)	Institutions (unit)	43531	31	359	2926
从业人员 (人)	Number of Employed Persons (person)	190007	1813	10399	42383
组织文艺活动 (万次)	Art Performances and Story-telling Sessions (10 000 times)	139.1	0.1	2.7	26.8
参加文艺活动人次 (万人次)	Participants Attending Art and Cultural Activities (10 000 person-times)	62140	291	4222	23758
举办训练班 (万次)	Number of Training Courses (10 000 times)	92.1	0.7	9.4	30.8
参加培训人次 (万人次)	Participants to Training Courses (10 000 person-times)	6119	29	509	1767
举办展览个数 (万个)	Number of Exhibitions (10 000 units)	16.7	0.1	0.4	3.2
参观展览人次 (万人次)	Visitors to Exhibitions(10 000 person-times)	14259	166	1189	4993
组织各类理论研讨和讲座次数 (次)	Number of Seminars and Lectures (time)	41939	284	4921	36734
参加研讨和讲座人次 (万人次)	Participants to Seminars and Lectures (10 000 person-times)	768	4	102	662
拥有计算机台数 (万台)	Computer Owned (10 000 units)	40.0	0.3	1.1	4.9
本年收入合计 (亿元)	Revenue in the Year (100 million yuan)	306.7	12.0	33.3	92.4
本年支出合计 (亿元)	Expenditure in the Year (100 million yuan)	318.6	11.6	34.3	94.1
馆办文艺团体 (个)	Art Performance Troupes Run by Centers (unit)	9533	99	1327	8107
馆办文艺团体演出场次 (万场次)	Number of Art Performances Run by Centers (10 000 times)	11.4	0.1	1.6	9.8
馆办老年大学 (个)	Colleges for the Elderly Run by Centers(unit)	670	10	58	602
群众业余文艺团体(万个)	Part-time Art Troupes (10 000 units)	45.5		0.7	9.6

4-3-4 续表 continued

指 标	Item	#县文化馆 County Cultural Centers	乡镇(街道)文化站 Township (sub-district) Cultural Stations	#乡 镇文化站 Township Cultural Stations
机构数 (个)	Institutions (unit)	1585	40215	32524
从业人员 (人)	Number of Employed Persons (person)	21478	135412	105606
组织文艺活动 (万次)	Art Performances and Story-telling Sessions (10 000 times)	12.3	109.5	76.1
参加文艺活动人次 (万人次)	Participants Attending Art and Cultural Activities (10 000 person-times)	12342	33871	25537
举办训练班 (万次)	Number of Training Courses (10 000 times)	8.3	51.1	31.0
参加培训人次 (万人次)	Participants to Training Courses (10 000 person-times)	586	3815	2368
举办展览个数 (万个)	Number of Exhibitions (10 000 units)	1.5	13.1	10.0
参观展览人次 (万人次)	Visitors to Exhibitions(10 000 person-times)	2150	7912	5595
组织各类理论研讨和讲座次数 (次)	Number of Seminars and Lectures (time)	12756		
参加研讨和讲座人次 (万人次)	Participants to Seminars and Lectures (10 000 person-times)	232		
拥有计算机台数 (万台)	Computer Owned (10 000 units)	2.3	33.7	24.8
本年收入合计 (亿元)	Revenue in the Year (100 million yuan)	35.1	168.9	123.2
本年支出合计 (亿元)	Expenditure in the Year (100 million yuan)	35.8	178.7	132.3
馆办文艺团体 (个)	Art Performance Troupes Run by Centers (unit)	3662		
馆办文艺团体演出场次 (万场次)	Number of Art Performances Run by Centers (10 000 times)	4.9		
馆办老年大学 (个)	Colleges for the Elderly Run by Centers(unit)	336		
群众业余文艺团体(万个)	Part-time Art Troupes (10 000 units)	4.2	35.1	27.0

4-3-5　分地区群众文化机构基本情况(2021年)
Statistics on Cultural Institutions by Region(2021)

地　区	Region	机构数(个) Number of Institutions (unit)	从业人员(人) Number of Employed Persons (person)	#专业技术人员 Professional &Technical Staff	组织文艺活动次数(次) Number of Art and Cultural Activities (time)	组织文艺活动观众人次(万人次) Attending Art and Cultural Activities (10 000 person-times)
全　国	**National Total**	**43531**	**190007**	**76200**	**1391490**	**62140.3**
北　京	Beijing	356	4233	709	31331	798.0
天　津	Tianjin	272	1733	522	16055	286.3
河　北	Hebei	2460	7543	2549	76745	3225.9
山　西	Shanxi	1491	4457	1821	33244	1286.5
内蒙古	Inner Mongolia	1201	4936	2408	20702	862.7
辽　宁	Liaoning	1478	4462	1929	16132	500.6
吉　林	Jilin	990	4285	2543	9824	554.4
黑龙江	Heilongjiang	1395	5052	2463	15499	456.1
上　海	Shanghai	241	4819	1187	54652	3062.5
江　苏	Jiangsu	1381	7476	3171	100570	5518.8
浙　江	Zhejiang	1451	9304	3830	147958	8268.2
安　徽	Anhui	1628	6141	3056	45064	1905.3
福　建	Fujian	1210	4054	1363	16447	528.9
江　西	Jiangxi	1854	6303	1991	63729	3082.7
山　东	Shandong	1979	9168	4218	145666	4466.4
河　南	Henan	2692	11737	3198	92901	3542.8
湖　北	Hubei	1428	5484	2694	35247	1975.8
湖　南	Hunan	2355	11171	3451	87566	5720.6
广　东	Guangdong	1761	14197	4198	70161	3231.7
广　西	Guangxi	1300	5608	2928	32108	1399.8
海　南	Hainan	242	797	253	3177	254.7
重　庆	Chongqing	1072	4975	1634	27309	1114.5
四　川	Sichuan	4295	11056	3933	53305	1640.6
贵　州	Guizhou	1721	6844	2824	25493	2568.9
云　南	Yunnan	1608	7577	5654	25505	1830.6
西　藏	Tibet	779	5567	3599	22347	426.5
陕　西	Shaanxi	1477	6838	2677	26693	1132.9
甘　肃	Gansu	1453	5993	1792	17919	797.9
青　海	Qinghai	442	1590	529	6750	335.3
宁　夏	Ningxia	272	1410	674	11009	490.8
新　疆	Xinjiang	1247	5197	2402	60382	873.8

4-3-5 续表 1 continued

地区	Region	举办训练班 Training Courses		举办展览 Exhibitions		收入合计（万元） Total Revenue (10 000 yuan)
		班次（次） Number of Training Courses (time)	培训人次（万人次） Attending Training (10 000 person-times)	个数（个） Number of Exhibitions (time)	参观人次（万人次） Visitors (10 000 person-times)	
全 国	**National Total**	**920740**	**6119.0**	**167497**	**14258.6**	**3067449**
北 京	Beijing	45562	235.5	1456	100.2	99259
天 津	Tianjin	13935	81.7	1239	59.5	28347
河 北	Hebei	49353	360.8	8756	598.9	62175
山 西	Shanxi	15961	79.2	3331	160.4	35653
内蒙古	Inner Mongolia	10216	53.6	2041	105.0	51284
辽 宁	Liaoning	23566	91.5	1677	76.8	34909
吉 林	Jilin	14114	89.5	1348	80.2	44384
黑龙江	Heilongjiang	8565	53.2	1673	82.2	49787
上 海	Shanghai	68778	261.8	3845	288.8	259635
江 苏	Jiangsu	74775	837.0	16684	3644.3	207668
浙 江	Zhejiang	118779	740.1	18347	1537.5	346734
安 徽	Anhui	33019	177.8	5943	356.6	67924
福 建	Fujian	14118	64.4	3647	268.0	54060
江 西	Jiangxi	33745	213.8	10003	461.5	56340
山 东	Shandong	61924	383.2	9894	570.4	125326
河 南	Henan	32385	225.4	11442	724.4	83543
湖 北	Hubei	26087	230.9	5801	372.0	141960
湖 南	Hunan	41828	576.0	10098	1415.6	89930
广 东	Guangdong	81114	439.6	8074	850.1	440082
广 西	Guangxi	12524	64.5	2023	111.6	62049
海 南	Hainan	4523	18.8	330	59.3	36286
重 庆	Chongqing	26185	159.5	6056	363.0	86457
四 川	Sichuan	28664	119.3	8155	448.7	135771
贵 州	Guizhou	17171	187.4	3847	469.6	66749
云 南	Yunnan	15907	101.0	4188	260.0	120439
西 藏	Tibet	6243	15.8	1037	27.0	51087
陕 西	Shaanxi	15716	103.8	5118	254.0	82331
甘 肃	Gansu	10449	72.5	3993	266.4	47143
青 海	Qinghai	1795	8.4	762	41.2	27187
宁 夏	Ningxia	3526	31.2	565	36.7	21403
新 疆	Xinjiang	10213	42.1	6124	168.9	51548

4-3-5 续表 2 continued

地 区	Region	支出合计(万元) Total Expenditure (10 000 yuan)	资产总计(万元) Total Assets (10 000 yuan)	#固定资产净值 Net Value of Fixed Assets	实际使用房屋建筑面积(万平方米) Floor Space of Buildings Actually Used (10 000 sq.m)	#业务用房面积 Buildings for Mass Cultural Activities
全 国	**National Total**	**3186376**	**18122737**	**10573674**	**4974.1**	**3538.3**
北 京	Beijing	92274	4487504	3076082	98.2	76.6
天 津	Tianjin	31540	93675	75086	60.3	46.4
河 北	Hebei	61357	163612	139291	157.5	116.3
山 西	Shanxi	37348	118040	86423	97.2	74.0
内蒙古	Inner Mongolia	53016	120227	88669	104.1	69.7
辽 宁	Liaoning	34996	166900	103765	114.2	66.3
吉 林	Jilin	46137	82484	69151	68.4	38.9
黑龙江	Heilongjiang	50197	81346	64267	94.6	61.0
上 海	Shanghai	257992	328131	238543	148.8	107.3
江 苏	Jiangsu	208513	661277	549257	709.3	489.5
浙 江	Zhejiang	349293	935281	747048	558.1	404.7
安 徽	Anhui	67590	565559	469835	140.9	111.7
福 建	Fujian	55371	170375	130419	136.0	103.5
江 西	Jiangxi	57179	305730	257377	128.0	88.0
山 东	Shandong	135814	402997	338808	295.2	205.9
河 南	Henan	84985	150151	126839	176.2	131.7
湖 北	Hubei	139069	4389922	411993	160.6	109.5
湖 南	Hunan	91583	582330	480546	231.1	137.6
广 东	Guangdong	440483	727931	505121	457.3	351.1
广 西	Guangxi	65650	122277	98374	85.2	63.5
海 南	Hainan	36559	50126	20986	15.2	11.0
重 庆	Chongqing	87037	453434	384277	101.3	77.0
四 川	Sichuan	137291	992066	881848	231.5	180.4
贵 州	Guizhou	87361	196675	150773	96.5	69.2
云 南	Yunnan	172210	211172	161541	114.2	84.4
西 藏	Tibet	49098	98392	81951	42.2	30.1
陕 西	Shaanxi	83449	514551	426458	102.1	73.6
甘 肃	Gansu	47448	229260	186398	81.6	56.7
青 海	Qinghai	28909	50045	37718	23.0	15.8
宁 夏	Ningxia	45731	513935	51819	33.8	17.7
新 疆	Xinjiang	50895	157331	133012	111.8	69.7

4-3-6 公共图书馆基本情况
Statistics on Public Libraries

年 份 Year	机构数（个） Number of Institutions (unit)	从业人员（人） Number of Employed Persons (person)	总藏量（万册件） Total Collections (10 000 copies)	总流通人次（万人次） Total Number of Circulation (10 000 person-times)	#外借人次 Borrowing from Libraries
2009	2850	52688	58521	32167	13277
2010	2884	53564	61726	32823	13934
2011	2952	54475	63896	37423	15316
2012	3076	54997	68827	43437	17402
2013	3112	56320	74896	49232	20552
2014	3117	56071	79092	53036	22737
2015	3139	56422	83844	58892	23085
2016	3153	57208	90163	66037	24892
2017	3166	57567	96953	74450	25503
2018	3176	57602	103716	82032	25814
2019	3196	57796	111181	90135	26609
2020	3212	57980	117930	54146	17467
2021	3215	59301	126178	74614	23809

4-3-6 续表 continued

年 份 Year	书刊文献外借册次（万册次） Number of Books and Periodicals Lent to Readers (10 000 copy-times)	实际持证读者数（万个） Actual Number of Licensed Readers (10 000 units)	收入合计（万元） Total Revenue (10 000 yuan)	支出合计（万元） Total Expenses (10 000 yuan)	实际使用公用房屋建筑面积（万平方米） Floor Space of Buildings Actually Used (10 000 sq.m)
2009	25857	1749	613175	606630	850
2010	26392	2020	646085	643629	900
2011	28452	2214	813232	776839	995
2012	33191	2485	1002068	977556	1058
2013	40868	2877	1151163	1130035	1158
2014	46734	3944	1212979	1163583	1232
2015	50896	5721	1358370	1340481	1301
2016	54725	5593	1494998	1451469	1424
2017	55091	6736	1801357	1692580	1515
2018	58010	7263	1829159	1876015	1596
2019	61373	8627	1912115	1928714	1700
2020	42087	10251	1914647	1883153	1786
2021	58730	10314	1843958	1892952	1914

4-3-7 公共图书馆基本情况（2021年）
Statistics on Public Libraries (2021)

指 标	Item	总 计 Total	#少儿图书馆 Children's Libraries	按隶属关系分 By Jurisdiction of Management 省、区、直辖市(级) Under Provinces, Autonomous Regions and Municipalities	地市级 Prefecture Level	县市级 County (City) Level	#县图书馆 County Libraries
机构数（个）	Number of Institutions (unit)	3215	143	38	385	2791	1548
从业人员（人）	Number of Employed Persons (person)	59301	2610	7686	15967	34335	14339
总藏量（万册件）	Total Collections (10000 copies)	126178	5491	22635	32355	66958	23436
当年购买的报刊种类(万种)	Kinds of Newspapers and Periodicals Purchased in the Year (10 000 kinds)	100.5	3.8	13.5	30.3	55.1	21.2
实际持证读者数（万个）	Actual number of licensed readers (10 000 units)	10314	322	1419	3942	4418	1131
总流通人次（万人次）	Total Number of Circulation (10 000 person-times)	74614	3476	5936	21180	47333	16897
#书刊文献外借人次	Borrowing from Libraries of Books and Periodicals	23809	1192	1142	6119	16529	6743
书刊文献外借册次(万册次)	Number of Books and Periodicals Lent to Readers (10 000 copies-times)	58730	3683	3918	18013	36766	12468
组织各类讲座次数（次）	Number of Lectures (time)	83278	6234	2912	19962	60356	21830
举办展览（个）	Exhibitions Held (unit)	49839	2945	2520	9724	37588	18407
举办培训班（个）	Training Classes Held (unit)	69451	3812	2496	20846	44601	15084
计算机（台）	Computers (set)	224473	8697	20165	53422	146782	66642
#电子阅览室终端数	Terminals in Electronic Media Reading Rooms	139417	4842	8535	29607	100772	47936
阅览室坐席数（万个）	Seats of Reading Rooms (10 000 units)	134.4	5.6	8.9	35.6	89.3	37.9

4-3-8 分地区公共图书馆基本情况(2021年)
Statistics on Public Libraries by Region(2021)

地 区	Region	机构数(个) Number of Institutions (unit)	从业人员(人) Number of Employed Persons (person)	#专业技术人员 Professional &Technical Staff	总藏量(万册件) Total Collections (10 000 copies)	#图书 Books
全 国	**National Total**	**3215**	**59301**	**40867**	**126178.0**	**102204.8**
北 京	Beijing	20	1224	929	3316.7	3082.7
天 津	Tianjin	20	1090	830	2281.5	2039.3
河 北	Hebei	177	2149	1354	3983.7	3344.4
山 西	Shanxi	128	1788	1108	2296.5	1875.8
内蒙古	Inner Mongolia	117	1813	1496	2145.1	1789.1
辽 宁	Liaoning	129	2193	1642	4670.4	3789.1
吉 林	Jilin	66	1485	1232	2401.1	1946.5
黑龙江	Heilongjiang	103	1558	1266	2430.4	2003.4
上 海	Shanghai	22	2158	1939	8222.2	3901.1
江 苏	Jiangsu	123	3825	2374	11160.8	9780.5
浙 江	Zhejiang	103	3902	2182	10619.3	9574.7
安 徽	Anhui	133	1622	1022	3770.0	3356.4
福 建	Fujian	96	1672	1120	5251.2	4183.1
江 西	Jiangxi	114	1389	845	3111.0	2546.9
山 东	Shandong	153	2995	2336	7525.6	6448.2
河 南	Henan	169	2877	1669	4105.9	3503.4
湖 北	Hubei	117	2155	1614	4650.8	3896.5
湖 南	Hunan	144	2168	1563	4828.1	4166.1
广 东	Guangdong	150	5417	3182	12687.2	11031.0
广 西	Guangxi	116	1763	1335	3027.0	2341.8
海 南	Hainan	24	358	232	696.8	614.8
重 庆	Chongqing	43	1049	639	2340.7	1964.6
四 川	Sichuan	207	2450	1441	4612.6	3839.8
贵 州	Guizhou	99	1238	918	1824.6	1538.7
云 南	Yunnan	151	1777	1610	2419.4	1816.3
西 藏	Tibet	82	198	128	262.6	217.8
陕 西	Shaanxi	117	2101	1256	2295.0	1959.5
甘 肃	Gansu	104	1530	954	1953.1	1535.1
青 海	Qinghai	50	495	267	601.6	506.8
宁 夏	Ningxia	27	562	385	856.2	614.8
新 疆	Xinjiang	110	987	764	1600.9	1317.2

注：全国合计数中包括中央级公共图书馆。

a)Data of national total libiaries include one central-level public library.

4-3-8 续表 1 continued

地 区	Region	本年新购藏量（万册） New Collections During the Year (10 000 copies)	实际持证读者数（个） Actual Number of Licensed Readers (units)	总流通人次（万人次） Total Number of Circulation (10 000 person-times)	#书刊文献外借人次 Borrowing from Libraries	书刊文献外借册次（万册次） Number of Books and Periodicals Lent to Readers (10 000 copy-times)	人均拥有公共图书馆藏量（册） Collections of PublicLibraries Per Person (copy)
全 国	**National Total**	**7406.8**	**103139289**	**74613.7**	**23809.2**	**58730.2**	**0.89**
北 京	Beijing	152.2	1929435	723.9	152.1	629.9	1.52
天 津	Tianjin	157.7	1388364	860.7	212.1	741.3	1.66
河 北	Hebei	422.2	2281912	2157.3	936.1	1865.8	0.53
山 西	Shanxi	165.2	2050341	1476.8	578.7	1022.9	0.66
内蒙古	Inner Mongolia	119.6	988922	837.5	248.5	477.0	0.89
辽 宁	Liaoning	106.7	2303968	1737.6	488.0	1888.6	1.10
吉 林	Jilin	72.4	1078096	509.9	161.1	353.6	1.01
黑龙江	Heilongjiang	90.6	679601	508.6	145.3	354.1	0.78
上 海	Shanghai	187.3	5872263	1293.6	275.7	1536.4	3.30
江 苏	Jiangsu	603.9	20266863	10960.9	4499.7	8019.6	1.31
浙 江	Zhejiang	769.2	7930802	10998.8	1823.5	7399.0	1.62
安 徽	Anhui	244.9	3676991	4099.2	1135.6	2281.4	0.62
福 建	Fujian	533.3	2361966	2294.9	1043.6	3390.5	1.25
江 西	Jiangxi	193.5	1994577	2650.7	863.7	1752.2	0.69
山 东	Shandong	466.0	5979442	4251.0	1754.6	3493.6	0.74
河 南	Henan	208.6	2584518	3090.6	1280.5	2014.0	0.42
湖 北	Hubei	208.3	2812443	1996.3	815.3	1730.8	0.80
湖 南	Hunan	466.5	3408188	4107.3	1729.0	3582.1	0.73
广 东	Guangdong	917.3	15310995	8654.1	2007.3	8675.9	1.00
广 西	Guangxi	95.6	1991096	1790.1	396.5	869.0	0.60
海 南	Hainan	30.5	364239	437.5	83.3	223.8	0.68
重 庆	Chongqing	183.3	2934256	1465.2	485.0	1184.3	0.73
四 川	Sichuan	256.3	3220524	2145.6	826.3	1618.3	0.55
贵 州	Guizhou	141.2	939531	1390.3	495.8	752.9	0.47
云 南	Yunnan	83.4	784426	1085.1	354.5	906.8	0.52
西 藏	Tibet	16.7	18041	34.4	4.4	8.8	0.72
陕 西	Shaanxi	140.6	842037	1126.5	380.2	750.7	0.58
甘 肃	Gansu	80.6	564638	801.0	268.1	577.7	0.78
青 海	Qinghai	20.7	203607	111.4	27.7	48.9	1.01
宁 夏	Ningxia	74.5	357732	368.1	129.1	222.5	1.18
新 疆	Xinjiang	75.9	659542	484.6	189.2	324.8	0.62

4-3-8 续表 2 continued

地 区	Region	收入合计（万元） Total Revenue (10 000 yuan)	支出合计（万元） Total Expenses (10 000 yuan)	资产总计（万元） Total Assets (10 000 yuan)	#固定资产净值 Net Value of Fixed Assets	计算机（台） Computers (set)	#电子阅览室终端数 Terminals in Electronic Media Reading Rooms
全 国	**National Total**	**1843957.9**	**1892951.8**	**7944333.9**	**6168753.1**	**224473**	**139417**
北 京	Beijing	74299.2	74402.4	236833.6	156430.4	4724	2029
天 津	Tianjin	50525.0	50745.7	139832.0	114310.1	4562	2829
河 北	Hebei	46599.1	47519.3	156229.3	118027.4	8112	5708
山 西	Shanxi	37387.6	35284.4	229402.2	188715.8	6983	4560
内蒙古	Inner Mongolia	36648.6	37347.3	138154.0	123518.0	6331	4086
辽 宁	Liaoning	48700.8	47852	322496.9	274893.4	9438	5688
吉 林	Jilin	29623.3	30982.9	84631.6	72125.2	4398	2656
黑龙江	Heilongjiang	30372.2	28796.8	108768.7	87529.7	5254	3240
上 海	Shanghai	141141.1	168389.7	844877.8	464064.3	6713	2697
江 苏	Jiangsu	145056.2	145434.6	914529.1	773120.4	13144	6886
浙 江	Zhejiang	144915.5	145727.4	643958.2	584873.8	11842	7169
安 徽	Anhui	43575.7	43031.0	264605.0	211200.9	8198	5696
福 建	Fujian	64178.0	59678.8	257488.1	201064.5	7298	4422
江 西	Jiangxi	36882.4	40705.0	158285.0	134972.9	7233	5240
山 东	Shandong	73822.0	74620.1	228615.6	171496.4	11690	7692
河 南	Henan	51331.4	51806.2	225504.0	166783.8	10512	6853
湖 北	Hubei	59580.4	59937.5	260143.5	212450.7	7047	4395
湖 南	Hunan	46143.6	62557.7	104828.2	83812.7	7918	5383
广 东	Guangdong	239392.1	239893.3	722776.1	592664.3	20155	12466
广 西	Guangxi	37102.4	37217.8	137112.8	111679.1	6548	4316
海 南	Hainan	19806.3	19699.3	48986.0	18395.4	1588	1034
重 庆	Chongqing	35030.4	34751.5	114539.9	94139.0	4073	2758
四 川	Sichuan	63744.5	65154.8	208350.6	173307.6	10902	7601
贵 州	Guizhou	44835.6	41949.8	274722.3	179950.2	5794	3810
云 南	Yunnan	48352.9	48225	128883.9	85463.1	7405	4907
西 藏	Tibet	6974.2	7154.7	14462.5	12620.2	1441	1020
陕 西	Shaanxi	45364.8	46396.0	130150.3	75031.9	6224	4105
甘 肃	Gansu	26746.8	28698.4	128706.4	56822.0	5346	3360
青 海	Qinghai	11957.2	12118.1	29117.1	21488.4	2216	1203
宁 夏	Ningxia	13057.9	13610.2	48408.1	42420.8	2178	1470
新 疆	Xinjiang	21218.6	21456.4	102300.9	89816.2	5102	3635

4-3-8 续表 3 continued

地 区	Region	实际使用公用房屋建筑面积(万平方米) Floor Space of Buildings Actually Used (10 000 sq.m)	#书库面积 Stack Rooms	#阅览室面积 Reading Rooms	每万人拥有公共图书馆建筑面积(平方米) Floor Space of Public Libraries per 10 000 Population (sq.m)	阅览室座席数(个) Seats of Reading Rooms (unit)
全 国	**National Total**	**1914.24**	**366.09**	**598.10**	**135.5**	**1344188**
北 京	Beijing	34.33	5.94	9.02	156.8	18078
天 津	Tianjin	43.62	7.57	11.69	317.7	21658
河 北	Hebei	72.30	12.93	27.23	97.1	56849
山 西	Shanxi	58.17	8.43	19.04	167.2	42932
内蒙古	Inner Mongolia	50.35	6.25	15.54	209.8	35801
辽 宁	Liaoning	62.18	10.98	17.49	147.0	40967
吉 林	Jilin	32.92	5.45	10.64	138.6	23434
黑龙江	Heilongjiang	36.35	6.15	11.34	116.3	28641
上 海	Shanghai	44.29	9.18	11.13	177.9	22565
江 苏	Jiangsu	162.42	19.58	46.01	191.0	79767
浙 江	Zhejiang	156.21	22.68	46.53	238.9	97889
安 徽	Anhui	63.55	11.06	22.48	104.0	50833
福 建	Fujian	66.80	17.73	26.04	159.5	46217
江 西	Jiangxi	58.63	14.29	18.61	129.8	52462
山 东	Shandong	121.56	24.76	32.60	119.5	74398
河 南	Henan	83.21	19.40	23.95	84.2	67239
湖 北	Hubei	74.76	17.91	25.16	128.2	50777
湖 南	Hunan	70.62	18.7	19.93	106.6	53150
广 东	Guangdong	175.87	34.31	62.56	138.7	133606
广 西	Guangxi	49.71	12.09	12.59	98.7	38166
海 南	Hainan	10.02	2.48	3.61	98.2	7057
重 庆	Chongqing	40.05	7.50	12.40	124.7	33944
四 川	Sichuan	82.65	15.14	29.73	98.7	68708
贵 州	Guizhou	38.77	8.79	13.41	100.6	31650
云 南	Yunnan	43.02	11.58	13.29	91.7	35053
西 藏	Tibet	7.19	1.37	1.88	196.4	4322
陕 西	Shaanxi	43.02	9.64	14.84	108.8	33771
甘 肃	Gansu	38.35	5.84	11.92	154.0	35810
青 海	Qinghai	12.93	1.66	5.19	217.7	8125
宁 夏	Ningxia	14.83	2.78	5.32	204.6	14147
新 疆	Xinjiang	37.75	6.99	14.63	145.8	30833

4-3-9 艺术表演团体基本情况
Statistics on Art Performance Troupes

年 份 Year	机构数 (个) Number of Institutions (unit)	从业人员 (人) Number of Employed Persons (person)	演出场次 (万场次) Number of Performances (10 000 shows)	国内演出观众人次 (万人次) Number of Domestic Audience (10 000 person-times)
2009	6139	184678	120	81716
2010	6864	185413	137	88456
2011	7055	226599	155	74585
2012	7321	242047	135	82805
2013	8180	260865	165	90064
2014	8769	262887	174	91020
2015	10787	301878	211	95799
2016	12301	332920	231	118138
2017	15742	402969	294	124739
2018	17123	416374	312	117569
2019	17795	412541	297	123020
2020	17581	436899	223	88952
2021	18370	453254	233	92804

4-3-9 续表 continued

年 份 Year	收入合计 (万元) Total Revenue (10 000 yuan)	#演出收入 Performance Income	支出合计 (万元) Total Expenditure (10 000 yuan)	实际使用房屋建筑面积 (万平方米) Floor Space of Buildings Actually Used (10 000 sq.m)
2009	1121559	288214	1048083	457
2010	1239255	342696	1203561	466
2011	1540263	526745	1486696	526
2012	2310460	641480	2081911	617
2013	2800266	735532	2331821	638
2014	2264046	757028	2024045	716
2015	2576499	939310	2286420	800
2016	3112276	1308591	2621743	825
2017	3419618	1476786	2942410	916
2018	3667258	1522685	3152559	908
2019	3969949	1267752	3433017	929
2020	2871251	866292	3010357	1011
2021	3546798	1129901	3783618	1279

4-3-10 全国艺术表演团体基本情况(2021年)
Statistics on Art Performance Troupes (2021)

项目	Item	机构（个）Number of Institutions (unit)	从业人员（人）Number of Employed Persons (person)	演出场次（万场次）Number of Performances (10 000 shows)	#国内演出 Domestic Performance	#农村 Rural Areas
总计	**Total**	**18370**	**453254**	**232.5**	**232.1**	**109.8**
按登记注册类型分	By Status of Registration					
国有	State-owned	1615	93905	23.6	23.3	15.0
集体	Collective-owned	145	5081	3.1	3.1	2.1
其他	Others	16610	354268	205.8	205.7	92.8
按隶属关系分	By Jurisdiction of Management					
中央	Under Central Government	9	3107	0.1	0.1	
省、区、市	Under Provinces, Autonomous Regions and Municipalities	212	29836	4.3	4.3	1.4
地、市	Under Prefectures (Cities)	488	37133	7.5	7.4	3.1
县、市及以下	Under Counties (Cities) and Others	17661	383178	220.6	220.3	105.3
按性质分	By Accounting Practice					
执行事业会计制度	Adopting Institution Accounting System	2031	112003	30.4	30.0	18.9
执行企业会计制度	Adopting Enterprise Accounting System	16339	341251	202.1	202.1	90.9
按管理部门分	By Management Authority					
文化和旅游部门	Culture and Tourism Departments	1947	106690	29.2	28.7	18.2
其他部门	Other Departments	16423	346564	203.4	203.4	91.6
按剧种分	By Type of Art					
话剧、儿童剧、滑稽剧类	Drama, Children's Play and Comedy Troupes	252	11001	2.5	2.5	0.4
歌舞、音乐类	Song and Dance, Musicals	3222	98178	32.8	32.6	13.0
京剧、昆曲类	Peking Opera and Kunqu Opera	165	10486	1.7	1.7	0.8
地方戏曲类	Local Operas	7798	172341	65.9	65.8	48.4
杂技、魔术、马戏类	Acrobatics, Magic and Circus	837	18147	26.5	26.4	16.6
曲艺类	Folk Arts	1104	21200	28.3	28.3	6.9
综合性艺术表演团体	Comprehensive Art Performance	4992	121901	75.0	74.9	23.9

4-3-10 续表 1 continued

项 目	Item	国内演出观众人次（万人次）Number of Domestic Audience (10 000 person-times)	#农村 Rural Audience	收入合计（万元）Total Revenue (10 000 yuan)	#财政拨款 Government Budget
总 计	**Total**	**92804**	**32769**	**3546798**	**2030764**
按登记注册类型分	By Status of Registration				
国有	State-owned	15486	9456	1852599	1408363
集体	Collective-owned	1607	1125	81035	59932
其他	Others	75711	22188	1613164	562469
按隶属关系分	By Jurisdiction of Management				
中央	Under Central Government	83	3	150371	93954
省、区、市	Under Provinces, Autonomous Regions and Municipalities	2298	574	832897	559261
地、市	Under Prefectures (Cities)	4620	1785	737269	576528
县、市及以下	Under Counties (Cities) and Others	85804	30407	1826261	801021
按性质分	By Accounting Practice				
执行事业会计制度	Adopting Institution Accounting System	19190	11650	2171756	1568673
执行企业会计制度	Adopting Enterprise Accounting System	73613	21120	1375042	462091
按管理部门分	By Management Authority				
文化和旅游部门	Culture and Tourism Departments	18525	11366	2013134	1464775
其他部门	Other Departments	74279	21404	1533664	565990
按剧种分	By Type of Art				
话剧、儿童剧、滑稽剧类	Drama, Children's Play and Comedy Troupes	2230	185	214333	132645
歌舞、音乐类	Song and Dance, Musicals	24844	3522	1215035	634492
京剧、昆曲类	Peking Opera and Kunqu Opera	1293	488	193883	152387
地方戏曲类	Local Operas	32443	20337	880229	710629
杂技、魔术、马戏类	Acrobatics, Magic and Circus	4300	1240	149995	72413
曲艺类	Folk Arts	5459	1349	98753	47709
综合性艺术表演团体	Comprehensive Art Performance	22234	5649	794570	280490

4-3-10 续表 2 continued

项 目	Item	#演出收入 Revenue from Performance	支出合计（万元）Total Expenses (10 000 yuan)	政府采购的公益演出活动 Public Shows under Government Procurement 演出场次（万场次）Number of Performances (10 000 shows)	观众人次（万人次）Number of Audience (10 000 person-times)
总 计	**Total**	**1129901**	**3783618**	**13.7**	**8471.6**
按登记注册类型分	By Status of Registration				
国有	State-owned	225457	1879744	11.3	7144.3
集体	Collective-owned	11914	76088	1.0	556.5
其他	Others	892530	1827786	1.4	770.8
按隶属关系分	By Jurisdiction of Management				
中央	Under Central Government	22457	152900	0.0	18.6
省、区、市	Under Provinces, Autonomous Regions and Municipalities	135665	827835	1.5	847.0
地、市	Under Prefectures (Cities)	85093	755306	3.0	1764.7
县、市及以下	Under Counties (Cities) and Others	886686	2047578	9.2	5841.4
按性质分	By Accounting Practice				
执行事业会计制度	Adopting Institution Accounting System	304580	2191700	13.7	8471.6
执行企业会计制度	Adopting Enterprise Accounting System	825321	1591918		
按管理部门分	By Management Authority				
文化和旅游部门	Culture and Tourism Departments	270431	2038357	13.3	8284.0
其他部门	Other Departments	859470	1745261	0.4	187.6
按剧种分	By Type of Art				
话剧、儿童剧、滑稽剧类	Drama, Children's Play and Comedy Troupes	69522	236898	0.3	137.5
歌舞、音乐类	Song and Dance, Musicals	370239	1289982	3.1	1448.6
京剧、昆曲类	Peking Opera and Kunqu Opera	24178	202149	0.5	237.9
地方戏曲类	Local Operas	244508	973932	7.5	5376.9
杂技、魔术、马戏类	Acrobatics, Magic and Circus	53057	145544	0.4	179.7
曲艺类	Folk Arts	41642	103030	0.3	165.2
综合性艺术表演团体	Comprehensive Art Performance	326755	832083	1.6	925.8

4-3-11 分地区艺术表演团体基本情况(2021年)
Statistics on Art Performance Troupes by Region(2021)

地区	Region	机构数(个) Number of Institutions (unit)	从业人员(人) Number of Employed Persons (person)	#专业技术人员 Professional &Technical Staff	演出场次(万场次) Number of Performances (10 000 shows)	#国内演出 Domestic Performances	#农村 Rural Areas	国内演出观众人次(万人次) Number of Domestic Audience (10 000 person-times)	#农村 Rural Areas
全国	**National Total**	**18370**	**453254**	**192962**	**232.5**	**232.1**	**109.8**	**92803.5**	**32769.4**
中央本级	Central-level	9	3107	2414	0.1	0.1		82.5	2.8
北京	Beijing	495	14737	5487	2.3	2.3	0.8	1185.5	126.4
天津	Tianjin	112	3827	2232	1.0	1.0	0.2	233.5	60.9
河北	Hebei	874	16368	6636	4.3	4.2	2.4	1923.4	1200.0
山西	Shanxi	814	20902	8902	21.3	21.3	4.1	3975.0	1969.5
内蒙古	Inner Mongolia	221	9785	5863	1.9	1.8	1.2	676.8	332.8
辽宁	Liaoning	184	6488	3593	1.3	1.3	0.4	514.7	118.5
吉林	Jilin	114	4142	2985	0.6	0.6	0.3	386.8	161.4
黑龙江	Heilongjiang	97	4598	2937	0.7	0.7	0.3	228.7	87.5
上海	Shanghai	298	10546	5329	2.8	2.8	1.0	1410.9	317.2
江苏	Jiangsu	704	18028	8739	9.9	9.9	3.6	3069.1	1023.3
浙江	Zhejiang	1357	41543	12377	26.5	26.5	6.6	5947.3	2990.9
安徽	Anhui	2870	41314	14015	40.8	40.7	30.2	6119.1	3757.2
福建	Fujian	545	16331	6332	7.5	7.5	4.1	3010.4	1142.6
江西	Jiangxi	395	8217	4012	6.9	6.8	2.8	1406.3	800.4
山东	Shandong	1572	33708	14884	17.9	17.9	8.2	6234.5	2991.0
河南	Henan	2249	51545	18362	22.9	22.9	12.6	11748.0	5942.5
湖北	Hubei	415	11826	5921	3.8	3.8	2.2	2739.8	1021.6
湖南	Hunan	675	20096	8835	9.8	9.8	4.2	6628.3	1308.2
广东	Guangdong	447	12699	5487	8.9	8.9	5.4	4538.5	810.8
广西	Guangxi	72	2210	1452	0.9	0.9	0.5	259.0	101.2
海南	Hainan	127	2593	968	0.9	0.9	0.7	237.7	156.2
重庆	Chongqing	1286	21654	7832	12.4	12.4	6.9	2394.3	856.6
四川	Sichuan	663	13397	6644	4.5	4.5	2.5	14890.5	583.9
贵州	Guizhou	133	5676	2419	1.7	1.7	0.5	1525.5	239.7
云南	Yunnan	312	9170	4801	2.4	2.4	1.1	1405.7	799.5
西藏	Tibet	89	2682	897	0.6	0.6	0.5	327.2	245.3
陕西	Shaanxi	577	17783	8372	7.3	7.3	2.3	4297.7	1395.7
甘肃	Gansu	392	16489	6829	7.2	7.1	2.5	3587.3	1431.9
青海	Qinghai	116	5092	2869	1.5	1.5	0.7	1109.5	366.6
宁夏	Ningxia	43	1584	726	0.4	0.4	0.2	172.6	104.9
新疆	Xinjiang	113	5117	3811	1.6	1.6	1.1	537.4	322.1

4-3-11 续表 1 continued

地 区	Region	收入合计（万元） Total Revenue (10 000 yuan)	#财政拨款 Government Subsidy	#演出收入 Performance Income	支出合计（万元） Total Expenses (10 000 yuan)	#人员支出 Personnel Expenses	资产总计（万元） Total Assets (10 000 yuan)	#固定资产原价 Original Value of Fixed Assets
全 国	**National Total**	**3546798**	**2030764**	**1129901**	**3783618**	**1923694**	**8718921**	**1541855**
中央本级	Central-level	150371	93954	22457	152900	66834	262456	118141
北 京	Beijing	183747	79719	62399	184400	86492	418341	33562
天 津	Tianjin	44661	35249	11176	54564	31433	64255	29273
河 北	Hebei	65000	39957	18731	67824	41040	141785	31862
山 西	Shanxi	94542	46393	39626	102547	51036	177494	31671
内蒙古	Inner Mongolia	103487	96289	4854	108125	64102	233873	127205
辽 宁	Liaoning	69981	44824	19573	79133	32423	149753	36209
吉 林	Jilin	39754	30723	8628	49874	28023	35097	21123
黑龙江	Heilongjiang	80078	52754	2959	87838	46488	146405	41045
上 海	Shanghai	226098	112268	93734	238660	117060	359843	134253
江 苏	Jiangsu	321697	116840	87632	289907	129083	883073	44857
浙 江	Zhejiang	184001	114301	79071	188149	113606	247860	44268
安 徽	Anhui	134091	37560	83782	133793	80674	248213	33933
福 建	Fujian	141048	96475	37675	148600	84498	350722	80052
江 西	Jiangxi	54797	25045	26562	68029	31780	176945	27012
山 东	Shandong	212031	123103	73439	220263	118536	628309	35313
河 南	Henan	165198	73387	65719	164076	90581	330550	39674
湖 北	Hubei	109925	75700	23410	118573	61888	150321	80074
湖 南	Hunan	165436	74709	65596	180165	84691	447243	32812
广 东	Guangdong	176943	106054	49541	204486	88266	712235	115404
广 西	Guangxi	36349	25414	4711	37811	16759	48180	7200
海 南	Hainan	20593	8685	8308	20379	8454	21212	10997
重 庆	Chongqing	130846	34104	58340	141108	57317	994087	25600
四 川	Sichuan	98761	63642	29702	106184	53330	157706	30509
贵 州	Guizhou	60661	13770	30057	59634	20594	317720	29662
云 南	Yunnan	89498	57834	25480	92479	56527	117896	18270
西 藏	Tibet	39018	35569	1060	36267	25322	64645	57277
陕 西	Shaanxi	124975	67357	50827	150239	74543	290680	89418
甘 肃	Gansu	97894	129973	28372	139700	65710	310702	71801
青 海	Qinghai	34895	39918	11852	63237	32666	115181	17968
宁 夏	Ningxia	12976	9094	2647	15452	6832	28564	14932
新 疆	Xinjiang	77446	70102	1981	79226	57106	87575	30477

4-3-11 续表 2 continued

地 区	Region	实际使用房屋建筑面积(万平方米) Floor Space of Buildings Actually Used (10 000 sq.m)	#排练练功用房 Buildings for Rehearsing	流动舞台车演出情况 Performances of Flow Stage Car			政府采购的公益演出活动情况	
				流动舞台车数量(辆) Number of Flow Stage Cars (unit)	演出场次(万场次) Number of Performances (10 000 shows)	观众人次(万人次) Number of Audiences (10 000 person-times)	演出场次(万场次) Number of Performances (10 000 shows)	观众人次(万人次) Number of Audience (10 000 person-times)
全 国	**National Total**	**1279.1**	**109.3**	**1562**	**8.6**	**5811.5**	**13.7**	**8471.6**
中央本级	Central-level	18.6	4.0				0.0	18.6
北 京	Beijing	29.6	1.1	1	0.0	4.7	0.1	29.2
天 津	Tianjin	16.3	1.9	2	0.0	25.5		
河 北	Hebei	32.2	3.8	66	0.4	275.4	0.4	276.3
山 西	Shanxi	37.5	4.4	121	0.4	263.9	1.1	757.7
内蒙古	Inner Mongolia	37.4	5.5	137	0.2	93.1	0.7	306.9
辽 宁	Liaoning	36.4	4.3	10	0.0	3.8	0.1	49.8
吉 林	Jilin	17.1	2.2	57	0.1	54.4	0.1	75.5
黑龙江	Heilongjiang	23.7	3.9	19	0.1	29.3	0.1	36.9
上 海	Shanghai	30.1	2.2				0.1	13.2
江 苏	Jiangsu	69.8	6.3	51	0.5	290.3	0.8	409.3
浙 江	Zhejiang	80.0	3.9	6	0.0	10.7	0.4	211.4
安 徽	Anhui	89.3	2.5	46	0.4	187.8	0.5	195.3
福 建	Fujian	48.7	2.2	31	0.0	20.3	0.4	155.6
江 西	Jiangxi	29.1	1.7	55	0.4	172.5	0.6	239.8
山 东	Shandong	99.2	7.5	101	1.2	940.5	1.4	917.0
河 南	Henan	93.8	5.3	199	2.3	1890.5	2.2	1768.5
湖 北	Hubei	45.3	5.9	99	0.6	402.1	0.9	758.6
湖 南	Hunan	73.9	7.0	114	0.8	527.0	0.8	498.8
广 东	Guangdong	46.2	5.0	13		3.6	0.2	203.4
广 西	Guangxi	7.8	1.5	7	0.0	7.0	0.1	86.9
海 南	Hainan	4.6	0.5	13	0.0	7.0	0.1	66.2
重 庆	Chongqing	46.3	2.9	3	0.0	4.2	0.1	33.1
四 川	Sichuan	36.4	3.1	13	0.0	2.6	0.2	91.1
贵 州	Guizhou	31.4	1.8	21	0.0	45.0	0.1	101.8
云 南	Yunnan	27.3	5.0	63	0.1	91.1	0.2	161.9
西 藏	Tibet	12.0	2.8	59	0.1	33.7	0.1	55.0
陕 西	Shaanxi	56.6	3.9	74	0.3	244.7	0.7	473.9
甘 肃	Gansu	49.6	2.0	57	0.2	91.6	0.4	231.1
青 海	Qinghai	20.7	1.0	10	0.0	0.9	0.0	20.2
宁 夏	Ningxia	7.7	0.6	11	0.1	33.3	0.1	49.7
新 疆	Xinjiang	24.6	3.5	103	0.2	55.1	0.7	179.0

4-3-12 艺术表演场馆基本情况
Statistics on Art Performance Venues

年 份 Year	机构数 (个) Number of Institutions (unit)	从业人员 (人) Number of Employed Persons (person)	座席数 (个) Seating Capacity (unit)	演(映)出场次 (万场次) Number of Performances (10 000 shows)	#艺术演出 Art Performances
2009	1499	28059	1126705	41.9	7.4
2010	1461	25280	1077250	53.8	7.2
2011	1429	26480	1080266	56.2	5.9
2012	1279	25076	945580	57.5	7.2
2013	1344	26036	1027946	82.9	6.6
2014	1338	25709	1187359	78.1	7.0
2015	2143	46734	1786688	106.5	13.7
2016	2285	51296	1689268	119.4	19.1
2017	2455	53765	1796055	142.0	21.2
2018	2478	51478	1920410	126.6	17.9
2019	2716	64507	1818662	128.4	24.5
2020	2770	61957	1878867	58.8	31.7
2021	3093	73827	2533737	107.0	64.3

4-3-12 续表 continued

年 份 Year	观众人次 (万人次) Number of Audience (10 000 person-times)	#艺术演出 Art Performances	收入合计 (万元) Total Revenue (10 000 yuan)	#艺术演出 Art Performances Income
2009	7492.6	3206.7	182863	39558
2010	8992.8	3165.3	177731	38309
2011	6927.0	2685.8	266099	51227
2012	6099.7	2191.7	218223	44454
2013	7776.3	2662.4	426361	82489
2014	6844.4	2598.3	403699	84512
2015	10775.4	2853.6	867630	257173
2016	12883.6	3098.1	964563	273060
2017	13453.8	3234.2	1243006	432754
2018	14092.8	5861.7	1324795	374392
2019	12561.1	6785.2	1772329	559160
2020	6064.7	4077.0	1308654	384826
2021	11209.2	8350.7	2044599	722910

4-3-13 全国艺术表演场馆基本情况(2021年)
Statistics on Art Performance Venues (2021)

项　目	Item	机构数(个) Number of Institutions (unit)	从业人员(人) Number of Employed Persons (person)	座席数(个) Seating Capacity (unit)	演(映)出场次(万场次) Number of Performances (10 000 shows)
总　计	**Total**	**3093**	**73827**	**2533737**	**107.0**
按登记注册类型分	By Status of Registration				
国 有	State-owned	1043	18683	762147	36.6
集 体	Collective-owned	20	159	10764	0.3
其 他	Others	2030	54985	1760826	70.1
按性质分	By Accounting Practice				
执行事业会计制度	Adopting Institution Accounting System	1176	24008	920611	46.1
执行企业会计制度	Adopting Enterprise Accounting System	1917	49819	1613126	60.9
按机构类型分	By Type of Venues				
剧场	Theaters	1052	33931	975714	15.9
影剧院	Music Halls and Cinemas	633	10189	448219	72.9
书场、曲艺场	Storytelling, Recitation and Ballad Venues	59	974	7296	1.3
杂技、马戏场	Acrobatics and Circus Halls	15	891	21050	0.5
音乐厅	Concert Halls	125	3223	59996	2.1
综合性	General Performance Theaters	279	11684	555702	7.3
其他艺术表演场馆	Others	930	12935	465760	7.1
按隶属关系分	By Jurisdiction of Management				
中央	Under Central Government	7	176	5942	0.1
省、区、市	Under Provinces, Autonomous Regions and Municipalities	121	4247	131720	5.5
地、市	Under Prefectures (Cities)	328	9474	227945	21.3
县、市及以下	Under Counties (Cities) and Others	2637	59930	2168130	80.2

4-3-13 续表 1 continued

项 目	Item	#艺术演出 Art Performances	观众人次(万人次) Number of Audience (10 000 person-times)	#艺术演出 Art Performances	收入合计(万元) Total Income (10 000 yuan)
总 计	**Total**	**64.3**	**11209**	**8351**	**2044599**
按登记注册类型分	By Status of Registration				
国 有	State-owned	6.0	2853	1578	420444
集 体	Collective-owned	0.2	21	14	3925
其 他	Others	58.1	8335	6759	1620229
按性质分	By Accounting Practice				
执行事业会计制度	Adopting Institution Accounting System	7.1	3624	2067	592963
执行企业会计制度	Adopting Enterprise Accounting System	57.2	7585	6284	1451636
按机构类型分	By Type of Venues				
剧场	Theaters	10.5	5898	4826	1085329
影剧院	Music Halls and Cinemas	40.5	2195	1217	248386
书场、曲艺场	Storytelling, Recitation and Ballad Venues	0.9	82	71	11140
杂技、马戏场	Acrobatics and Circus Halls	0.5	150	131	28139
音乐厅	Concert Halls	1.6	409	244	73527
综合性	General Performance Theaters	4.3	1420	1100	365991
其他艺术表演场馆	Others	6.0	1056	763	232088
按隶属关系分	By Jurisdiction of Management				
中央	Under Central Government	0.1	39	34	5471
省、区、市	Under Provinces, Autonomous Regions and Municipalities	1.3	856	599	154146
地、市	Under Prefectures (Cities)	3.6	982	545	245684
县、市及以下	Under Counties (Cities) and Others	59.3	9332	7173	1639298

4-3-13 续表 2 continued

项 目	Item	#财政拨款 Government Budget	#演出收入 Performance Income	支出合计(万元) Expenses (10 000 yuan)
总 计	**Total**	**373542**	**722910**	**1977225**
按登记注册类型分	By Status of Registration			
国 有	State-owned	151717	69804	432207
集 体	Collective-owned	1965	842	3810
其 他	Others	219860	652263	1541208
按性质分	By Accounting Practice			
执行事业会计制度	Adopting Institution Accounting System	208617	129184	600048
执行企业会计制度	Adopting Enterprise Accounting System	164925	593726	1377177
按机构类型分	By Type of Venues			
剧场	Theaters	242151	447330	1049041
影剧院	Music Halls and Cinemas	56699	60761	248293
书场、曲艺场	Storytelling, Recitation and Ballad Venues	63	9407	8844
杂技、马戏场	Acrobatics and Circus Halls	527	11727	33072
音乐厅	Concert Halls	17678	30077	68807
综合性	General Performance Theaters	46691	81059	352929
其他艺术表演场馆	Others	9733	82548	216239
按隶属关系分	By Jurisdiction of Management			
中央	Under Central Government	59	3427	5235
省、区、市	Under Provinces, Autonomous Regions and Municipalities	49990	42160	144055
地、市	Under Prefectures (Cities)	81171	36612	248485
县、市及以下	Under Counties (Cities) and Others	242321	640711	1579450

4-3-14 分地区艺术表演场馆基本情况(2021年)
Statistics on Art Performance Venues of Culture System by Region(2021)

地 区	Region	机构数(个) Number of Institutions (unit)	从业人员(人) Number of Employed Persons (person)	#专业技术人员 Professional &Technical Staff	座席数(个) Seating Capacity (unit)	演(映)出场次合计(万场次) Number of Performances (10 000 shows)	#艺术演出 Art Performances
全 国	**National Total**	**3093**	**73827**	**18603**	**2533737**	**107.0**	**64.3**
中央本级	Central-level	7	176	22	5942	0.1	0.1
北 京	Beijing	64	2068	661	42215	3.0	2.3
天 津	Tianjin	114	2485	691	67367	2.4	1.4
河 北	Hebei	128	1943	570	60460	4.3	0.3
山 西	Shanxi	172	2597	681	79050	9.6	3.1
内蒙古	Inner Mongolia	36	738	217	26569	0.7	0.1
辽 宁	Liaoning	85	2815	624	53196	2.6	2.4
吉 林	Jilin	104	934	254	39413	2.2	0.6
黑龙江	Heilongjiang	62	1033	485	31511	0.3	0.3
上 海	Shanghai	83	3807	1009	165224	2.0	1.6
江 苏	Jiangsu	329	8179	1612	315152	13.6	2.4
浙 江	Zhejiang	273	8391	1722	425396	9.8	5.6
安 徽	Anhui	106	1600	537	51512	0.7	0.4
福 建	Fujian	72	2926	843	80252	3.8	0.9
江 西	Jiangxi	82	1092	489	45092	10.9	9.1
山 东	Shandong	198	4071	948	188600	11.6	9.2
河 南	Henan	222	4859	621	165487	1.7	1.5
湖 北	Hubei	70	1831	730	64248	1.8	1.6
湖 南	Hunan	122	3552	1315	120820	5.9	5.6
广 东	Guangdong	136	5971	1097	139697	1.8	1.0
广 西	Guangxi	34	901	215	13582	0.3	0.3
海 南	Hainan	44	865	132	22595	1.6	1.4
重 庆	Chongqing	62	1763	483	101888	0.7	0.6
四 川	Sichuan	159	2960	833	88403	3.9	3.6
贵 州	Guizhou	23	664	284	7949	1.7	1.6
云 南	Yunnan	50	2399	473	35942	0.8	0.8
西 藏	Tibet	27	121	19	3302	0.1	0.1
陕 西	Shaanxi	102	1106	419	45609	2.6	1.4
甘 肃	Gansu	55	1207	355	24089	0.9	0.6
青 海	Qinghai	44	359	83	8851	5.0	4.6
宁 夏	Ningxia	6	86	21	3384	0.1	0.1
新 疆	Xinjiang	22	328	158	10940	0.8	0.1

4-3-14 续表 1 continued

地 区	Region	观众人次合计(万人次) Number of Audience (10 000 person-times)	#艺术演出观众人次 Art Performances	收入合计(万元) Total Revenue (10 000 yuan)	#财政拨款 Government Budget	#演出收入 Performance Income	支出合计(万元) Total Expenses (10 000 yuan)
全 国	**National Total**	**11209.2**	**8350.7**	**2044599**	**373542**	**722910**	**1977225**
中央本级	Central-level	39.2	34.0	5471	59	3427	5235
北 京	Beijing	320.3	228.7	73014	3090	46805	73202
天 津	Tianjin	300.5	174.7	67636	3502	9330	67015
河 北	Hebei	190.3	96.1	29504	10856	4987	32598
山 西	Shanxi	335.7	173.6	37834	6736	12828	35057
内蒙古	Inner Mongolia	94.2	50.9	10478	3582	3118	8287
辽 宁	Liaoning	382.7	315.1	78041	12459	20722	78565
吉 林	Jilin	74.5	36.3	15068	5426	2000	11225
黑龙江	Heilongjiang	50.2	43.5	17145	7972	2840	19149
上 海	Shanghai	802.2	720.9	250110	35564	91523	225003
江 苏	Jiangsu	994.9	565.8	249661	76102	49478	249538
浙 江	Zhejiang	1449.9	1232.7	294270	40139	122782	258563
安 徽	Anhui	169.4	113.8	25623	9282	6256	23195
福 建	Fujian	296.8	174.9	60009	11162	22141	67007
江 西	Jiangxi	574.6	447.9	31115	16141	9902	21666
山 东	Shandong	541.6	404.4	102313	37284	31489	101469
河 南	Henan	466.5	357.7	71872	9908	23356	60715
湖 北	Hubei	249.4	165.3	42101	7382	17369	49122
湖 南	Hunan	1177.7	885.1	96879	14967	23219	111601
广 东	Guangdong	660.9	470.6	270663	36402	120273	251031
广 西	Guangxi	250.0	240.1	19241	1459	11288	23341
海 南	Hainan	352.5	319.9	36668	1540	26638	33544
重 庆	Chongqing	130.5	105.9	29216	3642	11563	29397
四 川	Sichuan	372.7	312.8	58621	4544	20462	58712
贵 州	Guizhou	69.4	34.2	5555	1267	2129	6557
云 南	Yunnan	450.4	436.0	29307	1088	16197	32760
西 藏	Tibet	4.5	3.8	867	18	390	639
陕 西	Shaanxi	138.6	75.4	16006	6614	4715	16369
甘 肃	Gansu	103.4	83.2	13431	1285	5142	18407
青 海	Qinghai	98.7	32.9	911	98	406	948
宁 夏	Ningxia	8.8	7.7	379	334	1	385
新 疆	Xinjiang	58.4	6.9	5592	3639	138	6924

4-3-14 续表 2 continued

地 区	Region	#人员支出 Personnel Expenses	资产总计(万元) Total Assets (10 000 yuan)	#固定资产原价 Original Value of Fixed Assets	实际使用房屋建筑面积(万平方米) Floor Space of Buildings Actually Used (10 000 sq.m)	#演(映)业务用房 Buildings for Performances
全 国	**National Total**	**544138**	**10139397**	**1369687**	**2270.7**	**931.8**
中央本级	Central-level	1876	4842	1321	8.3	5.8
北 京	Beijing	19272	184586	10383	28.8	15.6
天 津	Tianjin	16796	626667	4198	50.4	20.3
河 北	Hebei	10251	120728	49577	65.1	30.4
山 西	Shanxi	14698	124296	64784	58.7	21.7
内蒙古	Inner Mongolia	2915	66829	3233	37.3	17.9
辽 宁	Liaoning	17424	480935	7062	75.0	24.4
吉 林	Jilin	6168	59685	6465	20.7	11.5
黑龙江	Heilongjiang	5985	56972	4907	29.1	11.4
上 海	Shanghai	54601	758459	99611	144.8	70.7
江 苏	Jiangsu	70339	1107096	327581	349.6	155.2
浙 江	Zhejiang	64644	1296065	173209	247.8	105.5
安 徽	Anhui	8267	235174	30898	42.9	18.3
福 建	Fujian	20522	438670	14901	91.8	32.7
江 西	Jiangxi	9444	156641	22133	39.3	20.6
山 东	Shandong	28301	550911	115605	167.2	84.3
河 南	Henan	19287	358574	44241	194.0	37.9
湖 北	Hubei	15049	126882	33648	46.1	22.6
湖 南	Hunan	29539	839921	89147	105.4	47.0
广 东	Guangdong	60753	1105329	137419	162.7	59.2
广 西	Guangxi	2777	124625	1960	9.9	3.1
海 南	Hainan	9257	269916	3822	23.4	13.7
重 庆	Chongqing	9233	131079	3854	58.0	20.5
四 川	Sichuan	15283	432355	14836	107.2	34.6
贵 州	Guizhou	3125	56448	1095	12.0	3.8
云 南	Yunnan	11067	246512	22645	28.5	11.7
西 藏	Tibet	411	3747	106	2.8	0.6
陕 西	Shaanxi	6441	69782	44599	31.1	16.5
甘 肃	Gansu	6364	72542	17659	20.4	7.9
青 海	Qinghai	478	12305	11056	4.4	2.7
宁 夏	Ningxia	257	725	265	0.4	0.3
新 疆	Xinjiang	3317	20101	7471	7.9	3.4

4-3-15 文物业基本情况（2021年）
Statistics on Cultural Relics (2021)

项目	Item	机构（个） Number of Institutions (unit)	从业人员（人） Number of Employed Persons (person)	本年收入合计（万元） Total Revenue in the Year (10 000 yuan)	本年支出合计（万元） Total Expenditure in the Year (10 000 yuan)	资产总计（万元） Total Assets (10 000 yuan)	实际使用房屋建筑面积（万平方米） Floor Space of Buildings Actually in Use (10 000 sq.m)
总　计	**Total**	**10545**	**181492**	**8046537**	**9431199**	**60426740**	**4742**
按单位性质分	By Nature of Units						
文物科研机构	Scientific Research Institutes	132	5970	488560	463919	645459	45
文物保护管理机构	Preservation and Management Agencies	2257	30212	964873	1005672	2090164	1109
博物馆	Museums	5772	125704	3996501	4612286	51646572	3444
其他文物机构	Other Agencies	2384	19606	2596603	3349322	6044545	145
按隶属关系分	By Jurisdiction of Management						
中　央	Central Level	12	3758	261474	263790	678330	55
省、区、市	Provincial Level	311	21765	1310281	1215542	4233129	358
地、市	Prefecture Level	1782	53061	2270321	2455558	20487093	1078
县、市	County or City Level	8440	102908	4204462	5496308	35028188	3251
按管理部门分	By Department of Management						
文物部门	Cultural Relics Department	8302	148484	7152480	8246933	39439162	3705
其他部门	Other Departments	2243	33008	894057	1184265	20987578	1037

4-3-15 续表 continued

项目	Item	藏品（件/套） Collections (piece/set)	#一级品 Grade I Collection	本年从有关部门接收文物数(件/套) Accepted Relics from Other Departments in the Year (piece/set)	本年藏品征集数（件/套） Collection of Cultural Relics (piece/set)	举办陈列展览（个） Exhibition & Displays (unit)	参观人次（万人次） Visitors (10 000 person-times)
总　计	**Total**	**55804468**	**99557**	**85848**	**520053**	**33205**	**84591**
按单位性质分	By Nature of Units						
文物科研机构	Scientific Research Institutes	1639465	1658	1341		54	325
文物保护管理机构	Preservation and Management Agencies	1483468	6863	1910	29353	1220	9415
博物馆	Museums	46648282	85960	81461	411340	31931	74850
其他文物机构	Other Agencies	6033253	5076	1136	79360		
按隶属关系分	By Jurisdiction of Management						
中　央	Central Level	3422992	14963	19	12208	170	1095
省、区、市	Provincial Level	16736725	38761	6198	171996	1385	6662
地、市	Prefecture Level	10562711	17562	61294	95280	8289	26635
县、市	County or City Level	25082040	28271	18337	240569	23361	50199
按管理部门分	By Department of Management						
文物部门	Cultural Relics Department	41929432	94497	84028	403138	23491	68161
其他部门	Other Departments	13875036	5060	1820	116915	9714	16430

4-3-16 博物馆基本情况
Statistics on Museums

年 份 Year	机构数 (个) Number of Institutions (unit)	从业人员 (人) Number of Employed Persons (person)	藏品数 (件/套) Number of Collections (piece/set)	基本陈列展览 (个) Regular Exhibitions (unit)
2009	2252	59919	15711150	14057
2010	2435	57431	17552482	26704
2011	2650	62181	19023423	16921
2012	3069	71748	23180726	20115
2013	3473	79075	27191601	16822
2014	3658	83970	29299673	19565
2015	3852	89133	30441422	21154
2016	4109	93431	33293561	23109
2017	4721	105079	36623080	24611
2018	4918	107506	37540740	26346
2019	5132	107993	39548334	28701
2020	5452	118913	43190898	27719
2021	5772	125704	46648282	31931

4-3-16 续表 continued

年 份 Year	参观人次 (万人次) Visitors (10 000 person-times)	实际使用房屋建筑面积 (万平方米) Floor Space of Buildings Actually Used (10 000 sq.m)	收入合计 (万元) Total Revenue (10 000 yuan)	支出合计 (万元) Total Expenditure (10 000 yuan)
2009	32716	967	765924	700720
2010	40679	1088	961176	878727
2011	47051	1179	1205789	1171131
2012	56401	1471	1492024	1424802
2013	63777	1700	1755739	1706897
2014	71774	1933	1955512	1874197
2015	78112	2034	2169987	2167639
2016	85061	2185	2348521	2286951
2017	97172	2668	3255558	3306813
2018	104404	2791	3043180	3084586
2019	112225	2959	3376342	3391845
2020	52652	3189	3269706	3227243
2021	74850	3445	3996501	4612286

4-3-17 分地区博物馆基本情况(2021年)
Basic Statistics on Museums by Region(2021)

地 区	Region	机构数(个) Number of Institutions (unit)	从业人员(人) Number of Employed Persons (person)	#专业技术人员 Professional &Technical Staff	藏品数(件/套) Number of Collections (piece/set)	基本陈列、展览(个) Regular Exhibitions (unit)
全 国	**National Total**	**5772**	**125704**	**41257**	**46648282**	**31931**
中央本级	Central-level	5	3053	1756	3418340	170
北 京	Beijing	79	4657	1145	2507722	418
天 津	Tianjin	69	1567	702	762720	430
河 北	Hebei	172	4469	1349	430874	900
山 西	Shanxi	182	4620	1315	1635012	566
内蒙古	Inner Mongolia	168	2978	1093	1253740	622
辽 宁	Liaoning	65	2465	967	538510	410
吉 林	Jilin	105	2050	835	854346	591
黑龙江	Heilongjiang	177	2872	1063	987239	823
上 海	Shanghai	116	4178	1967	3407545	736
江 苏	Jiangsu	366	7990	2712	1970348	2141
浙 江	Zhejiang	425	6766	2143	1572122	2792
安 徽	Anhui	223	3472	1185	925034	1302
福 建	Fujian	140	2824	1018	748831	1193
江 西	Jiangxi	189	4164	1263	725931	1256
山 东	Shandong	629	10114	3380	4712435	4125
河 南	Henan	367	7837	2198	1257209	1553
湖 北	Hubei	227	4664	1851	2190909	1289
湖 南	Hunan	162	4100	1138	698711	769
广 东	Guangdong	339	6545	2384	2544257	2360
广 西	Guangxi	169	2839	1032	411996	671
海 南	Hainan	39	685	240	178695	210
重 庆	Chongqing	111	3258	858	725555	707
四 川	Sichuan	267	6879	1755	4657256	1326
贵 州	Guizhou	97	1879	459	213868	369
云 南	Yunnan	165	2119	1042	1594615	1003
西 藏	Tibet	13	284	102	76533	51
陕 西	Shaanxi	312	8511	2103	4387060	1276
甘 肃	Gansu	228	5303	1413	589624	1246
青 海	Qinghai	24	470	156	74966	90
宁 夏	Ningxia	64	885	264	373387	247
新 疆	Xinjiang	78	1207	369	222892	289

4-3-17 续表 1 continued

地 区	Region	参观人次(万人次) Visitors (10 000 person-times)	门票销售总额(万元) Revenue from Entrance Tickets (10 000 yuan)	收入合计(万元) Total Revenue (10 000 yuan)	支出合计(万元) Total Expenses (10 000 yuan)	资产总计(万元) Total Assets (10 000 yuan)
全 国	**National Total**	**74850**	**297114**	**3996501**	**4612286**	**51646572**
中央本级	Central-level	1095	35882	198706	203491	515976
北 京	Beijing	1106	8269	188608	180640	726621
天 津	Tianjin	1130	2203	62787	123637	351751
河 北	Hebei	1728	1100	64673	79464	280056
山 西	Shanxi	1545	9157	74499	81778	473458
内蒙古	Inner Mongolia	963	136	62409	96686	488085
辽 宁	Liaoning	1210	5961	387623	393706	571574
吉 林	Jilin	580	2530	39905	39256	121174
黑龙江	Heilongjiang	1088	29	72542	74286	314502
上 海	Shanghai	2004	20448	303352	291057	1652342
江 苏	Jiangsu	6330	10770	270221	297462	26045425
浙 江	Zhejiang	4070	54599	224266	271832	2471894
安 徽	Anhui	1962	126	64273	68133	293535
福 建	Fujian	1779	392	62836	71871	211410
江 西	Jiangxi	4354	3644	102952	100034	201190
山 东	Shandong	4956	7264	157295	224538	1187741
河 南	Henan	5082	12718	134812	148558	627681
湖 北	Hubei	3052	2044	115496	129934	1057893
湖 南	Hunan	5776	1807	257012	232684	2203462
广 东	Guangdong	3849	5502	340425	437803	1857530
广 西	Guangxi	2517	279	57803	125582	333601
海 南	Hainan	269	140	16491	18260	169188
重 庆	Chongqing	2508	8177	102548	108702	281371
四 川	Sichuan	6068	29756	140985	153496	761204
贵 州	Guizhou	2064	460	51457	186896	406755
云 南	Yunnan	1176	151	33618	35607	4966002
西 藏	Tibet	49		27608	29458	64518
陕 西	Shaanxi	2782	40576	180548	219598	1810350
甘 肃	Gansu	2600	29256	131212	117634	889973
青 海	Qinghai	99		19541	19933	140487
宁 夏	Ningxia	494	3739	15287	16421	83773
新 疆	Xinjiang	567		34715	33848	86053

4-3-17 续表 2 continued

地 区	Region	#固定资产净值 Net Value of Fixed Assets	实际使用房屋建筑面积（万平方米） Floor Space of Buildings Actually Used (10 000 sq.m)	#展览用房 Buildings for Exhibitions	#库房 Storeroom
全 国	**National Total**	**22670984**	**3444.60**	**1572.66**	**251.43**
中央本级	Central-level	238020	52.21	10.90	6.59
北 京	Beijing	383535	95.64	40.15	6.12
天 津	Tianjin	219857	42.87	18.75	3.40
河 北	Hebei	216664	96.42	53.56	6.33
山 西	Shanxi	187159	134.60	41.91	6.95
内蒙古	Inner Mongolia	431647	107.70	59.02	6.60
辽 宁	Liaoning	287804	70.44	30.73	6.26
吉 林	Jilin	81524	48.39	26.69	4.12
黑龙江	Heilongjiang	197389	70.16	48.72	4.51
上 海	Shanghai	742989	89.49	41.81	6.64
江 苏	Jiangsu	10155164	296.83	126.47	15.21
浙 江	Zhejiang	802831	203.69	99.48	15.84
安 徽	Anhui	206464	104.37	50.33	7.83
福 建	Fujian	137734	86.82	37.15	6.07
江 西	Jiangxi	81268	105.46	54.29	8.90
山 东	Shandong	819756	324.73	161.26	30.51
河 南	Henan	284484	157.69	80.76	15.60
湖 北	Hubei	926160	297.83	96.62	13.08
湖 南	Hunan	1739775	98.50	43.10	8.20
广 东	Guangdong	1373758	187.92	77.22	12.36
广 西	Guangxi	190007	72.10	34.69	4.74
海 南	Hainan	145980	20.68	9.32	2.15
重 庆	Chongqing	118996	78.31	39.80	5.89
四 川	Sichuan	416692	159.37	79.32	11.89
贵 州	Guizhou	264121	42.79	21.29	3.74
云 南	Yunnan	171140	66.19	31.98	6.03
西 藏	Tibet	1390	9.96	2.67	0.16
陕 西	Shaanxi	1457876	148.53	65.05	12.71
甘 肃	Gansu	274163	93.63	45.16	8.25
青 海	Qinghai	28976	12.10	5.52	0.86
宁 夏	Ningxia	58378	29.61	18.03	1.82
新 疆	Xinjiang	29283	39.57	20.91	2.07

4-3-18 文物保护管理机构基本情况
Statistics on Agencies of Cultural Relics Preservation

年份 Year	机构数（个） Number of Institutions (unit)	从业人员（人） Number of Employed Persons (person)	藏品数（件/套） Number of Collections (piece/set)	基本陈列、展览（个） Displays and Exhibitions (unit)	参观人次（万人次） Visitors (10 000 person-times)	收入合计（万元） Total Revenue (10 000 yuan)	支出合计（万元） Total Expenses (10 000 yuan)
2009	2263	28629	1958904	2449	9205	308949	290560
2010	2436	30171	2149366	3419	11198	365904	330748
2011	2735	33035	2251805	2243	9442	463609	419425
2012	2705	34854	1767573	2128	10433	535779	459988
2013	2809	35334	1906829	1181	10711	819557	705411
2014	3280	37843	2092332	1566	12182	757303	689769
2015	3307	32030	2073474	1466	14001	875460	790247
2016	3318	33407	2521238	1463	15798	995357	835664
2017	3518	33400	2473352	1394	17304	989813	956362
2018	3550	32400	2430379	1452	17616	1031941	946661
2019	3518	30689	1659712	1973	19136	989519	926514
2020	3373	31959	1687721	1182	8741	940898	965692
2021	2257	30212	882221	1220	9415	964873	1005672

4-3-19 文物科研机构基本情况
Statistics on Scientific and Research Agencies of Cultural Relics

年份 Year	机构数（个） Number of Institutions (unit)	从业人员（人） Number of Employed Persons (person)	藏品数（件/套） Number of Collections (piece/set)	实际使用房屋建筑面积（万平方米） Floor Space of Buildings Actually Used (10 000 sq.m)	收入合计（万元） Total Revenue (10 000 yuan)	支出合计（万元） Total Expenses (10 000 yuan)
2009	104	3799	929189	30	88210	86062
2010	108	3846	870223	28	120767	110215
2011	107	4078	822390	62	139450	135304
2012	114	4917	1208701	101	182418	158831
2013	115	5243	1594975	96	208924	170898
2014	118	7314	1459852	102	243812	207016
2015	122	5217	1177485	145	255849	236374
2016	122	4763	1187938	84	292464	245058
2017	121	3995	1230188	79	288858	234975
2018	122	4133	1315659	81	333070	312846
2019	126	4313	1522789	86	389495	368953
2020	128	5123	1649403	45	403405	396299
2021	132	5970	1048893	45	488560	463919

4-3-20 分地区文物保护管理机构基本情况(2021年)
Statistics on Agencies of Cultural Relics Preservation by Region(2021)

地区	Region	机构数(个) Number of Institutions (unit)	从业人员(人) Number of Employed Persons (person)	#专业技术人员 Professional &Technical Staff	藏品数(件/套) Number of Collections (piece/set)	基本陈列、展览(个) Regular Exhibitions (unit)
全 国	**National Total**	**2257**	**30212**	**8998**	**882221**	**1220**
北 京	Beijing	27	968	164	11233	30
天 津	Tianjin	7	105	67	44	1
河 北	Hebei	155	3493	747	93135	37
山 西	Shanxi	82	1452	445	60616	20
内蒙古	Inner Mongolia	83	638	383	38311	26
辽 宁	Liaoning	61	1253	336	20716	62
吉 林	Jilin	52	287	185	9170	15
黑龙江	Heilongjiang	54	186	122	8810	22
上 海	Shanghai	5	98	67		8
江 苏	Jiangsu	47	426	156	7307	42
浙 江	Zhejiang	86	2894	924	84089	187
安 徽	Anhui	79	400	238	15491	20
福 建	Fujian	55	343	152	105	17
江 西	Jiangxi	63	446	124	29981	146
山 东	Shandong	85	2675	1011	46740	38
河 南	Henan	126	2186	467	73740	11
湖 北	Hubei	41	671	247	9002	31
湖 南	Hunan	39	586	88	7636	28
广 东	Guangdong	26	313	74	8603	65
广 西	Guangxi	70	392	209	23910	52
海 南	Hainan	12	207	45	552	24
重 庆	Chongqing	38	196	101	29217	8
四 川	Sichuan	174	2073	577	116772	52
贵 州	Guizhou	64	424	195	5129	24
云 南	Yunnan	136	896	631	42709	90
西 藏	Tibet	228	1053	65	33939	
陕 西	Shaanxi	183	3803	751	65345	94
甘 肃	Gansu	54	809	246	1273	
青 海	Qinghai	28	82	21	11227	13
宁 夏	Ningxia	22	292	122	23541	14
新 疆	Xinjiang	75	565	38	3878	43

4-3-20 续表 1 continued

地 区	Region	参观人次(万人次) Visitors (10 000 person-times)	门票销售总额(万元) Sales of Admission Tickets (10 000 yuan)	收入合计(万元) Total Revenue (10 000 yuan)	#财政拨款 Government Subsidy	支出合计(万元) Total Expenses (10 000 yuan)
全 国	**National Total**	**9415.1**	**210374**	**964873**	**783126**	**1005672**
北 京	Beijing	565.4	16328	79713	58984	78913
天 津	Tianjin	0.0		4889	4292	5915
河 北	Hebei	480.9	21495	58279	50034	67746
山 西	Shanxi	480.7	5935	82888	59337	66852
内蒙古	Inner Mongolia	20.9		14243	13640	18864
辽 宁	Liaoning	151.1	1795	16811	14215	20534
吉 林	Jilin	8.6		4721	4013	5602.3
黑龙江	Heilongjiang	9.7	5	2698	2698	2784
上 海	Shanghai	21.1		14149	6432	7691
江 苏	Jiangsu	88.3	360	26706	23168	27806
浙 江	Zhejiang	1375.8	23024	128332	84136	127857
安 徽	Anhui	100.5	910	18635	14866	18326
福 建	Fujian	357.4	756	12728	8812	13019
江 西	Jiangxi	415.1	95	11462	9607	12634
山 东	Shandong	532.4	40767	81525	79265	99878
河 南	Henan	907.8	15845	35357	27577	37643
湖 北	Hubei	610.1	53310	15785	9761	15160
湖 南	Hunan	512.9	962	15944	13579	17697
广 东	Guangdong	187.7	1912	9598	7378	9209.4
广 西	Guangxi	115.2		21776	21364	17135
海 南	Hainan	88.3	532	2712	1906	2382
重 庆	Chongqing	20.7	4	5775	5775	9155
四 川	Sichuan	451.3	13832	111685	107891	129217
贵 州	Guizhou	156.7	846	9233	8751	6375
云 南	Yunnan	323.0	538	23069	20407	24911
西 藏	Tibet	32.0	824	26982	12958	24075
陕 西	Shaanxi	1147.4	6330	76120	65560	80707
甘 肃	Gansu	122.6	1967	14801	13150	14660
青 海	Qinghai	5.9		6129	5980	5235
宁 夏	Ningxia	78.9	1940	8444	6394	9742
新 疆	Xinjiang	46.9	62	23686	21195	27949

4-3-20 续表 2 continued

地 区	Region	资产总计(万元) Total Assets (10 000 yuan)	#固定资产净值 Net Value of Fixed Assets	实际使用房屋建筑面积(万平方米) Floor Space of Buildings Actually Used (10 000 sq.m)	#展览用房 Buildings for Exhibitions	#文物库房 Storeroom
全 国	**National Total**	**2090164**	**817859**	**1109.56**	**109.05**	**16.03**
北 京	Beijing	107558	23464	7.69	1.36	0.15
天 津	Tianjin	8004	2661	0.35		
河 北	Hebei	97294	49757	15.22	6.19	1.10
山 西	Shanxi	82945	40835	10.69	2.42	0.62
内蒙古	Inner Mongolia	46443	18464	5.28	2.41	0.28
辽 宁	Liaoning	23343	9595	11.45	2.01	0.42
吉 林	Jilin	2510	1281	1.55	0.59	0.21
黑龙江	Heilongjiang	3385	2242	1.68	0.81	0.11
上 海	Shanghai	10979	2708	0.97	0.82	
江 苏	Jiangsu	20159	4812	7.21	3.47	0.23
浙 江	Zhejiang	658039	238173	53.61	29.89	0.51
安 徽	Anhui	23692	5937	3.92	1.09	0.39
福 建	Fujian	12104	1256	2.93	0.89	0.04
江 西	Jiangxi	5711	1747	10.37	5.60	0.46
山 东	Shandong	111787	20996	12.85	6.19	0.37
河 南	Henan	171804	26797	16.34	4.99	1.62
湖 北	Hubei	28771	17729	5.17	1.98	0.20
湖 南	Hunan	104790	37808	7.26	2.78	0.64
广 东	Guangdong	10439	3212	7.37	3.12	0.08
广 西	Guangxi	18230	2774	4.58	2.29	0.31
海 南	Hainan	6181	5500	1.76	0.76	0.01
重 庆	Chongqing	5446	641	3.15	1.29	0.78
四 川	Sichuan	125160	55796	22.32	2.98	1.76
贵 州	Guizhou	6350	3631	4.53	1.74	0.21
云 南	Yunnan	39219	22723	22.73	4.84	0.59
西 藏	Tibet	10395	3752	824.81	2.11	3.46
陕 西	Shaanxi	222131	117012	28.10	8.27	0.88
甘 肃	Gansu	22994	14831	4.69	1.61	0.22
青 海	Qinghai	6772	5370	1.30	0.74	0.07
宁 夏	Ningxia	74251	59808	4.20	1.92	0.19
新 疆	Xinjiang	23279	16548	5.48	3.89	0.12

4-3-21 分地区文物科研机构基本情况(2021年)

Statistics on Scientific and Research Agencies of Cultural Relics by Region(2021)

地区	Region	机构数(个) Number of Institutions (unit)	从业人员(人) Number of Employed Persons (person)	#专业技术人员 Professional &Technical Staff	藏品数(件/套) Number of Collections (piece/set)	基本陈列、展览(个) Regular Exhibitions (unit)
全国	**National Total**	**132**	**5970**	**2955**	**1048893**	**54**
北京	Beijing	2	131	70	30203	
天津	Tianjin					
河北	Hebei	9	409	168	48740	1
山西	Shanxi	14	658	342	85034	25
内蒙古	Inner Mongolia	2	106	53	16886	
辽宁	Liaoning	4	79	24	23543	
吉林	Jilin	3	75	54	8200	
黑龙江	Heilongjiang	3	61	43	3165	
上海	Shanghai					
江苏	Jiangsu	5	149	85	26707	1
浙江	Zhejiang	4	259	115		
安徽	Anhui	1	53	39		
福建	Fujian	2	13	11		
江西	Jiangxi	2	95	55	8840	
山东	Shandong	10	310	174	46739	3
河南	Henan	17	926	398	502276	12
湖北	Hubei	3	133	108		
湖南	Hunan	8	220	98	9870	1
广东	Guangdong	4	170	126	65838	1
广西	Guangxi	3	67	60	11323	1
海南	Hainan					
重庆	Chongqing	1	156	50	21544	1
四川	Sichuan	8	242	98	38720	4
贵州	Guizhou	2	42	18	3895	
云南	Yunnan	2	58	7		
西藏	Tibet	1	33	23		
陕西	Shaanxi	11	788	324	61723	
甘肃	Gansu	4	304	142	18633	3
青海	Qinghai	1	47	37		
宁夏	Ningxia	3	58	49	4804	
新疆	Xinjiang	2	169	84	12210	1

注：全国合计数包括中央本级机构。

a) Data of national total institutions include one central-level institution.

4-3-21 续表 1 continued

地 区	Region	参观人次(万人次) Visitors (10 000 person-times)	门票销售总额(万元) Sales of Admission Tickets (10 000 yuan)	收入合计(万元) Total Revenue (10 000 yuan)	支出合计(万元) Total Expenses (10 000 yuan)
全 国	**National Total**	**325.1**	**9506**	**488560**	**463919**
北 京	Beijing			37981	34957
天 津	Tianjin				
河 北	Hebei	0.1		15386	13740
山 西	Shanxi	154.1	7381	36211	37483
内蒙古	Inner Mongolia			2989	4266
辽 宁	Liaoning	0.0		5675	6123
吉 林	Jilin			3500	4247
黑龙江	Heilongjiang			2059	2366
上 海	Shanghai				
江 苏	Jiangsu	17.0		30016	30119
浙 江	Zhejiang			25979	20421
安 徽	Anhui			9814	7151
福 建	Fujian			733	439
江 西	Jiangxi	0.1		5267	6867
山 东	Shandong	51.5		30253	24308
河 南	Henan	6.8	40	68066	64164
湖 北	Hubei			12279	10387
湖 南	Hunan	10.0		12417	14825
广 东	Guangdong	0.0		13934	14202
广 西	Guangxi	0.1	0	12412	12933
海 南	Hainan				
重 庆	Chongqing	0.2		10091	7997
四 川	Sichuan	18.0	121	24672	22826
贵 州	Guizhou			1933	2284
云 南	Yunnan			8854	6930
西 藏	Tibet			2548	2038
陕 西	Shaanxi	0.0		66588	67328
甘 肃	Gansu	57.0	1950	16133	14200
青 海	Qinghai			4049	3138
宁 夏	Ningxia		13	4379	3650
新 疆	Xinjiang	10.3		9948	10918

4-3-21 续表 2 continued

地 区	Region	资产总计(万元) Total Assets (10 000 yuan)	#固定资产净值 Net Value of Fixed Assets	实际使用房屋建筑面积(万平方米) Floor Space of Buildings Actually Used (10 000 sq.m)	文化保护规划和方案设计(个) Planning and Project of Cultural Relics Preservation (unit)
全 国	**National Total**	**645459**	**117589**	**44.91**	**324**
北 京	Beijing	74870	1658	0.31	
天 津	Tianjin				
河 北	Hebei	19750	4908	2.92	18
山 西	Shanxi	109420	19113	8.44	2
内蒙古	Inner Mongolia	5230	817	0.63	3
辽 宁	Liaoning	2106	717	0.71	12
吉 林	Jilin	3163	2085	0.65	
黑龙江	Heilongjiang	2047	155	0.55	
上 海	Shanghai				
江 苏	Jiangsu	2196	1485	0.76	
浙 江	Zhejiang	20197	5796	1.01	
安 徽	Anhui			2.69	
福 建	Fujian	88	27	0.34	
江 西	Jiangxi	7657	1352	1.55	
山 东	Shandong	34266	1992	0.94	14
河 南	Henan	66194	11932	4.80	8
湖 北	Hubei	24620	10452	2.31	70
湖 南	Hunan	16920	6392	0.86	18
广 东	Guangdong	10931	1563	3.66	
广 西	Guangxi	11635	3475	1.11	42
海 南	Hainan				
重 庆	Chongqing	18888	4426	0.96	11
四 川	Sichuan	18677	6946	2.93	
贵 州	Guizhou	1229	114	0.37	16
云 南	Yunnan	35231	375	0.19	
西 藏	Tibet	1788	189	0.18	5
陕 西	Shaanxi	65869	10656	2.17	1
甘 肃	Gansu	27602	8993	1.30	
青 海	Qinghai	2636	1105	0.53	5
宁 夏	Ningxia	4530	940	0.15	
新 疆	Xinjiang	11894	2541	0.58	

4-3-22 档案馆机构和人员情况
Statistics on Archive Institutions and Personnel

单位：个、人 (unit, person)

年 份 Year	国家综合档案馆 National Comprehensive Archives		国家专门档案馆 National Special Archives		部门档案馆 Department Archives		企 业 档案馆数 Number of Archives of Enterprise	事业单位档案馆数 Number of Archives of Institutional Units	科技事业单位档案馆数 Number of Archives of Science and Technology Units
	馆 数 Number of Institutions	专职人员 Full-time Personnel	馆 数 Number of Institutions	专职人员 Full-time Personnel	馆 数 Number of Institutions	专职人员 Full-time Personnel			
1991	2957	21657	211	2038	128	2171	229	19	28
1992	2962	22226	206	2082	122	2258	231	19	28
1993	2980	23624	200	2245	122	1448	221	20	31
1994	2983	23568	205	2294	136	2160	209	20	36
1995	3024	24777	216	2484	144	2168	213	27	38
1996	3011	24542	226	2658	134	2072	232	23	44
1997	3021	24904	223	2578	162	2521	228	26	46
1998	3034	24197	232	3200	149	2411	245	27	46
1999	3046	23530	225	3436	142	2123	304	40	59
2000	3070	23701	234	3319	141	1865	307	53	80
2001	3100	23652	243	3448	142	2086	286	47	84
2002	3110	22825	253	3435	148	2109	299	75	93
2003	3121	23086	260	3514	141	1770	300	75	85
2004	3127	23401	258	3591	149	1932	300	79	99
2005	3142	23413	238	3452	145	2020	301	105	63
2006	3154	22689	239	3537	137	1699	216	110	95
2007	3161	21399	245	3737	146	1985	215	126	94
2008	3170	21414	240	3663	154	1886	241	141	87
2009	3191	20949	241	3626	149	1814	233	167	96
2010	3194	19750	252	3833	167	1747	223	160	111
2011	3196	19985	255	3843	170	2121	183	179	124
2012	3237	18009	238	3577	183	2161	204	260	
2013	3325	18106	240	3579	218	2182	189	274	
2014	3319	17863	247	3538	209	2129	169	252	
2015	3322	18386	234	3457	237	2263	176	224	
2016	3336	17511	236	3521	213	2021	180	272	
2017	3333	16799	234	3275	202	1939	167	274	
2018	3315	22584	211	3119	143	1739	158	309	
2019	3337	34349	256	3300	140	1566	181	320	
2020	3341	35028	260	3413	133	1584	177	322	
2021	3320	35833	256	3372	130	1573	118	312	

注：2012年以前的事业单位档案馆数指文化事业档案馆数，2012年新修订的《全国档案事业统计年报制度》不再细分事业单位的属性，统称“省部属事业单位档案馆”，包括文化事业档案馆和科技事业单位档案馆。

a) Institutional archives before 2012 referred to archives of cultural institutions. The revised Annual Report of National Archive Statistics in 2012 does not further subcategorize institutional archives by their attributes, but generally call them institutional archives affiliated to ministries or provincial governments, which include cultural archives and archives of science and technology units.

4-3-23 国家综合档案馆基本情况
Basic Statistics on National Comprehensive Archives

年 份 Year	馆藏档案 (万卷、万件) Number of Archives (10 000 volumes, 10 000 pieces)	照片档案 (万张) Photos (10 000 sheets)	开放档案 (万卷、万件) Archives Open to Public (10 000 volumes, 10 000 pieces)	利用档案 (万卷次、万件次) Utilized Archives (10 000 volume-times, 10 000 piece-times)	档案馆建筑面积 (万平方米) Floor Space of Archive Institutions (10 000 sq.m)
1991	9637.4	371.0	2094.3	937.0	348.1
1992	10003.5	402.4	2018.7	773.8	255.7
1993	10726.8	435.5	2140.7	891.9	275.9
1994	10782.9	449.6	2454.6	674.4	268.3
1995	11318.3	485.5	2790.3	529.3	282.5
1996	11341.4	494.6	2939.2	485.4	297.5
1997	12222.9	553.0	3304.6	501.0	347.6
1998	12276.5	579.7	3556.5	446.5	310.7
1999	12866.8	584.5	3808.2	508.5	328.4
2000	13314.0	631.7	4072.0	494.4	336.2
2001	13756.6	642.8	4129.7	575.4	342.0
2002	14790.7	720.5	4301.1	548.8	351.0
2003	15945.9	797.4	4618.4	602.6	361.4
2004	17601.5	827.9	4868.3	813.9	376.8
2005	18688.7	908.8	5132.3	868.0	393.1
2006	21656.5	1277.2	5746.3	1166.4	406.1
2007	23675.3	1393.3	5875.5	1244.9	421.9
2008	25051.0	1505.3	6072.2	1257.4	465.4
2009	28089.2	1646.3	6687.4	1308.0	473.3
2010	32198.6	1809.2	7428.6	1417.3	504.4
2011	35445.5	1965.8	7828.4	1564.5	551.1
2012	40547.7	1827.4	8254.6	1521.1	627.1
2013	42454.5	1927.6	8900.5	1477.8	709.3
2014	53470.3	2041.8	9179.7	1688.8	736.0
2015	58641.7	2102.4	9266.3	1978.3	785.5
2016	65062.5	2228.2	9707.9	2033.7	859.8
2017	65371.1	2336.5	10151.7	2078.0	949.3
2018	75051.1	2056.0	11222.1	1819.1	1050.9
2019	82850.7	2203.8	13171.6	2140.0	1164.6
2020	91789.8	2401.0	14584.5	2064.4	1268.4
2021	104671.1	2676.6	17549.7	2407.4	1410.8

4-3-24 文化类社会组织情况(2021年)
Statistics on Social Organizations Related with Culture(2021)

单位：个 (unit)

地区	Region	机构数 Number of Institutions	社团 Social Organization	基金会 Fund Organization	民办非企业 Non-enterprise Units Run by NGO
全国	**National Total**	**76635**	**43040**	**381**	**33214**
中央本级	Central-level	316	283	15	18
北京	Beijing	929	416	60	453
天津	Tianjin	217	120	4	93
河北	Hebei	2325	1585		740
山西	Shanxi	2405	1340	6	1059
内蒙古	Inner Mongolia	1973	1450	10	513
辽宁	Liaoning	1176	712		464
吉林	Jilin	1255	739	1	515
黑龙江	Heilongjiang	1404	614		790
上海	Shanghai	1405	400	34	971
江苏	Jiangsu	8635	3646	56	4933
浙江	Zhejiang	4601	2102	28	2471
安徽	Anhui	2956	2064	5	887
福建	Fujian	4166	2747	24	1395
江西	Jiangxi	3240	1665	1	1574
山东	Shandong	6689	2543	12	4134
河南	Henan	3253	1749	31	1473
湖北	Hubei	3183	1624	9	1550
湖南	Hunan	3710	2556	14	1140
广东	Guangdong	6036	3659	24	2353
广西	Guangxi	1708	1127	2	579
海南	Hainan	1172	871	13	288
重庆	Chongqing	1054	863	5	186
四川	Sichuan	4364	2679	3	1682
贵州	Guizhou	1293	1043	1	249
云南	Yunnan	316	102		214
西藏	Tibet	30	18	2	10
陕西	Shaanxi	3397	2360	13	1024
甘肃	Gansu	1849	985	3	861
青海	Qinghai	522	348	2	172
宁夏	Ningxia	410	214	3	193
新疆	Xinjiang	646	416		230

注：本表数据来自民政部的社会组织统计。
a) Data in the table above sources from Ministry of Civil Affairs.

4-3-25 烈士纪念设施保护管理情况(2021年)
Statistics on Martyr Memorial Facility Management(2021)

地 区	Region	烈士纪念设施保护单位 Martyr Memorial Facility Protection Institutions					烈士陵园(含烈士集中安葬地)数(处) Number of Martyrs Cemeteries (Including Concentrated Buried Places) (place)
		机构数(个) Number of Institutions (unit)	从业人员(人) Number of Engaged Persons (person)	固定资产总计(亿元) Fixed Assets (100 million yuan)	收入合计(亿元) Total Revenue (100 million yuan)	支出合计(亿元) Total Expenditure (100 million yuan)	
全 国	**National Total**	**1109**	**8898**	**53.5**	**19.4**	**20.3**	**4490**
北 京	Beijing	5	41	1.5	0.7	0.7	51
天 津	Tianjin	8	144	1.3	0.4	0.4	10
河 北	Hebei	96	690	3.4	1.1	1.0	330
山 西	Shanxi	27	221	1.3	0.5	0.5	222
内蒙古	Inner Mongolia	11	75	0.4	0.4	0.5	135
辽 宁	Liaoning	3	10		0.2	0.2	246
吉 林	Jilin	38	289	2.5	0.5	0.6	92
黑龙江	Heilongjiang	23	147	0.8	0.3	0.3	126
上 海	Shanghai	9	290	7.2	2.2	2.2	14
江 苏	Jiangsu	70	671	4.6	2.0	2.0	609
浙 江	Zhejiang	25	190	4.6	0.6	0.6	91
安 徽	Anhui	55	398	1.4	0.8	0.9	123
福 建	Fujian	34	178	0.6	0.4	0.4	73
江 西	Jiangxi	29	214	0.9	0.3	0.6	177
山 东	Shandong	114	959	5.2	1.4	1.8	242
河 南	Henan	117	1269	3.1	1.6	1.6	244
湖 北	Hubei	63	580	3.5	1.0	1.0	217
湖 南	Hunan	42	324	1.8	0.4	0.5	167
广 东	Guangdong	34	293	1.7	1.1	1.2	156
广 西	Guangxi	26	147	1.6	0.6	0.6	60
海 南	Hainan	6	76	0.7	0.1	0.1	43
重 庆	Chongqing	13	80	0.4	0.2	0.2	103
四 川	Sichuan	64	328	1.2	0.5	0.6	190
贵 州	Guizhou	45	161		0.1		200
云 南	Yunnan	48	189	0.1	0.1	0.1	189
西 藏	Tibet	6	25				49
陕 西	Shaanxi	51	499	1.6	1.0	1.0	164
甘 肃	Gansu	19	209	1.2	0.3	0.3	87
青 海	Qinghai	4	18	0.1	0.1	0.1	40
宁 夏	Ningxia	7	38			0.1	11
新 疆	Xinjiang	16	101	0.9	0.2	0.2	29

注：全国合计数中包括中央级烈士纪念设施。
a)Data of national total includes one central-level martyr memorial facility.

4-4-1 娱乐场所基本情况
Statistics on Entertainment Units

年 份 Year	机构数 (个) Number of Institutions (unit)	从业人员 (人) Number of Employed Persons (person)	资产总计 (万元) Total Assets (10 000 yuan)	营业收入 (万元) Business Revenue (10 000 yuan)	营业利润 (万元) Business Profits (10 000 yuan)
2009	82200	636800	6271305	4130085	1367846
2010	85854	703520	7635552	4772099	1718734
2011	92577	758377	9661392	5661798	1939320
2012	90271	765250	11136779	6048764	1982344
2013	89652	835658	19109269	8842052	2224658
2014	84179	729516	16144969	11023662	2606315
2015	79816	673640	11050577	5570354	1361661
2016	77071	632527	10510102	5387254	1257926
2017	78616	600106	10313538	5468702	1306909
2018	70584	528238	9212288	5209738	1123267
2019	67358	542514	17277257	5359387	717719
2020	65439	532538	10394735	4192570	253275
2021	50504	511075	11615310	4855771	302846

4-4-2 分地区娱乐场所基本情况(2021年)
Statistics on Entertainment Units by Region(2021)

地 区	Region	机构数(个) Number of Institutions (unit)	从业人员(人) Number of Employed Persons (person)	资产总计(万元) Total Assets (10 000 yuan)	营业收入(万元) Business Revenue (10 000 yuan)	营业成本(万元) Business Costs (10 000 yuan)
全 国	**National Total**	**50504**	**511075**	**11615310**	**4855771**	**4552942**
北 京	Beijing	472	5016	152807	78176	81464
天 津	Tianjin	384	4034	71711	39389	40062
河 北	Hebei	1490	8237	210085	80841	109652
山 西	Shanxi	1070	7644	134369	49473	44357
内蒙古	Inner Mongolia	1273	5422	99771	38177	31186
辽 宁	Liaoning	2118	10009	179408	70295	65848
吉 林	Jilin	962	4261	86945	31433	28534
黑龙江	Heilongjiang	1603	5634	135512	33930	30552
上 海	Shanghai	980	14430	669504	317038	297496
江 苏	Jiangsu	4131	30413	503282	336555	319022
浙 江	Zhejiang	2954	47212	711156	510551	461915
安 徽	Anhui	2018	15560	304046	145685	131326
福 建	Fujian	2084	34667	964121	323039	301884
江 西	Jiangxi	1046	13946	202036	107888	93060
山 东	Shandong	2064	12990	220959	113640	103886
河 南	Henan	1542	13102	182951	81355	76024
湖 北	Hubei	1264	11385	243640	105866	99037
湖 南	Hunan	1778	25502	402087	199319	185833
广 东	Guangdong	4249	74804	1039437	645547	636558
广 西	Guangxi	874	16221	201640	123397	116417
海 南	Hainan	514	6140	84543	50499	48861
重 庆	Chongqing	1405	14160	204460	144518	129423
四 川	Sichuan	3642	31784	489171	300930	262286
贵 州	Guizhou	1819	25274	510373	203741	177308
云 南	Yunnan	3839	32975	975212	236532	211468
西 藏	Tibet	532	6349	517388	138118	138811
陕 西	Shaanxi	956	8719	145389	78042	75803
甘 肃	Gansu	1367	8284	166227	74247	67524
青 海	Qinghai	248	2476	31594	19242	16163
宁 夏	Ningxia	671	3583	1585013	108486	102406
新 疆	Xinjiang	1155	10842	190474	69822	68777

4-4-2 续表 continued

地 区	Region	#养老、医疗、失业等保险费 Endowment, Medical and Unemployment Insurance	#工资总额 Total Wages Payable	#税金总额 Total Taxes	营业利润(万元) Business Profits (10 000 yuan)
全 国	**National Total**	**143775**	**1572561**	**110199**	**302846**
北 京	Beijing	3920	19072	2046	-3290
天 津	Tianjin	1392	10352	592	-673
河 北	Hebei	1975	21582	4621	-28811
山 西	Shanxi	1044	17431	1443	5117
内蒙古	Inner Mongolia	1833	12984	817	6992
辽 宁	Liaoning	4711	21138	3179	4446
吉 林	Jilin	1030	11161	3639	2900
黑龙江	Heilongjiang	833	11956	689	3378
上 海	Shanghai	12186	62607	14842	19543
江 苏	Jiangsu	11706	97073	6079	17535
浙 江	Zhejiang	15552	145218	8643	48637
安 徽	Anhui	3670	49442	2191	14360
福 建	Fujian	6984	108531	5337	21157
江 西	Jiangxi	1738	42042	1954	14829
山 东	Shandong	3978	38775	1940	9756
河 南	Henan	2454	31946	1835	5331
湖 北	Hubei	3517	35819	1701	6829
湖 南	Hunan	5001	79122	3687	13486
广 东	Guangdong	26757	226510	20285	8989
广 西	Guangxi	2543	46665	1936	6982
海 南	Hainan	1792	22241	965	1638
重 庆	Chongqing	4698	51427	2629	15096
四 川	Sichuan	10575	101805	6155	38647
贵 州	Guizhou	3737	83117	4158	26433
云 南	Yunnan	3860	91633	3735	25065
西 藏	Tibet	532	24109	934	-693
陕 西	Shaanxi	1382	27480	1439	2240
甘 肃	Gansu	1204	26991	970	6724
青 海	Qinghai	337	6683	347	3079
宁 夏	Ningxia	643	14913	361	6080
新 疆	Xinjiang	2191	32739	1051	1045

4-4-3　网吧基本情况
Statistics on Internet Bars

年　份 Year	机构数 (个) Number of Institutions (unit)	从业人员 (人) Number of Employed Persons (person)	资产总计 (万元) Total Assets (10 000 yuan)	营业收入 (万元) Business Revenue (10 000 yuan)	营业利润 (万元) Business Profits (10 000 yuan)
2009	138048	580749	5585437	3785362	1510735
2010	140376	584912	5864306	3626809	1490620
2011	141275	567170	6282208	3754922	1565375
2012	135683	529362	6222263	3539807	1431362
2013	131013	478242	8051486	3879399	1425890
2014	129368	452368	7431831	4479929	1962960
2015	134847	480260	6939291	4009643	1302975
2016	141587	488209	7484979	4323160	1312916
2017	143434	440853	6947788	3825868	1071760
2018	124266	346686	5592315	2946316	767578
2019	116807	311859	4858896	2443944	416879
2020	106165	247148	3853536	1815333	-171908
2021	101758	201499	3535745	1696309	-229617

4-4-4 分地区网吧基本情况(2021年)
Statistics on Internet Bars by Region(2021)

地 区	Region	机构数 (个) Number of Institutions (unit)	从业人员 (人) Number of Employed Persons (person)	资产总计 (万元) Total Assets (10 000 yuan)	营业收入 (万元) Business Revenue (10 000 yuan)	营业成本 (万元) Business Costs (10 000 yuan)
全 国	**National Total**	**101758**	**201499**	**3535745**	**1696309**	**1925932**
北 京	Beijing	297	1227	18300	7690	12460
天 津	Tianjin	775	1725	30152	15191	61397
河 北	Hebei	4200	5242	88001	33776	65277
山 西	Shanxi	2486	4273	61286	25975	28280
内蒙古	Inner Mongolia	1247	3354	54509	23334	25193
辽 宁	Liaoning	1429	3343	45477	21728	28111
吉 林	Jilin	1585	2762	48516	21374	24593
黑龙江	Heilongjiang	1703	3605	58695	20037	26591
上 海	Shanghai	711	3453	268123	55782	58754
江 苏	Jiangsu	10554	12567	216713	123512	132052
浙 江	Zhejiang	2987	10556	170266	113439	119328
安 徽	Anhui	6992	10700	193404	100817	95841
福 建	Fujian	2190	3833	52611	36734	37092
江 西	Jiangxi	2596	6584	107069	61658	55382
山 东	Shandong	10724	9869	149516	79293	78825
河 南	Henan	10100	15140	211815	85050	94307
湖 北	Hubei	6013	8374	142309	70642	74798
湖 南	Hunan	5751	18078	311084	159684	248224
广 东	Guangdong	5745	15712	214067	149046	165174
广 西	Guangxi	1031	5347	58552	35178	34819
海 南	Hainan	899	1692	21896	11976	12709
重 庆	Chongqing	2004	8370	124524	77699	72577
四 川	Sichuan	9256	19033	274511	157637	154213
贵 州	Guizhou	1649	7155	268845	58213	56267
云 南	Yunnan	2775	5720	94719	40411	41912
西 藏	Tibet	337	943	27187	12299	11930
陕 西	Shaanxi	2562	5320	86805	38432	45720
甘 肃	Gansu	1351	2547	50125	21664	23267
青 海	Qinghai	202	919	21722	9013	8707
宁 夏	Ningxia	404	1417	23027	10793	10754
新 疆	Xinjiang	1203	2639	41921	18230	21378

4-4-4 续表 continued

地 区	Region	#养老、医疗、失业等保险费 Endowment, Medical and Unemployment Insurance	#工资总额 Total Wages Payable	#税金总额 Total Taxes	营业利润（万元） Business Profits (10 000 yuan)
全 国	**National Total**	**37339**	**532861**	**20199**	**-229617**
北 京	Beijing	489	2993	97	-4770
天 津	Tianjin	315	4288	165	-46205
河 北	Hebei	637	10083	384	-31502
山 西	Shanxi	365	7810	302	-2305
内蒙古	Inner Mongolia	380	6866	225	-1858
辽 宁	Liaoning	633	6884	217	-6383
吉 林	Jilin	367	6440	253	-3219
黑龙江	Heilongjiang	360	5987	195	-6553
上 海	Shanghai	1697	16283	944	-2972
江 苏	Jiangsu	3285	39771	1314	-8541
浙 江	Zhejiang	3145	37392	2412	-5887
安 徽	Anhui	1794	28107	1222	4977
福 建	Fujian	558	12668	231	-359
江 西	Jiangxi	909	17735	666	6276
山 东	Shandong	2154	20942	973	468
河 南	Henan	1529	28628	1041	-9256
湖 北	Hubei	1594	22696	613	-4155
湖 南	Hunan	2717	47577	1492	-88540
广 东	Guangdong	5228	49581	3969	-16131
广 西	Guangxi	654	11383	172	359
海 南	Hainan	374	4081	125	-732
重 庆	Chongqing	1355	24184	403	5122
四 川	Sichuan	3534	51877	1025	3426
贵 州	Guizhou	980	18013	512	1946
云 南	Yunnan	491	13332	296	-1500
西 藏	Tibet	188	3743	122	369
陕 西	Shaanxi	616	14096	398	-7288
甘 肃	Gansu	285	6677	176	-1602
青 海	Qinghai	92	2766	62	306
宁 夏	Ningxia	139	3537	69	39
新 疆	Xinjiang	475	6444	126	-3148

4-4-5 分地区动漫企业基本情况(2021年)
Statistics on Comic and Animation Enterprises by Region(2021)

单位：万元 (10 000 yuan)

地区	Region	企业数(个) Number of Enterprises (unit)	从业人员(人) Number of Employed Persons (person)	资产总计 Total Assets	营业收入 Business Revenue
全国	**National Total**	**452**	**22002**	**3213142**	**1207653**
北京	Beijing	31	963	80781	54604
天津	Tianjin	13	333	56207	23243
河北	Hebei	15	683	26177	13593
山西	Shanxi	17	7	8643	17
内蒙古	Inner Mongolia	5	43	16614	1261
辽宁	Liaoning	9	129	17106	5226
吉林	Jilin	8	208	61797	4895
黑龙江	Heilongjiang	8	405	13775	10831
上海	Shanghai	34	1367	233735	104729
江苏	Jiangsu	54	982	134130	36167
浙江	Zhejiang	15	1067	776227	34855
安徽	Anhui	18	1162	90987	50481
福建	Fujian	32	1769	273692	140405
江西	Jiangxi	16	377	27450	17615
山东	Shandong	9	382	43253	27481
河南	Henan	4	150	24228	8234
湖北	Hubei	18	2223	226964	96120
湖南	Hunan	32	1135	124102	72618
广东	Guangdong	59	7198	715330	425283
广西	Guangxi	9	193	13686	3912
海南	Hainan				
重庆	Chongqing	6	358	28946	14832
四川	Sichuan	3	304	28969	43745
贵州	Guizhou				
云南	Yunnan	9	215	9548	9066
西藏	Tibet	2	12	2183	131
陕西	Shaanxi	11	147	10019	5957
甘肃	Gansu	6	59	153310	254
青海	Qinghai				
宁夏	Ningxia	5	81	11549	790
新疆	Xinjiang	4	50	3734	1311

4-4-5 续表 1 continued

单位：万元 (10 000 yuan)

地 区	Region	营业成本 Business Cost	营业利润 Business Profit	利润总额 Total Profits	本年发放工资总额 Total Wages Payable During the Year
全 国	**National Total**	**1123471**	**84182**	**101657**	**225205**
北 京	Beijing	53732	872	1384	14026
天 津	Tianjin	24258	-1015	-461	3203
河 北	Hebei	11644	1949	2323	5379
山 西	Shanxi	50	-33	-33	12
内蒙古	Inner Mongolia	1147	115	196	155
辽 宁	Liaoning	4872	355	2482	804
吉 林	Jilin	5628	-733	-666	1795
黑龙江	Heilongjiang	11911	-1080	-332	919
上 海	Shanghai	117366	-12638	-15024	22205
江 苏	Jiangsu	34503	1664	1810	9742
浙 江	Zhejiang	34693	162	660	9141
安 徽	Anhui	43415	7066	7877	12431
福 建	Fujian	125407	14998	18187	28457
江 西	Jiangxi	14642	2973	2917	2239
山 东	Shandong	23707	3774	4281	4578
河 南	Henan	7586	648	733	1020
湖 北	Hubei	86326	9794	11035	16344
湖 南	Hunan	66189	6429	6433	13743
广 东	Guangdong	379742	45541	52759	68148
广 西	Guangxi	4164	-253	102	879
海 南	Hainan				
重 庆	Chongqing	12250	2582	2639	3974
四 川	Sichuan	41304	2441	2853	2910
贵 州	Guizhou				
云 南	Yunnan	8663	404	517	1585
西 藏	Tibet	542	-412	-66	9
陕 西	Shaanxi	6076	-119	145	853
甘 肃	Gansu	389	-135	-131	180
青 海	Qinghai				
宁 夏	Ningxia	1852	-1062	-860	243
新 疆	Xinjiang	1415	-104	-102	233

4-4-5 续表 2 continued

单位：万元 (10 000 yuan)

地 区	Region	本年应交税金总额 Total Taxes Payable During the Year	经营面积（万平方米） Floor Space of Buildings Actually Used (10 000 sq.m)	原创漫画作品（部） Original Comics (unit)	原创动画作品（部） Original Animations (unit)
全 国	**National Total**	**77815**	**70**	**11194**	**10194**
北 京	Beijing	1938	1	434	76
天 津	Tianjin	743	1	167	25
河 北	Hebei	321	1	33	64
山 西	Shanxi		0	34	37
内蒙古	Inner Mongolia	55	0	12	3
辽 宁	Liaoning	306	1	4	36
吉 林	Jilin	326	3	326	353
黑龙江	Heilongjiang	89	14	805	766
上 海	Shanghai	23478	5	852	282
江 苏	Jiangsu	1851	5	1296	316
浙 江	Zhejiang	2901	1	288	96
安 徽	Anhui	2258	5	77	270
福 建	Fujian	4346	3	2813	618
江 西	Jiangxi	269	1	8	11
山 东	Shandong	794	1	1127	67
河 南	Henan	130	0	501	11
湖 北	Hubei	4636	2	190	69
湖 南	Hunan	2807	16	448	483
广 东	Guangdong	27847	6	1389	6146
广 西	Guangxi	82	1	24	60
海 南	Hainan				
重 庆	Chongqing	851	1	18	34
四 川	Sichuan	1460	1		2
贵 州	Guizhou				
云 南	Yunnan	48	0	93	76
西 藏	Tibet		0	3	2
陕 西	Shaanxi	194	1	219	233
甘 肃	Gansu	25	0	21	22
青 海	Qinghai				
宁 夏	Ningxia	21	1	8	13
新 疆	Xinjiang	38	0	4	23

4-5-1 全国广告业基本情况
Statistics on Advertising Industry

年 份 Year	广告经营单位 (个) Number of Advertising Units (unit)	广告从业人员 (人) Number of Persons Engaged in Advertising (person)	广告经营额 (万元) Advertising Turnover (10 000 yuan)
2008	185765	1266393	18995614
2009	204982	1334898	20410322
2010	243445	1480525	23405076
2011	296507	1673444	31255529
2012	377778	2177840	46982791
2013	445365	2622053	50197459
2014	543690	2717939	56056033
2015	671893	3072542	59734094
2016	875146	3900384	64891296
2017	1123059	4381795	68964052
2018	1375892	5582253	79914851
2019	1646733	5968925	86945898

4-5-2 分地区广告经营单位
Number of Advertising Units by Region

单位：个 (unit)

地区	Region	2009	2010	2011	2012	2013	2014	2015	2016	2017	2018	2019
全 国	**National Total**	**204982**	**243445**	**296507**	**377778**	**445365**	**543690**	**671893**	**875146**	**1123059**	**1375892**	**1646733**
北 京	Beijing	15692	17837	18297	25176	24803	28823	30383	28780	32273	36165	40174
天 津	Tianjin	7601	8587	12185	14272	16045	21827	22045	17184	66929	40994	44645
河 北	Hebei	4347	3748	3863	5375	7237	4969	7894	37495	44638	52862	67002
山 西	Shanxi	3016	4047	4275	4333	5188	5162	10579	23658	25249	35985	5129
内蒙古	Inner Mongolia	2239	3347	3559	6835	7891	7258	6197	6331	6942	7206	2770
辽 宁	Liaoning	4829	5294	5310	8671	8386	9661	12471	12374	13941	16030	18514
吉 林	Jilin	2852	3824	4399	5650	5580	9932	12188	28997	18987	24067	27468
黑龙江	Heilongjiang	2669	2468	2917	3393	4441	4772	4572	6761	8314	13924	13695
上 海	Shanghai	36960	47563	58560	68574	84451	118067	157124	212619	266695	340477	431984
江 苏	Jiangsu	13486	15864	17506	24824	26599	27550	33122	39184	66830	96974	120072
浙 江	Zhejiang	13362	15772	20284	23005	27981	29967	34230	38592	51275	61545	77120
安 徽	Anhui	5145	6834	6994	8486	9730	11706	13213	12437	23400	41312	24512
福 建	Fujian	7382	7588	8837	10455	15430	16203	16970	21961	17953	23375	30273
江 西	Jiangxi	3693	4063	4173	7006	7643	8505	9519	6099	11299	15686	16493
山 东	Shandong	11803	15436	21315	26136	37634	50269	65500	73737	88271	110926	127341
河 南	Henan	6780	7969	8621	10343	12621	14574	12399	12574	11871	12570	9335
湖 北	Hubei	5088	5415	6565	7389	12565	15618	17571	24622	33207	41034	46237
湖 南	Hunan	2692	4031	5473	9908	14839	17871	36120	52070	66211	87798	114431
广 东	Guangdong	21396	25037	27178	33972	32666	35431	49782	58020	71593	82719	107063
广 西	Guangxi	4631	4825	4857	9206	10928	16282	24966	29263	42780	49076	54073
海 南	Hainan	1155	1389	1959	2097	3975	3802	5831	9826	14044	14795	25644
重 庆	Chongqing	8022	8584	16610	21224	25637	33661	42736	55458	68318	87903	102020
四 川	Sichuan	5192	7075	11011	14542	13640	16548	18214	29225	29846	42741	44493
贵 州	Guizhou	1199	1203	2330	3487	1723	1092	2446	5081	5112	9685	58685
云 南	Yunnan	4159	4561	6539	9513	11215	14524	4285	9097	7042	8723	13241
西 藏	Tibet	362	417	621	653	683	731	881	915	3389	3389	435
陕 西	Shaanxi	1768	2253	2816	2934	2859	1976	2024	972	4079	2058	3828
甘 肃	Gansu	1612	1754	1911	2018	3987	3726	4216	3875	1210	2756	3843
青 海	Qinghai	401	413	536	677	730	2426	2491	3013	7390	6817	1613
宁 夏	Ningxia	1281	1861	1999	2191	1458	2238	3097	4139	3184	1364	1002
新 疆	Xinjiang	4168	4386	5007	5433	6800	8519	8827	10787	10787	4936	13598

4-5-3 分地区广告从业人员
Statistics on Persons Engaged in Advertising by Region

单位：人 (person)

地 区	Region	2009	2010	2011	2012	2013	2014	2015	2016	2017	2018	2019
全 国	**National Total**	**1334898**	**1480525**	**1673444**	**2177840**	**2622053**	**2717939**	**3072542**	**3900384**	**4381795**	**5582253**	**5968925**
北 京	Beijing	125651	123582	120975	98670	106764	127369	133924	119586	130440	128459	137729
天 津	Tianjin	43776	57768	64219	69195	80489	120174	121377	162120	186660	346724	344929
河 北	Hebei	30112	25584	26196	20019	31720	17574	29646	138831	155920	188215	220396
山 西	Shanxi	20706	25353	25253	24124	28047	29249	28223	61791	73576	128455	10228
内蒙古	Inner Mongolia	17370	21433	23654	48397	50690	46849	43033	43105	47716	46275	7081
辽 宁	Liaoning	32431	38870	39088	59953	62383	65095	55266	60583	76762	115641	128954
吉 林	Jilin	15046	19167	16338	33769	35961	41468	53673	140250	83983	121208	168285
黑龙江	Heilongjiang	20613	19154	22866	24011	25388	27501	14383	24793	25349	32989	32709
上 海	Shanghai	168488	215208	182356	213539	262979	293204	323120	359979	395160	411845	411827
江 苏	Jiangsu	100877	108523	117462	177963	253360	215542	245566	299211	396465	558300	608413
浙 江	Zhejiang	94658	113701	139286	156194	179573	186297	217261	238324	272952	324405	457991
安 徽	Anhui	31889	38526	41392	51090	63578	77715	91438	102859	132972	256577	196774
福 建	Fujian	54752	57151	67707	72907	102695	112051	117182	112635	88206	120477	125881
江 西	Jiangxi	32055	35260	35810	56048	66088	68747	73244	63490	71480	92997	120078
山 东	Shandong	81513	97705	114562	154247	216045	276577	331382	384592	430054	563135	572075
河 南	Henan	49546	53463	60682	69440	81481	91509	78367	77576	70603	72812	52098
湖 北	Hubei	33367	40745	43981	44740	71736	85964	94620	132129	156750	169441	211706
湖 南	Hunan	16244	20136	27488	45646	98389	107641	155417	343955	459352	551268	584913
广 东	Guangdong	157772	152136	183844	207053	222086	256264	302802	311745	333322	389758	377434
广 西	Guangxi	34750	32491	36950	162489	45836	88979	96801	89463	91560	115678	110266
海 南	Hainan	7289	7956	11412	14105	17403	15351	20613	41435	56641	53810	55625
重 庆	Chongqing	46383	45763	77216	98255	146197	160564	209036	253798	307401	383739	702456
四 川	Sichuan	30374	32477	74738	91185	44375	47343	49945	130042	140528	222672	164037
贵 州	Guizhou	7781	7821	12110	17435	7810	4140	25583	40640	40659	41188	41188
云 南	Yunnan	19563	20377	26647	80223	260547	85120	79066	62379	50102	40108	44101
西 藏	Tibet	2214	2663	3892	3897	1661	2054	1969	3253	7714	7714	1435
陕 西	Shaanxi	11446	15125	19881	20252	14741	9415	8999	3038	10337	13398	25504
甘 肃	Gansu	12440	12622	13527	14027	9142	7692	11091	10255	5233	12858	13143
青 海	Qinghai	3156	3182	4127	4345	4724	9379	12128	21357	25947	57902	4349
宁 夏	Ningxia	7910	11126	11619	13174	5896	11663	16932	27835	18616	4941	3334
新 疆	Xinjiang	24726	25457	28166	31448	24269	29449	30455	39335	39335	9264	33986

4-5-4　分地区广告经营额
Statistics on Advertising Turnover by Region

单位：万元　　　　(10 000 yuan)

地　区	Region	2008	2009	2010	2011	2012	2013
全　国	**National Total**	**18995614**	**20410322**	**23405076**	**31255529**	**46982791**	**50197459**
北　京	Beijing	3922959	4238201	5366075	8096238	18076138	17947004
天　津	Tianjin	839202	929026	1041410	1224000	1400889	1859919
河　北	Hebei	128791	137833	111999	117406	72509	130966
山　西	Shanxi	201665	241880	258859	308566	340590	357366
内蒙古	Inner Mongolia	84382	104449	111829	134331	306339	305059
辽　宁	Liaoning	428508	442073	510257	516301	954810	971860
吉　林	Jilin	188264	220607	256011	284600	343428	348793
黑龙江	Heilongjiang	203948	214565	300475	347454	426538	453027
上　海	Shanghai	3133541	3182216	3780770	4376913	4378926	4495594
江　苏	Jiangsu	1535291	1789402	1532984	2498939	4362070	5008744
浙　江	Zhejiang	1382663	1518760	1922537	2205542	2361417	3105854
安　徽	Anhui	363714	467038	584573	695946	820853	921441
福　建	Fujian	560714	815270	953866	1101842	1202931	1407180
江　西	Jiangxi	231682	249753	287216	323216	350300	378665
山　东	Shandong	702359	763132	867693	1180083	1763867	2182205
河　南	Henan	330443	350996	331570	355623	817906	1043717
湖　北	Hubei	319572	345067	253245	554167	625525	887799
湖　南	Hunan	357640	72551	658912	1043066	1151296	1443225
广　东	Guangdong	2505990	2691187	2525674	3736551	4663079	4006717
广　西	Guangxi	61141	59614	55364	56074	116165	237464
海　南	Hainan	35991	50132	54905	100941	134379	113240
重　庆	Chongqing	333293	331962	267376	339572	375526	535289
四　川	Sichuan	506337	560468	657248	751177	1026968	1107613
贵　州	Guizhou	81419	81419	81629	96450	136450	47595
云　南	Yunnan	177626	202360	212087	294777	343174	368878
西　藏	Tibet	12238	15004	17317	22574	22596	27357
陕　西	Shaanxi	138894	140442	178182	204714	167098	164167
甘　肃	Gansu	40815	52116	65664	87904	90519	26341
青　海	Qinghai	24022	25168	28012	38019	41206	45358
宁　夏	Ningxia	28306	16403	27899	31612	33241	33064
新　疆	Xinjiang	134209	101229	103436	130929	76057	235958

4-5-4 续表 continued

单位：万元 (10 000 yuan)

地 区	Region	2014	2015	2016	2017	2018	2019
全 国	**National Total**	**56056033**	**59734094**	**64891296**	**68964052**	**79914851**	**86945898**
北 京	Beijing	19218405	18239886	18027225	17323440	24077745	25655376
天 津	Tianjin	2173803	2195542	919369	920430	980863	2453225
河 北	Hebei	57395	73652	1230863	985690	1019854	513417
山 西	Shanxi	350829	302239	314606	315040	330121	198970
内蒙古	Inner Mongolia	214589	180269	181285	182259	145791	29032
辽 宁	Liaoning	987868	800007	711811	720837	727804	756852
吉 林	Jilin	391094	422570	908428	543404	461822	561851
黑龙江	Heilongjiang	485589	235521	262157	233831	232599	237208
上 海	Shanghai	4636489	4896593	5311254	5644485	5932226	6354791
江 苏	Jiangsu	4241330	5083956	6538450	8029638	8680766	9534506
浙 江	Zhejiang	3154643	3667376	4226605	5511688	5902406	6962271
安 徽	Anhui	1118909	1239024	1903204	1565248	1851428	1652791
福 建	Fujian	1585591	1651918	338589	377341	1313198	1430218
江 西	Jiangxi	371160	404564	679573	738157	811281	875181
山 东	Shandong	2828396	3649514	4200082	4926925	5559354	5792819
河 南	Henan	1312050	1408515	1432600	1390442	1382088	571880
湖 北	Hubei	1248263	1463461	1735014	2009945	2268397	2303320
湖 南	Hunan	1764002	2014053	2423318	2842855	3192888	3553582
广 东	Guangdong	6885455	8451359	9312508	9708141	9970639	11810748
广 西	Guangxi	237312	251493	195286	195670	194699	210367
海 南	Hainan	64072	137440	154044	266471	268939	279620
重 庆	Chongqing	642168	764308	905252	1098294	1204439	1288340
四 川	Sichuan	1167277	1280196	1431699	1757234	1826521	2236708
贵 州	Guizhou	28869	21310	533410	541909	545851	565649
云 南	Yunnan	367836	396490	381546	472658	683837	780173
西 藏	Tibet	29137	41999	58145	71254	71254	2000
陕 西	Shaanxi	124646	68600	166803	183209	112045	24663
甘 肃	Gansu	26234	34848	30737	20825	49333	75783
青 海	Qinghai	73058	74851	80835	82540	76813	26372
宁 夏	Ningxia	32225	45204	35528	43122	8768	5113
新 疆	Xinjiang	237338	237338	261072	261072	31084	203073

4-5-5 文化产业相关的通信业基本情况
Statistics on Communication Service Related with Culture Industries

指标名称	Item	2013	2014	2015
用户规模	**Number of Subscribers**			
移动电话用户(万户)	Mobile Telephone Subscribers (10 000 subscribers)	122911.3	128609.3	127139.7
#移动个性化回铃用户	Mobile Music Ring Back Tone Subsctibers	60249.9		
手机报用户	Mobile Newspapers Subscribers	8746.5		
(固定)互联网宽带接入用户(万户)	(Fixed)Broadband Subscribers of Internet (10 000 subscribers)	18890.9	20048.3	25946.6
移动互联网用户(万户)	Mobile Internet Subscribers o(10 000 subscribers)	80756.3	87522.1	96447.2
宽带电视用户(万户)	Broadband TV Subscribers (10 000 subscribers)	2842.5	3363.7	4589.5
手机电视用户(万户)	Mobile TV Subscribers of (10 000 subscribers)	4411.2		
互联网网民人数(亿人)	Internet Users (100 million persons)	6.18	6.49	6.88
业务使用量	**Business Volume**			
移动短信业务量(亿条)	Short Message Services (100 million messages)	8567.0	7674.2	6991.8
固定互联网宽带接入时长(亿分钟)	Access Length of Fixed Internet by Broadband (100 million minutes)	325447.5	414354.8	499632.6
移动互联网接入流量(万GB)	Access Volume of Mobile Internet (10 000 GB)	126715.7	206193.6	418753.3
网页长度(总字节数)(GB)	Length of Webpages (GB)	7133363	8879006	14129575
网站数(万个)	Number of Websites (10 000 units)	320.2	334.9	422.9
网络基础设施投资和能力	**Infrastructure Investmen and Capacity**			
电信固定资产投资(亿元)	Fixed Assets Investment of Telecommunication (100 million yuan)	3742.6	4006.2	4524.8
#互联网及数据通信	Internet and Data Communication	511.1	400.2	716.3
移动电话基站(万个)	Base Stations of Mobile Phones (10 000 units)	241.0	350.8	465.6
光缆线路长度(万公里)	Length of Optical Cable Lines (10 000 km)	1745.4	2061.3	2486.3
互联网宽带接入端口(万个)	Broad Band Subscribers Port of Internet (10 000 ports)	35945.3	40546.1	57709.4
IPv4地址数(万个)	IPv4 Addresses (10 000 units)	33030.8	33198.8	24698.3
IPv6地址数(块/32)	IPv6 Addresses (piece/32)	16670	18797	11362
互联网国际出口带宽(Mbps)	International Internet Bandwidth (Mbps)	3406824	4118663	5283570
服务水平	**Service**			
移动电话普及率(部/百人)	Popularization Rate of Mobile Telephone (sets/100 persons)	90.3	94.0	92.5
互联网普及率(%)	Popularization Rate of Internet (%)	45.8	47.9	50.3
移动电话漫游国家和地区(个)	Countries(Regions)with Mobile Phone Roaming (unit)	258	258	255
开通互联网业务的行政村比重(%)	Percentage of Administrative Village with Access to Internet (%)			
开通互联网宽带业务的行政村比重(%)	Percentage of Administrative Village with Access to Internet by Broadband (%)	91.0	93.5	94.8
互联网和相关服务业	**Internet and Related Service**			
企业数(个)	Number of Enterprises (unit)	22099	24001	26388
从业人员(人)	Number of Enmployed Persons (person)	839916	807999	850118
业务收入(亿元)	Revenue (100 million yuan)	3317.0	4229.4	5443.6

注：自2018年起，增值电信服务调整为互联网和相关服务业。
a) Since 2018, Value-added Telecom is changed to Internet and Related Service.

4-5-5 续表 1 continued

指标名称	Item	2016	2017	2018
用户规模	**Number of Subscribers**			
移动电话用户(万户)	Mobile Telephone Subscribers (10 000 subscribers)	132193.4	141748.7	156609.8
#移动个性化回铃用户	Mobile Music Ring Back Tone Subsctibers			
手机报用户	Mobile Newspapers Subscribers			
(固定)互联网宽带接入用户(万户)	(Fixed)Broadband Subscribers of Internet (10 000 subscribers)	29720.7	34854.0	40738.2
移动互联网用户(万户)	Mobile Internet Subscribers o(10 000 subscribers)	109395.0	127153.7	127481.5
宽带电视用户(万户)	Broadband TV Subscribers (10 000 subscribers)	8672.8	12218.0	25526
手机电视用户(万户)	Mobile TV Subscribers of (10 000 subscribers)			
互联网网民人数(亿人)	Internet Users (100 million persons)	7.3	7.7	8.29
业务使用量	**Business Volume**			
移动短信业务量(亿条)	Short Message Services (100 million messages)	6670.9	6641.4	11398.6
固定互联网宽带接入时长(亿分钟)	Access Length of Fixed Internet by Broadband (100 million minutes)			
移动互联网接入流量(万GB)	Access Volume of Mobile Internet (10 000 GB)	937863.5	2459380.3	7090039.3
网页长度(总字节数)(GB)	Length of Webpages (GB)	12912602.5	16314789.2	18178538.6
网站数(万个)	Number of Websites (10 000 units)	482.4	533.3	523.4
网络基础设施投资和能力	**Infrastructure Investmen and Capacity**			
电信固定资产投资(亿元)	Fixed Assets Investment of Telecommunication (100 million yuan)	3739.1	3725.2	3507.3
#互联网及数据通信	Internet and Data Communication	809.3	670.5	653.5
移动电话基站(万个)	Base Stations of Mobile Phones (10 000 units)	559.4	618.7	667.2
光缆线路长度(万公里)	Length of Optical Cable Lines (10 000 km)	3042.1	3780.1	4316.8
互联网宽带接入端口(万个)	Broad Band Subscribers Port of Internet (10 000 ports)	71276.9	77599.1	86752.3
IPv4地址数(万个)	IPv4 Addresses (10 000 units)	28229.8	33870.5	33892.5
IPv6地址数(块/32)	IPv6 Addresses (piece/32)	11362	23430	41079
互联网国际出口带宽(Mbps)	International Internet Bandwidth (Mbps)	6640291	7320180	8946570
服务水平	**Service**			
移动电话普及率(部/百人)	Popularization Rate of Mobile Telephone (sets/100 persons)	95.6	102.0	112.2
互联网普及率(%)	Popularization Rate of Internet (%)	53.2	55.8	59.6
移动电话漫游国家和地区(个)	Countries(Regions)with Mobile Phone Roaming (unit)	258.0	262.0	260.0
开通互联网业务的行政村比重(%)	Percentage of Administrative Village with Access to Internet (%)			
开通互联网宽带业务的行政村比重(%)	Percentage of Administrative Village with Access to Internet by Broadband (%)	96.7		
互联网和相关服务业	**Internet and Related Service**			
企业数(个)	Number of Enterprises (unit)	30547	31470	33337
从业人员(人)	Number of Enmployed Persons (person)	885167	906698	3981720
业务收入(亿元)	Revenue (100 million yuan)	6650.6	7901.9	9797.0

4-5-5 续表 2 continued

指标名称	Item	2019	2020	2021
用户规模	**Number of Subscribers**			
移动电话用户(万户)	Mobile Telephone Subscribers (10 000 subscribers)	160134.5	159407.0	164282.5
#移动个性化回铃用户	Mobile Music Ring Back Tone Subsctibers			
手机报用户	Mobile Newspapers Subscribers			
(固定)互联网宽带接入用户(万户)	(Fixed)Broadband Subscribers of Internet (10 000 subscribers)	44927.9	48355.0	53578.7
移动互联网用户(万户)	Mobile Internet Subscribers o(10 000 subscribers)	131852.6	134851.9	141564.9
宽带电视用户(万户)	Broadband TV Subscribers (10 000 subscribers)	29395.7	31515.2	
手机电视用户(万户)	Mobile TV Subscribers of (10 000 subscribers)			
互联网网民人数(亿人)	Internet Users (100 million persons)	9.04	9.89	10.32
业务使用量	**Business Volume**			
移动短信业务量(亿条)	Short Message Services (100 million messages)	15066.4	17795.7	17619.5
固定互联网宽带接入时长(亿分钟)	Access Length of Fixed Internet by Broadband (100 million minutes)			
移动互联网接入流量(万GB)	Access Volume of Mobile Internet (10 000 GB)	12199201	16556817	22163224
网页长度(总字节数)(GB)	Length of Webpages (GB)	19981731	22524064	33496371
网站数(万个)	Number of Websites (10 000 units)	496.6	442.9	418.4
网络基础设施投资和能力	**Infrastructure Investmen and Capacity**			
电信固定资产投资(亿元)	Fixed Assets Investment of Telecommunication (100 million yuan)	3654.1	4085.2	4073.6
#互联网及数据通信	Internet and Data Communication	402.0	339.9	480.5
移动电话基站(万个)	Base Stations of Mobile Phones (10 000 units)	841.0	931.0	996.3
光缆线路长度(万公里)	Length of Optical Cable Lines (10 000 km)	4741.2	5169.2	5480.8
互联网宽带接入端口(万个)	Broad Band Subscribers Port of Internet (10 000 ports)	91578.0	94604.7	101784.7
IPv4地址数(万个)	IPv4 Addresses (10 000 units)	33909.3	34066.8	34388.1
IPv6地址数(块/32)	IPv6 Addresses (piece/32)	47885	54593	59995
互联网国际出口带宽(Mbps)	International Internet Bandwidth (Mbps)	8827751	11511397	13839969
服务水平	**Service**			
移动电话普及率(部/百人)	Popularization Rate of Mobile Telephone (sets/100 persons)	114.4	112.9	116.3
互联网普及率(%)	Popularization Rate of Internet (%)	64.5	70.4	73.0
移动电话漫游国家和地区(个)	Countries(Regions)with Mobile Phone Roaming (unit)	261	264	264
开通互联网业务的行政村比重(%)	Percentage of Administrative Village with Access to Internet (%)			
开通互联网宽带业务的行政村比重(%)	Percentage of Administrative Village with Access to Internet by Broadband (%)			
互联网和相关服务业	**Internet and Related Service**			
企业数(个)	Number of Enterprises (unit)	48637	62183	78661
从业人员(人)	Number of Enmployed Persons (person)	2861720	2411154	3001303
业务收入(亿元)	Revenue (100 million yuan)	12655.0	15970.0	20497.5

5

港澳台地区统计资料

Statistical Indicators of
Hong Kong, Macao and Taiwan Province of China

5-1-1 香港文化及创意产业增加值
Value Added of the Cultural and Creative Industries of Hong Kong, China

单位：百万港元，% (HKD million,%)

项 目	Item	2018	2019	2020
文化及创意产业增加值	**Value-added of Cultural and Creative Industries**	**130463**	**129347**	**115566**
艺术品、古董及工艺品	Art, Antiques and Crafts	19389	18677	14662
文化教育及图书馆、档案保存和博物馆服务	Cultural Education and Library, Archive and Museum Services	1580	1499	1060
表演艺术	Performing Arts	1415	1230	1022
电影及录像和音乐	Film, Video and Music	3347	3025	2142
电视及电台	Television and Radio	6560	5678	6001
出版	Publishing	14188	14305	13235
软件、电脑游戏及互动媒体	Software, Computer Games and Interactive Media	55135	56418	54415
设计	Design	4523	4845	3964
建筑	Architecture	11675	11470	13220
广告	Advertising	9777	9940	5764
娱乐服务	Amusement Services	2874	2259	82
文化及创意产业增加值占本地生产总值百分比	**% of GDP**	**4.8**	**4.7**	**4.5**

资料来源：中国香港特别行政区政府统计处(以下相关表同)。
Data source: Census and Statistics Department of Hong Kong SAR. The same applies to the relevant tables following.

5-1-2 香港文化及创意产业就业人数
Number of Persons Engaged in the Cultural and Creative Industries of Hong Kong, China

单位：人，% (person,%)

项 目	Item	2018	2019	2020
文化及创意产业就业人数	**Number of Persons Engaged in Cultural and Creative Industries**	**234730**	**237150**	**228 600**
艺术品、古董及工艺品	Art, Antiques and Crafts	32700	31940	28 880
文化教育及图书馆、档案保存和博物馆服务	Cultural Education and Library, Archive and Museum Services	12270	12660	11 980
表演艺术	Performing Arts	5440	5460	5 280
电影及录像和音乐	Film, Video and Music	15400	15410	14 970
电视及电台	Television and Radio	6230	6120	5 690
出版	Publishing	37750	36460	34 340
软件、电脑游戏及互动媒体	Software, Computer Games and Interactive Media	62580	64310	64 980
设计	Design	17590	18590	18 580
建筑	Architecture	16130	16480	16 670
广告	Advertising	19370	19500	18 690
娱乐服务	Amusement Services	9260	10240	8 530
占总就业人数的百分比	**% Share of Total Employment**	**6.1**	**6.2**	**6.2**

注：数据进位至最接近的十位数。
a) Number rounded to the nearest ten.

5-1-3 香港文化及创意产品进出口情况
Total Exports and Imports of Cultural and Creative Goods of Hong Kong, China

单位：百万港元，% (HKD million,%)

项 目	Item	2009	2010	2011	2012	2013	2014
文化及创意产品的出口	**Exports of Cultural and Creative Goods**	**371644**	**449803**	**495826**	**537874**	**507105**	**505067**
古董及工艺品产品	Antiques and Crafts Goods	8363	9849	11194	10696	11505	11956
视觉艺术及设计产品	Visual arts and Design Goods	37235	44990	56400	63450	66430	70876
视听及互动媒体产品	Audio-visual and Interactive Media Goods	273635	334621	362876	393864	364993	363525
表演艺术及节庆产品	Performing Arts and Celebration Goods	40355	47294	52010	57469	52204	47004
出版产品(书籍及报刊)	Publishing Goods (Books and Press)	12056	13049	13346	12395	11973	11706
占整体出口的百分比	**% of Total Exports of Goods**	**15.1**	**14.8**	**14.9**	**15.7**	**14.2**	**13.8**
文化及创意产品的进口	**Imports of Cultural and Creative Goods**	**392782**	**477698**	**545928**	**609622**	**596230**	**577487**
古董及工艺品产品	Antiques and Crafts Goods	8656	10946	15287	13394	14005	13718
视觉艺术及设计产品	Visual arts and Design Goods	40599	58888	91783	106054	110480	127796
视听及互动媒体产品	Audio-visual and Interactive Media Goods	289894	347103	370599	415080	399201	368887
表演艺术及节庆产品	Performing Arts and Celebration Goods	45804	51944	59015	66266	64222	58880
出版产品(书籍及报刊)	Publishing Goods (Books and Press)	7829	8817	9244	8828	8322	8206
占整体进口的百分比	**% of Total Imports of Goods**	**14.6**	**14.2**	**14.5**	**15.6**	**14.7**	**13.7**

5-1-3 续表 continued

单位：百万港元，% (HKD million,%)

项 目	Item	2015	2016	2017	2018	2019	2020
文化及创意产品的出口	**Exports of Cultural and Creative Goods**	**487946**	**452741**	**520761**	**618006**	**571337**	**573943**
古董及工艺品产品	Antiques and Crafts Goods	11980	11649	12066	11899	10929	9457
视觉艺术及设计产品	Visual arts and Design Goods	63428	56964	58427	72470	86571	64612
视听及互动媒体产品	Audio-visual and Interactive Media Goods	352662	324894	379791	441617	393146	426673
表演艺术及节庆产品	Performing Arts and Celebration Goods	48517	48189	60560	82221	71364	65099
出版产品(书籍及报刊)	Publishing Goods (Books and Press)	11359	11046	9918	9799	9327	8103
占整体出口的百分比	**% of Total Exports of Goods**	**13.5**	**12.6**	**13.4**	**14.9**	**14.3**	**14.6**
文化及创意产品的进口	**Imports of Cultural and Creative Goods**	**534330**	**499242**	**561635**	**668814**	**591540**	**549007**
古董及工艺品产品	Antiques and Crafts Goods	12134	14028	12659	12115	13221	9084
视觉艺术及设计产品	Visual arts and Design Goods	112383	111420	122954	130305	145307	112626
视听及互动媒体产品	Audio-visual and Interactive Media Goods	347570	313503	358932	434645	361375	353116
表演艺术及节庆产品	Performing Arts and Celebration Goods	53798	52173	59586	83753	64366	67572
出版产品(书籍及报刊)	Publishing Goods (Books and Press)	8445	8119	7505	7996	7271	6610
占整体进口的百分比	**% of Total Imports of Goods**	**13.2**	**12.5**	**12.9**	**14.2**	**13.4**	**12.9**

5-1-4 香港文化及创意服务输出和输入情况
Exports and Imports of Cultural and Creative Services of Hong Kong, China

单位：百万港元，% (HKD million,%)

项　目	Item	2009	2010	2011	2012
文化及创意服务的输出	**Exports of Cultural and Creative Services**	**19707**	**22185**	**24276**	**25771**
广告、市场研究及公众意见调查服务	Advertising, Market Research and Public Opinion Polling Services	4902	5063	5701	6090
建筑、工程、科学及其他技术服务	Architectural, Engineering and Other Technical Services	3595	3745	3731	3946
电脑服务	Computer Services	4787	6307	6621	7027
资讯服务	Information Services	509	570	742	766
视听及有关服务	Audio-visual and Related Services	881	869	858	869
其他个人、文化及康乐服务	Other Personal, Cultural and Recreational Services	2162	2441	2820	2807
研究及发展服务	Research and Development Services	350	395	535	606
特许经营权及商标以外的知识产权使用费	Charges for the Use of Intellectual Property Rights Other Than Franchises and Trademarks	2521	2795	3268	3660
占服务输出总额的百分比	**% of Total Exports of Services**	**3.9**	**3.5**	**3.4**	**3.4**
文化及创意服务的输入	**Imports of Cultural and Creative Services**	**20674**	**23544**	**24316**	**25340**
广告、市场研究及公众意见调查服务	Advertising, Market Research and Public Opinion Polling Services	3031	3725	3984	4498
建筑、工程、科学及其他技术服务	Architectural, Engineering and Other Technical Services	1382	1971	2483	2544
电脑服务	Computer Services	3733	3788	3481	3706
资讯服务	Information Services	555	596	730	774
视听及有关服务	Audio-visual and Related Services	304	307	495	544
其他个人、文化及康乐服务	Other Personal, Cultural and Recreational Services	423	341	233	320
研究及发展服务	Research and Development Services	1135	908	917	1047
特许经营权及商标以外的知识产权使用费	Charges for the Use of Intellectual Property Rights Other Than Franchises and Trademarks	10111	11908	11993	11907
占服务输入总额的百分比	**% of Total Imports of Services**	**4.4**	**4.3**	**4.2**	**4.3**

5-1-4 续表 1 continued

单位：百万港元，%　　(HKD million,%)

项　目	Item	2013	2014	2015	2016
文化及创意服务的输出	**Exports of Cultural and Creative Services**	**25065**	**25515**	**24768**	**24485**
广告、市场研究及公众意见调查服务	Advertising, Market Research and Public Opinion Polling Services	6451	5961	5347	5161
建筑、工程、科学及其他技术服务	Architectural, Engineering and Other Technical Services	3815	4107	4302	3972
电脑服务	Computer Services	7293	7380	7156	7132
资讯服务	Information Services	760	726	701	719
视听及有关服务	Audio-visual and Related Services	732	675	576	658
其他个人、文化及康乐服务	Other Personal, Cultural and Recreational Services	1087	1328	1423	1670
研究及发展服务	Research and Development Services	903	1209	1024	805
特许经营权及商标以外的知识产权使用费	Charges for the Use of Intellectual Property Rights Other Than Franchises and Trademarks	4024	4129	4239	4368
占服务输出总额的百分比	**% of Total Exports of Services**	**3.1**	**3.1**	**3.1**	**3.2**
文化及创意服务的输入	**Imports of Cultural and Creative Services**	**25189**	**25416**	**25402**	**25352**
广告、市场研究及公众意见调查服务	Advertising, Market Research and Public Opinion Polling Services	4386	4069	4189	4109
建筑、工程、科学及其他技术服务	Architectural, Engineering and Other Technical Services	2593	2837	2923	2699
电脑服务	Computer Services	4260	5087	4998	5065
资讯服务	Information Services	1127	1022	1135	1085
视听及有关服务	Audio-visual and Related Services	464	389	416	403
其他个人、文化及康乐服务	Other Personal, Cultural and Recreational Services	289	387	430	581
研究及发展服务	Research and Development Services	1069	1250	1089	1164
特许经营权及商标以外的知识产权使用费	Charges for the Use of Intellectual Property Rights Other Than Franchises and Trademarks	11001	10375	10222	10246
占服务输入总额的百分比	**% of Total Imports of Services**	**4.3**	**4.4**	**4.4**	**4.4**

5-1-4 续表 2 continued

单位：百万港元，% (HKD million,%)

项　目	Item	2017	2018	2019	2020
文化及创意服务的输出	**Exports of Cultural and Creative Services**	**25729**	**26916**	**26387**	**23042**
广告、市场研究及公众意见调查服务	Advertising, Market Research and Public Opinion Polling Services	5253	5341	4951	3787
建筑、工程、科学及其他技术服务	Architectural, Engineering and Other Technical Services	4262	4571	4304	3559
电脑服务	Computer Services	7328	7471	7613	7268
资讯服务	Information Services	723	838	851	744
视听及有关服务	Audio-visual and Related Services	620	570	480	297
其他个人、文化及康乐服务	Other Personal, Cultural and Recreational Services	1938	2141	2183	1817
研究及发展服务	Research and Development Services	931	1194	1154	1093
特许经营权及商标以外的知识产权使用费	Charges for the Use of Intellectual Property Rights Other Than Franchises and Trademarks	4674	4790	4851	4477
占服务输出总额的百分比	**% of Total Exports of Services**	**3.2**	**3.0**	**3.3**	**4.4**
文化及创意服务的输入	**Imports of Cultural and Creative Services**	**26125**	**27189**	**26158**	**25875**
广告、市场研究及公众意见调查服务	Advertising, Market Research and Public Opinion Polling Services	4244	4283	3923	3477
建筑、工程、科学及其他技术服务	Architectural, Engineering and Other Technical Services	2521	2531	2650	2689
电脑服务	Computer Services	5081	5143	5056	6322
资讯服务	Information Services	1108	1215	1215	1213
视听及有关服务	Audio-visual and Related Services	365	406	328	267
其他个人、文化及康乐服务	Other Personal, Cultural and Recreational Services	639	720	766	1421
研究及发展服务	Research and Development Services	1610	2253	1496	1321
特许经营权及商标以外的知识产权使用费	Charges for the Use of Intellectual Property Rights Other Than Franchises and Trademarks	10559	10638	10724	9165
占服务输入总额的百分比	**% of Total Imports of Services**	**4.3**	**4.2**	**4.1**	**6.1**

5-2-1 澳门文化活动参与情况
Statistics on Arts Attendance of Macao,China

单位：% (%)

类 别	Category	2018 总参与率 Total Participation Rate	去电影院 Visiting Movie Theaters	去图书馆 Visiting Libraries	参观博物馆或世遗景点 Visiting Museums or Historic Spots	观看表演 Performing Arts Attendance	参观艺术展 览 Visting Art Exhibition
总 计	**Total**	**54.3**	**34.8**	**26.8**	**22.0**	**16.3**	**7.8**
按性别分组	**By Sex**						
男	Male	54.9	36.9	25.5	20.4	14.7	8.0
女	Female	53.7	32.9	28.0	23.5	17.8	7.6
按年龄分组	**By Age**						
16-24岁	Aged 16-24	83.6	65.4	54.8	28.6	23.6	7.4
25-34岁	Aged 25-34	65.1	51.4	24.9	25.1	19.7	7.0
35-44岁	Aged 35-44	60.9	41.8	29.5	26.9	17.5	9.7
45-54岁	Aged 45-54	43.0	25.7	19.9	16.5	11.6	6.5
55岁及以上	Aged 55 and Over	37.8	11.6	20.7	17.6	13.3	8.1
按教育程度分组	**By Education Attainment**						
小学教育	Primary Education	34.3	13.8	16.0	14.4	10.8	5.3
初中教育	Junior Secondary Education	47.1	26.9	25.3	18.7	10.4	4.0
高中教育	Senior Secondary Education	55.3	36.5	27.5	20.2	14.5	5.8
高等教育	Higher Education	75.5	55.4	36.4	33.5	27.1	15.0
其 他	Other Education	21.4	6.5	9.7	6.4	7.4	1.7
按经济活动状况分组	**By Economic Activity Status**						
劳动人口	Economically Active Population	55.0	37.9	23.4	22.1	16.3	7.5
非劳动人口	Non-economically Active Population	52.4	27.1	35.2	21.8	16.5	8.4

资料来源：中国澳门特别行政区政府澳门统计暨普查局(以下相关表同)。
Data source: Census and Statistics Department of Macao SAR. The same applies to the relevant tables following.

5-2-1 续表 1 continued

单位：% (%)

类 别	Category	2019 总参与率 Total Participation Rate	去电影院 Visiting Movie Theaters	去图书馆 Visiting Libraries	参观博物馆或世遗景点 Visiting Museums or Historic Spots	观看表演 Performing Arts Attendance	参观艺术展览 Visting Art Exhibition
总 计	**Total**	**54.4**	**34.9**	**27.3**	**20.1**	**15.5**	**6.3**
按性别分组	**By Sex**						
男	Male	55.8	36.6	28.1	19.2	13.9	6.0
女	Female	53.2	33.4	26.6	21.0	16.8	6.6
按年龄分组	**By Age**						
16-24岁	Aged 16-24	81.9	63.0	62.7	27.6	25.4	7.3
25-34岁	Aged 25-34	68.6	54.8	25.5	24.0	18.7	6.6
35-44岁	Aged 35-44	60.5	43.3	28.7	23.2	14.4	7.4
45-54岁	Aged 45-54	46.6	26.7	20.7	19.4	10.9	5.0
55岁及以上	Aged 55 and Over	35.5	10.6	19.4	13.4	13.1	5.9
按教育程度分组	**By Education Attainment**						
小学教育	Primary Education	35.4	13.9	18.8	12.3	10.0	4.3
初中教育	Junior Secondary Education	46.7	23.8	23.8	17.3	10.1	3.9
高中教育	Senior Secondary Education	55.9	36.1	26.3	17.5	13.2	4.7
高等教育	Higher Education	74.3	57.9	38.3	30.9	26.0	11.4
其 他	Other Education	74.3	5.9	10.0	9.8	7.0	2.8
按经济活动状况分组	**By Economic Activity Status**						
劳动人口	Economically Active Population	55.3	38.7	23.7	21.2	14.9	6.6
非劳动人口	Non-economically Active Population	52.2	25.9	35.7	17.5	16.9	5.7

5-2-1 续表 2 continued

单位：% (%)

类　别	Category	2020 总参与率 Total Participation Rate	去电影院 Visiting Movie Theaters	去图书馆 Visiting Libraries	参观博物馆或世遗景点 Visiting Museums or Historic Spots	观看表演 Performing Arts Attendance	参观艺术展览 Visting Art Exhibition
总 计	**Total**	**39.4**	**19.0**	**20.6**	**16.3**	**7.8**	**4.6**
按性别分组	**By Sex**						
男	Male	39.2	19.5	19.5	15.5	6.7	3.8
女	Female	39.7	18.5	21.5	16.9	8.8	5.3
按年龄分组	**By Age**						
16-24岁	Aged 16-24	65.3	39.4	49.1	16.3	11.2	4.7
25-34岁	Aged 25-34	47.8	28.9	19.6	19.3	8.5	4.8
35-44岁	Aged 35-44	44.7	22.9	20.3	22.6	9.4	6.5
45-54岁	Aged 45-54	30.6	14.7	12.7	14.4	5.5	3.8
55岁及以上	Aged 55 and Over	27.1	5.6	17.2	11.1	6.5	3.7
按教育程度分组	**By Education Attainment**						
小学教育	Primary Education	19.2	4.6	11.5	6.1	3.0	1.3
初中教育	Junior Secondary Education	32.1	13.0	18.2	12.7	5.7	2.4
高中教育	Senior Secondary Education	39.2	20.6	21.5	14.3	7.3	4.0
高等教育	Higher Education	58.0	30.9	27.4	26.9	12.7	8.9
其 他	Other Education	14.4	2.6	8.7	4.8	2.2	0.5
按经济活动状况分组	**By Economic Activity Status**						
劳动人口	Economically Active Population	38.6	20.5	16.5	17.5	7.9	4.9
非劳动人口	Non-economically Active Population	41.5	15.2	30.7	13.2	7.5	4.0

5-2-1 续表 3 continued

单位：% (%)

类 别	Category	2021 总参与率 Total Participation Rate	去电影院 Visiting Movie Theaters	去图书馆 Visiting Libraries	参观博物馆或世遗景点 Visiting Museums or Historic Spots	观看表演 Performing Arts Attendance	参观艺术展 览 Visting Art Exhibition
总 计	**Total**	**51.4**	**25.8**	**29.5**	**25.9**	**7.2**	**5.5**
按性别分组	**By Sex**						
男	Male	50.7	26.2	27.6	23.8	6.2	5.7
女	Female	51.9	25.4	31.0	27.7	8.1	5.4
按年龄分组	**By Age**						
16-24岁	Aged 16-24	83.3	56.2	63.5	32.5	15.0	12.5
25-34岁	Aged 25-34	60.4	38.9	31.4	30.5	5.5	5.1
35-44岁	Aged 35-44	55.9	29.4	29.5	33.4	6.3	5.4
45-54岁	Aged 45-54	41.9	19.4	21.9	22.8	5.5	4.1
55岁及以上	Aged 55 and Over	39.2	10.6	22.7	18.3	7.6	4.7
按教育程度分组	**By Education Attainment**						
小学教育	Primary Education	33.0	10.5	18.5	17.3	4.0	2.8
初中教育	Junior Secondary Education	45.0	20.8	27.6	20.9	6.6	4.5
高中教育	Senior Secondary Education	54.6	28.2	32.6	27.4	6.3	5.2
高等教育	Higher Education	67.7	38.9	36.7	35.1	10.7	8.9
其 他	Other Education	24.5	5.7	13.3	12.8	4.8	1.0
按经济活动状况分组	**By Economic Activity Status**						
劳动人口	Economically Active Population	50.6	28.3	25.5	26.9	5.8	4.7
非劳动人口	Non-economically Active Population	52.9	20.4	37.9	23.7	10.4	7.3

5-2-2 澳门会展业基本情况
Statistics on Exhibition Industry of Macao,China

指 标	Index	2015	2016	2017	2018	2019	2020	2021
举办会议数(个)	Number of Conventions (unit)	1163	1195	1285	1342	1459	345	386
举办商业展览数(个)	Number of Commercial Exhibitions (unit)	78	55	51	60	58	34	55
参与会展人次(千人次)	Number of Persons Participated (1000 person-times)	2516	1722	1902	2118	2012	915	1401

5-2-3 澳门表演及文化展览情况
Statistics on Public Performance and Cultural Exhibitions of Macao,China

单位：场，人次 (show,person-time)

指 标	Index	2015	2016	2017	2018	2019	2020	2021
总 计	**Total**							
场次	Number of sessions	38 472	48 846	45 678	45685	46479	15127	22033
观众人次	Number of Audiences	7368375	8104661	5694030	6295182	7180987	1458396	6841274
舞 蹈	Dance							
场次	Number of sessions	387	330	134	142	177	103	160
观众人次	Number of Audiences	104278	83494	60839	77832	130620	15262	30181
音乐会	Concerts							
场次	Number of sessions	1570	1382	953	1040	920	797	1239
观众人次	Number of Audiences	558263	472584	560083	738883	650772	187565	201482
综合表演	Variety Show							
场次	Number of sessions	1166	1161	1033	1381	892	386	494
观众人次	Number of Audiences	1122592	1324567	1143115	1148115	1016804	123982	72725
戏 剧	Theatres							
场次	Number of sessions	1006	1066	1097	936	1174	901	1245
观众人次	Number of Audiences	290192	256656	213494	206910	204365	128399	118144
电 影	Movies							
场次	Number of sessions	33034	42480	40214	41335	42167	12382	17707
观众人次	Number of Audiences	1650774	1808169	1404017	1396972	1330682	274699	604599
文化展览	Cultural Exhibitions							
场次	Number of sessions	608	729	544	560	767	448	1071
观众人次	Number of Audiences	2851191	2922742	1640710	1762529	2735857	624294	5013730
其 他	Others							
场次	Number of sessions	701	1698	1703	291	382	110	117
观众人次	Number of Audiences	791085	1236449	671772	963941	1111887	104195	800413

5-2-4 澳门公共图书馆及阅览室情况
Statistics on Public Libraries and Reading Rooms of Macao,China

指 标	Index	2015	2016	2017	2018	2019	2020	2021
图书馆及阅览室（个）	Number of Libraries and Reading Rooms (unit)	70	70	76	78	78	77	76
图书馆工作人员（人）	Number of Staff (person)	391	366	376	335	330	336	316
坐席数（个）	Seating Capacity (unit)	8180	8624	8819	9213	10056	9880	9593
购书总支出（千澳门元）	Total Expenditure on Purchase of Books (1000 MOP)	75212	65973	93342	114920	93659	92446	85488
藏书量（万册）	Number of Books (10000 copies)	209.4	211.9	224.2	222.3	236.0	225.4	232.1
期刊杂志（万份）	Number of Periodicals (10000 pieces)	1.4	1.4	1.4	1.3	1.4	1.3	1.2
多媒体资料（万套）	Multi-media Materials (10000 Sets)	278.2	271.0	268.2	277.3	285.2	291.0	321.0
#电子书籍	Electronic Books	228.7	230.0	226.4	234.3	244.4	237.8	273.3
电子期刊杂志	Electronic Journals	40.7	31.8	32.5	33.4	30.8	42.0	36.6
接待人次（万人次）	Number of Visitors (10000 person-times)	502.6	547.2	537.4	567.2	629.4	342.5	421.9

5-2-5 澳门出版、博物馆及广播电影电视情况
Statistics on Publishing, Museums,Radio, TV and Films of Macao,China

指 标	Index	2015	2016	2017	2018
出版	**Publishing**				
图书	Books				
出版种数（种）	Number of Publications (kind)	717	599	635	576
日报	Daily newspapers				
出版种数（种）	Number of Publications (kind)	17	19	19	18
发行量（千份）	Circulation (1000 pieces)	113812	106411	94557	87155
期刊	Periodicals				
出版种数（种）	Number of Publications (kind)	56	55	52	54
发行量（千份）	Circulation (1000 pieces)	14298	8962	9628	11580
博物馆	**Museums**				
个数（个）	Number of Museums (unit)	22	27	27	25
参观人次（千人次）	Number of Visitors (1000 person-times)	3864	4179	4285	4657
广电影视	**Radio,TV and Films**				
电视及广播发射台（个）	Number of Television and Radio Broadcasting Stations (unit)	9	10	11	11
电影院（个）	Number of Cinemas (unit)	5	5	6	6
银 幕（个）	Number of Screens (unit)	16	16	17	17
坐席数（个）	Seating capacity (seat)	3682	3682	3742	3742
电影票房收入(千澳门元)	Ticket Sales (1000 MOP)	136895	123288	107605	100406

注：1.图书指配有国际标准书号的图书。
2.部分刊物未能提供发行量。
3.部分博物馆未能提供入馆人次。

a)Books referrs to those with international standard book number.
b)Unavailability of data on circulation of some periodicals.
c)Unavailability of data on visitors of some museums .

5-2-5 续表 continued

指　　标	Index	2019	2020	2021
出版	**Publishing**			
图书	Books			
出版种数（种）	Number of Publications (kind)	760	675	743
日报	Daily newspapers			
出版种数（种）	Number of Publications (kind)	18	19	19
发行量（千份）	Circulation (1000 pieces)	82820	77727	49210
期刊	Periodicals			
出版种数（种）	Number of Publications (kind)	54	56	53
发行量（千份）	Circulation (1000 pieces)	9516	7212	6203
博物馆	**Museums**			
个数（个）	Number of Museums (unit)	25	28	31
参观人次（千人次）	Number of Visitors (1000 person-times)	5405	843	1346
广电影视	**Radio,TV and Films**			
电视及广播发射台（个）	Number of Television and Radio Broadcasting Stations (unit)	9	9	13
电影院（个）	Number of Cinemas (unit)	6	6	8
银 幕（个）	Number of Screens (unit)	17	17	31
坐席数（个）	Seating capacity (seat)	3729	3729	5726
电影票房收入(千澳门元)	Ticket Sales (1000 MOP)	100432	19504	51531

5-3-1 台湾省文创产业从业人员情况

Statistics on Engaged Persons of Cultural and Creative Industries of Taiwan,China

类　　别	Category	2015	2016	2017	2018	2019	2020
从业人员（人）	**Engaged Persons (person)**	**252306**	**261497**	**260169**	**259416**	**275799**	**271952**
出版	Press and Publication	39399	40165	40962	38430	42210	41781
影片服务、声音录制及音乐出版	Films, Recording and Music	15589	17535	16698	14902	15962	18537
传播及节目播送	Media and Broadcasting	31089	27264	22116	23312	24135	21111
广告业及市场研究	Advertising and Market Research	35227	34146	35984	37886	37671	35258
专门设计服务	Design	54420	57130	58571	57536	65150	63978
创作及艺术表演	Creation, Arts and Performance	16922	17593	19042	21273	22148	16979
运动、娱乐及休闲服务	Sports, Entertainment and Leisure	59660	67663	66796	66077	68523	74308

资料来源：2021年台湾文化创意产业发展年报(以下相关表同)。
Data source: Annual Report on Development of Cultural and Creative Industries of Taiwan,2021. The same applies to the relevant tables following.

5-3-2 台湾省文创产业营业额与本地生产总值

Total Revenue of Cultural and Creative Industries and GDP of Taiwan,China

项　目	Item	2012	2013	2014	2015	2016
文创产业营业额（新台币百万元）	Total Revenue of Cultural and Creative Industries (TWD million)	809305	831035	848393	858659	826568
本地生产总值（新台币亿元,现价）	Gross Domestic Product (current price, TWD 100 million)	146778	152707	162580	170551	175553
本地生产总值(现价)年增长率(%)	Increase Rate of GDP (%)	2.62	3.70	6.47	4.90	2.93
文创营业额占本地生产总值的比率(%)	Total Revenue of Cultural and Creative Industries as % of GDP (%)	5.51	5.44	5.22	5.03	4.71

5-3-2 续表 continued

项　目	Item	2017	2018	2019	2020
文创产业营业额（新台币百万元）	Total Revenue of Cultural and Creative Industries (TWD million)	836206	879816	912408	926463
本地生产总值（新台币亿元,现价）	Gross Domestic Product (current price, TWD 100 million)	179833	183750	189325	197986
本地生产总值(现价)年增长率(%)	Increase Rate of GDP (%)	2.44	2.18	3.03	4.71
文创营业额占本地生产总值的比率(%)	Total Revenue of Cultural and Creative Industries as % of GDP (%)	4.65	4.79	4.82	4.68

5-3-3 台湾省文化创意产业企业情况
Statistics on Enterprises of Cultural and Creative Industries of Taiwan,China

类　别	Category	2015	2016	2017
企业数（个）	**Total Number if Enterprises (unit)**	**61824**	**62325**	**63250**
视觉艺术	Visual Arts	2299	2324	2329
音乐及表演艺术	Music and Performancing Arts	3525	3800	4157
文化资产应用及展演设施	Use,Exhibition and Performance of Cultural Assets	519	537	587
工艺	Art and Antiques	11611	11553	11493
电影	Films	1793	1911	2057
广播电视	Radio and Television	1827	1856	1945
出版	Press and Publication	8386	8254	8156
流行音乐及文化内容	Pop Music and Cultural Content	3962	3883	3915
广告	Advertising	14430	14557	14786
产品设计	Product Design	1461	1449	1427
视觉传达设计	Visual and Media Design	1057	1220	1331
品牌时尚设计	Fashion Design	2068	2305	2469
建筑设计	Architectural Design	3373	3512	3689
数位内容	Digital Content	5374	5024	4770
创意生活	Creative Life	139	140	139
营业额（新台币百万元）	**Total Revenue (TWD million)**	**858659**	**826568**	**836206**
视觉艺术	Visual Arts	5425	5418	5633
音乐及表演艺术	Music and Performancing Arts	20529	18891	23187
文化资产应用及展演设施	Use,Exhibition and Performance of Cultural Assets	4193	4371	4665
工艺	Art and Antiques	105531	88877	77290
电影	Films	30577	27922	29285
广播电视	Radio and Television	170818	166526	169921
出版	Press and Publication	103284	101938	100203
流行音乐及文化内容	Pop Music and Cultural Content	29463	30684	31066
广告	Advertising	148748	146294	151203
产品设计	Product Design	43578	40462	45899
视觉传达设计	Visual and Media Design	2454	2864	3297
品牌时尚设计	Fashion Design	47912	47350	50535
建筑设计	Architectural Design	33525	33630	33231
数位内容	Digital Content	84521	83560	84229
创意生活	Creative Life	28101	27781	26562

5-3-3 续表 continued

类 别	Category	2018	2019	2020
企业数（个）	**Total Number if Enterprises (unit)**	**64401**	**65687**	**67618**
视觉艺术	Visual Arts	2482	2602	2778
音乐及表演艺术	Music and Performancing Arts	4547	4867	5219
文化资产应用及展演设施	Use,Exhibition and Performance of Cultural Assets	631	662	708
工艺	Art and Antiques	11366	11237	11147
电影	Films	2208	2352	2551
广播电视	Radio and Television	2056	2148	2218
出版	Press and Publication	8110	7994	7905
流行音乐及文化内容	Pop Music and Cultural Content	3991	4068	4011
广告	Advertising	15138	15577	16291
产品设计	Product Design	1403	1389	1391
视觉传达设计	Visual and Media Design	1482	1669	1918
品牌时尚设计	Fashion Design	2604	2801	3075
建筑设计	Architectural Design	3847	3998	4280
数位内容	Digital Content	4402	4174	3991
创意生活	Creative Life	134	149	135
营业额（新台币百万元）	**Total Revenue (TWD million)**	**879816**	**912410**	**926463**
视觉艺术	Visual Arts	6397	7056	7137
音乐及表演艺术	Music and Performancing Arts	23242	23177	20650
文化资产应用及展演设施	Use,Exhibition and Performance of Cultural Assets	6423	6613	4919
工艺	Art and Antiques	78372	74642	86483
电影	Films	30307	29779	21133
广播电视	Radio and Television	182562	192833	207888
出版	Press and Publication	100986	105584	99291
流行音乐及文化内容	Pop Music and Cultural Content	32984	35492	33439
广告	Advertising	161610	176395	175302
产品设计	Product Design	44488	41741	40645
视觉传达设计	Visual and Media Design	4327	5137	5659
品牌时尚设计	Fashion Design	54303	54519	61007
建筑设计	Architectural Design	37438	36684	36970
数位内容	Digital Content	89037	93573	97979
创意生活	Creative Life	27342	29186	27960

6

国际统计资料

International Statistical Indicators

6-1 世界主要国家版权产业增加值占GDP的比重
Contribution of Copyright Industries to GDP in Main Countries

国 家	Country	年 份 Year	版权产业增加值占GDP的比重 Value-added of Copyright Industries as Percentage of GDP (%)
阿根廷	Argentina	2013	4.70
澳大利亚	Australia	2018	6.80
不丹	Bhutan	2011	5.46
文莱	Brunei	2011	1.58
保加利亚	Bulgaria	2011	4.54
加拿大	Canada	2016	5.40
哥伦比亚	Colombia	2008	3.30
克罗地亚	Croatia	2007	4.27
多米尼加	Dominica	2012	3.40
格林纳达	Grenada	2012	4.83
芬兰	Finland	2016	4.70
匈牙利	Hungary	2013	8.25
印度尼西亚	Indonesia	2013	4.11
牙买加	Jamaica	2007	4.81
约旦	Jordan	2012	2.43
肯尼亚	Kenya	2009	5.32
韩国	Korea, Rep.	2016	9.90
拉脱维亚	Latvia	2004	5.05
黎巴嫩	Lebanon	2007	4.75
立陶宛	Lithuania	2012	5.40
马拉维	Malawi	2013	3.46
马来西亚	Malaysia	2016	5.70
墨西哥	Mexico	2016	4.80
荷兰	Netherlands	2011	6.00
巴基斯坦	Pakistan	2010	4.45
巴拿马	Panama	2009	6.35
秘鲁	Peru	2009	2.67
菲律宾	Philippines	2006	4.82
罗马尼亚	Romania	2008	5.55
俄罗斯	Russia	2014	6.10
新加坡	Singapore	2014	6.20
斯洛文尼亚	Slovenia	2010	5.10
南非	South Africa	2014	4.10
圣基茨/尼维斯	St Kitts/Nevis	2012	6.60
圣卢西亚	St Lucia	2012	8.00
圣文森特	St Vincent	2012	5.60
坦桑尼亚	Tanzania	2012	4.56
泰国	Thailand	2012	4.48
土耳其	Türkiye	2011	2.73
乌克兰	Ukraine	2008	2.85
美国	USA	2019	11.99

资料来源：世界知识产权组织。
Data source: WIPO.

6-2 世界主要国家版权产业从业人员占从业总人员数的比重
Employed Persons Engaged in Copyright Industries as Percentage of Total Employed Persons

国家	Country	年份 Year	版权产业从业人员占从业总人员数的比重 Employed Persons Engaged in Copyright Industries as Percentage of Total Employed Persons (%)
阿根廷	Argentina	2013	3.00
澳大利亚	Australia	2016	8.60
不丹	Bhutan	2011	10.09
文莱	Brunei	2011	3.20
保加利亚	Bulgaria	2011	4.92
加拿大	Canada	2016	5.60
哥伦比亚	Colombia	2008	5.80
克罗地亚	Croatia	2007	4.65
多米尼加	Dominica	2012	4.80
格林纳达	Grenada	2012	5.12
芬兰	Finland	2016	5.10
匈牙利	Hungary	2013	7.28
印尼	Indonesia	2013	3.75
牙买加	Jamaica	2007	3.03
约旦	Jordan	2012	2.88
肯尼亚	Kenya	2009	3.26
韩国	Korea, Rep.	2016	6.20
拉脱维亚	Latvia	2004	5.59
黎巴嫩	Lebanon	2007	4.49
立陶宛	Lithuania	2012	4.92
马拉维	Malawi	2013	3.35
马来西亚	Malaysia	2016	7.50
墨西哥	Mexico	2016	11.00
荷兰	Netherlands	2011	7.40
巴基斯坦	Pakistan	2010	3.71
巴拿马	Panama	2009	3.17
秘鲁	Peru	2009	4.50
菲律宾	Philippines	2006	11.10
罗马尼亚	Romania	2008	4.19
俄罗斯	Russia	2014	7.30
新加坡	Singapore	2014	6.20
斯洛文尼亚	Slovenia	2010	6.80
南非	South Africa	2014	4.10
圣基茨/尼维斯	St Kitts/Nevis	2012	3.10
圣卢西亚	St Lucia	2012	4.40
圣文森特	St Vincent	2012	4.90
坦桑尼亚	Tanzania	2012	5.63
泰国	Thailand	2012	2.85
土耳其	Türkiye	2011	5.40
乌克兰	Ukraine	2008	1.90
美国	USA	2019	9.06

资料来源：世界知识产权组织。
Data source: WIPO.

6-3　世界创意产品出口情况
Statistics on Exported Creative Goods

单位：亿美元　　(USD 100 million)

类　别	Category	2006	2007	2008	2009	2010	2011	2012	2013	2014	2015
合　计	**Total**	**3174.1**	**4006.2**	**4391.7**	**3772.8**	**4197.7**	**4915.4**	**5198.9**	**5317.9**	**5771.9**	**5097.5**
工艺品	Art Crafts	284.4	312.4	327.9	271.2	316.0	360.0	364.1	392.8	404.6	357.2
音像产品	Audio Visuals	154.7	375.4	385.8	332.3	355.1	362.2	306.9	249.8	241.3	218.8
设计产品	Design	1863.8	2151.5	2371.6	2103.2	2405.6	2990.7	3266.0	3423.2	3859.0	3182.2
新媒体	New Media	160.8	373.7	469.2	395.3	404.5	405.7	415.6	391.5	411.5	421.9
表演艺术	Performing Art	40.0	45.9	50.9	42.0	46.3	51.9	52.5	51.8	52.8	43.9
出版	Publishing	418.3	455.3	487.0	401.6	404.7	431.9	401.5	405.5	396.4	336.6
视觉艺术	Visual Arts	252.0	292.0	299.5	227.3	265.5	312.9	392.3	403.3	406.4	537.0

注：1. 资料来源：联合国贸发会议。
2. 上表中的创意产品包括工艺品(挂毯、庆祝用品、纸制工艺品、柳编工艺品和纱制工艺品)，音像制品(包括电影、CD、DVD和磁带)，设计(包括建筑设计、时尚设计、玻璃器皿设计、室内设计、珠宝设计和玩具设计)，新媒体(包括录制媒体和视频游戏)，表演艺术(包括乐器和乐谱)，出版制品(包括书报刊和其他印刷品)，视觉艺术(包括古董、绘画、摄影和雕刻)以及其他创意品(以下相关表同)。

a) Data source: United Nations Conference on Trade and Development.

b) Creative goods in the table above refer to art crafts (including carpets,celebration,paperware,wickerware and yarn),audio visuals (including film,CD,DVD and tapes),design (including architecture,fashion,glassware,interior,jewellery and toys),new media (including recorded media and vedio games),performing arts(inculding musical insruments and printed music),pulishing (including books,newspaper and other printed matter),visual arts (including antiques,paintings,photography and sculpture) and others. The same applies to the relevant tables following.

6-4 世界创意产品进口情况
Statistics on Imported Creative Goods

单位：亿美元 (USD 100 million)

类 别	Category	2006	2007	2008	2009	2010
合 计	**Total**	**3332.9**	**4312.1**	**4588.8**	**3739.3**	**4200.7**
工艺品	Art Crafts	281.1	307.0	301.9	244.4	282.4
音像产品	Audio Visuals	168.6	406.9	416.4	336.9	355.6
设计产品	Design	1979.9	2295.0	2455.0	2013.8	2336.1
新媒体	New Media	183.6	462.0	565.8	485.1	509.6
表演艺术	Performing Art	45.2	50.0	55.5	46.2	49.8
出版	Publishing	433.2	475.3	500.3	410.3	415.6
视觉艺术	Visual Arts	241.2	315.9	293.8	202.7	251.5

6-4 续表 continued

单位：亿美元 (USD 100 million)

类 别	Category	2011	2012	2013	2014	2015
合 计	**Total**	**4638.4**	**4656.3**	**4673.9**	**4906.2**	**4544.0**
工艺品	Art Crafts	309.1	308.7	324.3	358.0	284.5
音像产品	Audio Visuals	369.8	287.1	267.7	265.4	214.8
设计产品	Design	2679.8	2811.3	2849.0	3019.5	2676.9
新媒体	New Media	487.0	479.2	466.8	498.1	471.5
表演艺术	Performing Art	54.1	54.3	51.7	53.8	47.3
出版	Publishing	438.1	408.2	396.0	382.6	323.2
视觉艺术	Visual Arts	300.5	307.5	318.5	328.9	525.8

6-5 世界主要国家故事影片生产情况
Total Number of National Feature Films Produced in Main Countries

单位：部 (reel)

国 家	Country	2006	2007	2008	2009	2010	2011
阿根廷	Argentina	63	48	46	61	121	100
澳大利亚	Australia	28	26	33	45	37	43
奥地利	Austria	33	32	30	35	46	54
比利时	Belgium	69	37	38	47	46	42
巴西	Brazil	60	78	79	84	75	99
柬埔寨	Cambodia	62	35	25	28	26	13
加拿大	Canada	74	99	75	81	98	86
智利	Chile	11	12	24	14	14	23
古巴	Cuba	6	3	5	8	11	10
捷克	Czech Republic	45	30	39	45	37	45
丹麦	Denmark	33	29	34	37	49	43
埃及	Egypt	59	37	44	46	37	28
芬兰	Finland	26	17	25	25	42	42
法国	France	203	228	240	230	261	272
德国	Germany	174	174	185	216	189	212
希腊	Greece	22	33	29	37	18	43
匈牙利	Hungary	46	28	30	27	24	
印度	India	1091	1146	1325	1288	1274	1255
印度尼西亚	Indonesia	60	77	88	80	82	84
伊朗	Iran (Islamic Republic of)		57	51	62	98	76
爱尔兰	Ireland	19	24	39	36	34	32
以色列	Israel	22	23	35	19	29	26
意大利	Italy	116	121	154	131	142	155
日本	Japan	417	407	418	448	408	441
卢森堡	Luxembourg	14	8	13	18	15	16
马来西亚	Malaysia	28	28	28	27	39	49
墨西哥	Mexico	64	70	70	66	69	73
摩洛哥	Morocco	12	15	13	14	19	24
荷兰	Netherlands	38	42	62	50	65	73
新西兰	New Zealand	6	11	11	14	21	25
尼日利亚	Nigeria		914	956	987	1074	997
挪威	Norway	24	27	30	27	27	35
菲律宾	Philippines	65	106	121	80	40	44
波兰	Poland	37	40	45	49	60	51
葡萄牙	Portugal	32	15	17	23	33	30
韩国	Republic of Korea	110	124	113	158	152	216
俄罗斯联邦	Russian Federation	59	78	78	78	133	111
新加坡	Singapore	10	14	17	6	14	15
南非	South Africa	10	9	10	18	23	22
西班牙	Spain	150	172	173	186	200	199
瑞典	Sweden	46	29	36	41	54	43
瑞士	Switzerland	80	87	87	80	88	84
泰国	Thailand	42	55	54	37	49	
土耳其	Türkiye	35	40	50	70	65	70
英国	United Kingdom of Great Britain and Northern Ireland	107	124	279	313	346	299
美国	United States of America	673	789	773	751	792	819
越南	Viet Nam	10	16	11	12	90	75

资料来源：联合国教科文组织。
Data source: UNESCO.

6-5 续表 continued

单位：部 (reel)

国　家	Country	2012	2013	2014	2015	2016	2017
阿根廷	Argentina	141	168	172	182	199	220
澳大利亚	Australia	29	26	39	33	42	55
奥地利	Austria	54	46	45	40	46	44
比利时	Belgium	55	70	73	69	81	87
巴西	Brazil	83	129	114	129	142	160
柬埔寨	Cambodia			22	32	38	34
加拿大	Canada	98	93	94	103	105	92
智利	Chile	27	31	48	38	44	49
古巴	Cuba						
捷克	Czech Republic	46	45	61	56	79	54
丹麦	Denmark	59	69	55	71	62	54
埃及	Egypt	25	33	42	34	38	
芬兰	Finland	49	49	46	45	38	41
法国	France	279	270	258	300	283	300
德国	Germany	220	223	229	226	244	233
希腊	Greece	44	69	43	42	73	85
匈牙利	Hungary	32	38		41	51	37
印度	India	1602	1724	1868	1907	1986	
印度尼西亚	Indonesia	86	97	109	114	124	117
伊朗	Iran (Islamic Republic of)	67	87	82	85	90	98
爱尔兰	Ireland	38	34	33	33	29	
以色列	Israel	40	55	32	32	30	28
意大利	Italy	166	167	201	185	165	173
日本	Japan	554	591	615	581	610	594
卢森堡	Luxembourg						13
马来西亚	Malaysia	76	71	81	80	110	85
墨西哥	Mexico	112	126	130	140	162	176
摩洛哥	Morocco	22	22	17	18	30	37
荷兰	Netherlands	79	68	87	87	85	92
新西兰	New Zealand	24	25	33	28	22	20
尼日利亚	Nigeria						
挪威	Norway	26	29	34	23	30	38
菲律宾	Philippines	78	53				
波兰	Poland	47	31	32	42	50	52
葡萄牙	Portugal	15	13	12	31	28	38
韩国	Republic of Korea	204	207	248	269	339	494
俄罗斯联邦	Russian Federation	109	139	124	121	138	128
新加坡	Singapore	12	13	26	21	16	13
南非	South Africa	19	25	23	22	28	23
西班牙	Spain	182	231	216	255	254	241
瑞典	Sweden	51	61	56	50	54	68
瑞士	Switzerland	93	103	110	102	109	118
泰国	Thailand						80
土耳其	Türkiye	61	85	109	137	135	148
英国	United Kingdom of Great Britain and Northern Ireland	326	241	339	298	317	285
美国	United States of America	738	738	649	663	656	660
越南	Viet Nam						

6-6 世界主要国家电影银幕情况
Total Number of Screens in Main Countries

单位：块 (unit)

国　家	Country	2006	2007	2008	2009	2010	2011
阿根廷	Argentina	952	821	825	832	799	792
澳大利亚	Australia		1941	1980	1989	1994	1991
奥地利	Austria	576	570	577	577	584	577
比利时	Belgium	507	513	491	481	461	510
巴西	Brazil	2095	2160	2278	2120	2206	2352
加拿大	Canada	2831	2652	2833	2833		2749
智利	Chile	273	280	299	301	311	320
哥伦比亚	Colombia	475	439	472	562	587	647
古巴	Cuba	337	296	307	313		
捷克	Czech Republic	701	681	689	695	688	668
丹麦	Denmark	385	394	397	400	399	396
埃及	Egypt		232	250	237	294	
芬兰	Finland	330	309	313	300	289	283
法国	France	5300	5202	5292	5342	5465	5465
德国	Germany	4848	4832	4810	4734	4699	4640
希腊	Greece	500	540			370	
匈牙利	Hungary	440	400	418	408	411	395
印度	India	11183	10189	10120	10070	10020	10020
印度尼西亚	Indonesia	929	681	712	726		763
伊朗	Iran (Islamic Republic of)	239	240	247	247		438
爱尔兰	Ireland	415	426	435	442	438	444
意大利	Italy	3785	3087	3141	3208	3217	
日本	Japan	3062	3221	3359	3396	3412	3339
马来西亚	Malaysia	287	353	453	485	571	639
墨西哥	Mexico	3700	4204	4499	4568	4905	5166
荷兰	Netherlands	697	696	717	751	777	789
挪威	Norway	429	417	424	422	429	422
菲律宾	Philippines	690	765	770	770		693
波兰	Poland	931	1008	1043	1061	1076	1122
葡萄牙	Portugal	479	546	572	577	562	558
韩国	Republic of Korea		1975	2004	2055	2003	1974
俄罗斯联邦	Russian Federation	1333	1576	1910	2133	2424	2726
新加坡	Singapore	167	175	174	176	169	187
南非	South Africa	815	831	836	846	857	
西班牙	Spain	4299	4335	4208	4105	4080	4044
瑞典	Sweden	972	933	848	848	832	830
瑞士	Switzerland	547	550	564	559	558	547
泰国	Thailand	671	704	737	752	757	
土耳其	Türkiye	1299	1464	1575	1810	1874	1968
英国	United Kingdom of Great Britain and Northern Ireland	3440	3514	3610	3651	3651	3767
美国	United States of America	38415	40077	40194	39717	39547	39641

资料来源：联合国教科文组织。
Data source: UNESCO.

6-6 续表 continued

单位：块 (unit)

国家	Country	2012	2013	2014	2015	2016	2017
阿根廷	Argentina	883	895	867	912	933	987
澳大利亚	Australia	1997	2057	2041	2080	2121	2210
奥地利	Austria	565	548	556	557	556	562
比利时	Belgium	500	497	473	472	496	
巴西	Brazil	2517	2678	2833	3005	3160	3223
加拿大	Canada	2885	3031	2502	3114	2641	
智利	Chile	342	363	338	366	380	411
哥伦比亚	Colombia	698	815	879	935	1006	1082
古巴	Cuba						
捷克	Czech Republic	633	684	685	689	691	736
丹麦	Denmark	406	414	420	432	444	458
埃及	Egypt	282	269	239	221	233	
芬兰	Finland	281	279	294	311	312	332
法国	France	5508	5587	5647	5741	5842	5909
德国	Germany	4617	4610	4556	4613		
希腊	Greece	482	482		554	554	554
匈牙利	Hungary	360	345	326	354	399	404
印度	India	11100	11081	11109	11100	11194	11209
印度尼西亚	Indonesia		842	963	1146		
伊朗	Iran (Islamic Republic of)			325	380	415	538
爱尔兰	Ireland	438	463	468	494	496	522
意大利	Italy	3240	3256	3261	3354	3442	3510
日本	Japan	3290	3318	3032	3074	3045	3096
马来西亚	Malaysia	754	774	874	994	991	1094
墨西哥	Mexico	5343	5547	5977	6062	6225	6633
荷兰	Netherlands	806	828	859	888	944	956
挪威	Norway	415	422	425	434	439	443
菲律宾	Philippines	714	747	715	734		
波兰	Poland	1162	1243	1243	1276	1364	1416
葡萄牙	Portugal	551	544	545	547	557	571
韩国	Republic of Korea	2081	2184	2381	2492	2575	
俄罗斯联邦	Russian Federation	3100	3479	3829	4021	4369	4796
新加坡	Singapore			221	233	234	253
南非	South Africa	750	800				
西班牙	Spain	4003	3908	3700	3588	3554	3618
瑞典	Sweden	816	774	765	802	808	
瑞士	Switzerland	536	533	557	570	575	581
泰国	Thailand	846				1154	
土耳其	Türkiye	2093	2170	2483	2648	2240	2383
英国	United Kingdom of Great Britain and Northern Ireland	3817	3867	3909	4046	4150	4264
美国	United States of America	39662	39783	39956	40174	40174	40393

6-7 美国文化艺术产业总产出
Nominal Gross Output by Arts and Cultural Production Industry

单位：百万美元 (USD million)

产　业	Industry	2016	2017	2018	2019	2020
合　计	**Total**	**1332851**	**1391654**	**1478600**	**1541080**	**1458938**
核心文化艺术生产	**Core Arts and Cultural Production**	**262131**	**278057**	**298801**	**315288**	**251954**
表演艺术	Performing Arts	99778	106817	115416	121930	76994
表演艺术公司	Performing Arts Companies	23417	24552	25624	26817	15182
表演艺术推广	Promoters of Performing Arts and Similar Events	27448	29834	32293	33962	13356
艺术家经纪人	Agents/Managers For Artists	6104	6260	6807	7371	5133
独立艺术家，作家和表演者	Independent Artists, Writers, And Performers	42809	46171	50694	53781	43322
博物馆	Museums	13207	14172	14939	15201	11595
设计服务	Design Services	133380	140408	150806	159807	147335
广告	Advertising	46881	49895	54661	58588	53630
建筑服务	Architectural Services	30988	32332	34558	36372	35641
园林设计服务	Landscape Architectural Services	5150	5521	5851	6046	5929
室内设计服务	Interior Design Services	15710	16375	18034	19484	16195
工业设计服务	Industrial Design Services	2292	2577	2598	2824	2343
平面设计服务	Graphic Design Services	12248	12471	12393	13430	11133
电脑系统设计	Computer Systems Design	4721	5302	5833	6097	6019
摄影与冲印服务	Photography and Photofinishing Services	14010	14496	15392	15400	15147
所有其他设计服务	All Other Design Services	1379	1439	1486	1565	1297
美术教育	Fine Arts Education	5969	6552	7182	7630	5569
教育服务	Education Services	9798	10107	10458	10719	10462
文化艺术辅助和文化生产	**Supporting Arts and Cultural Production**	**1032258**	**1075077**	**1139653**	**1185372**	**1171287**
文化艺术辅助服务	Art Support Services	152342	156136	163663	167826	168118
租赁	Rental and Leasing	8788	8443	8983	9210	7895
赠款和赠与服务	Grant-Making And Giving Services	1522	1581	1707	1758	1555
工会	Unions	2057	2170	2282	2366	1930
政府	Government	139266	143149	149777	153654	156396
其他支持	Other Support Services	709	793	914	838	342
信息服务	Information Services	693851	721922	768896	804987	799754
出版	Publishing	126178	133163	136347	138989	139076
电影	Motion Pictures	126217	125654	134982	136604	108927
录音	Sound Recording	15863	17257	18823	20671	16510
广播	Broadcasting	281358	282890	290724	296112	293012
其他信息服务	Other Information Services	144234	162958	188020	212612	242229
制造	Manufacturing	37224	36523	37718	36385	33347
珠宝和银器制造	Jewelry and Silverware Manufacturing	7285	7047	7362	7073	6823
印刷制品生产	Printed Goods Manufacturing	14376	14029	13574	13251	11745
乐器制造	Musical Instruments Manufacturing	1896	1920	2019	1877	1633
定制建筑木制品和金属制品	Custom Architectural Woodwork and Metalwork	8038	7996	8729	8612	7664
其他产品制造业	Other Goods Manufacturing	5629	5531	6034	5571	5482
建筑	Construction	23289	25305	27094	28888	27511
非ACPSA相关产品	NonACPSA-related Production	38462	38520	40146	40420	35696
批发及运输行业	Wholesale and Transportation Industries	61142	67139	70128	71659	64287
零售行业	Retail Industries	64409	68052	72155	75626	78270
其他产业	**All Other Industries**	**38462**	**38520**	**40146**	**40420**	**35696**

注：1.资料来源：美国商务部经济分析局。

2.文化艺术生产卫星账户选择美国国内生产总值账户中文化艺术产品和服务的特定一部分，并提供相关信息(下表同)。

a) Data Source: Bureau of Economic Analysis, U.S. Department of Commerce.

b) ACPSA(Arts and Cultural Production Satellite Account)provides information on a select group of arts and cultural goods and services that are currently in the U.S. GDP accounts. The same applies to the table following.

6-8 美国文化艺术产业实际增加值与上期变动百分比
Real Value Added by Arts and Cultural Production Industry: Percent Change from Preceding Period

单位：%　　(%)

产业	Industry	2016	2017	2018	2019	2020
合　计	**Total**	**3.6**	**3.1**	**3.3**	**3.4**	**-6.4**
核心文化艺术生产	**Core Arts and Cultural Production**	**2.5**	**3.4**	**6.9**	**4.0**	**-20.6**
表演艺术	Performing Arts	3.1	3.2	6.2	3.2	-37.9
表演艺术公司	Performing Arts Companies	8.7	-1.1	1.6	1.0	-50.9
表演艺术推广	Promoters of Performing Arts and Similar Events	7.4	3.6	5.8	2.1	-72.8
艺术家经纪人	Agents/Managers For Artists	6.3	-0.9	7.0	6.7	-33.9
独立艺术家，作家和表演者	Independent Artists, Writers, And Performers	-0.9	5.3	7.9	3.9	-20.6
博物馆	Museums	7.8	1.6	6.8	-3.6	-22.0
设计服务	Design Services	1.6	3.9	7.8	5.1	-6.4
广告	Advertising	6.1	5.3	9.0	4.0	-4.8
建筑服务	Architectural Services	0.6	4.4	7.3	8.8	-0.5
园林设计服务	Landscape Architectural Services	-0.8	8.6	7.5	6.8	0.6
室内设计服务	Interior Design Services	-2.5	-1.4	10.5	3.6	-21.2
工业设计服务	Industrial Design Services	-8.3	6.9	-0.5	7.3	-19.4
平面设计服务	Graphic Design Services	-2.3	-2.6	-1.9	7.0	-16.5
电脑系统设计	Computer Systems Design	11.5	13.2	13.1	6.0	-0.4
摄影与冲印服务	Photography and Photofinishing Services	-3.0	5.8	10.9	-0.9	1.2
所有其他设计服务	All Other Design Services	0.0	1.3	3.2	5.6	-21.2
美术教育	Fine Arts Education	3.4	4.9	10.1	13.5	-37.4
教育服务	Education Services	2.4	-0.6	2.3	2.3	-4.2
文化艺术辅助和文化生产	**Supporting Arts and Cultural Production**	**3.9**	**3.3**	**2.4**	**3.3**	**-1.9**
文化艺术辅助服务	Art Support Services	0.9	0.9	0.6	0.3	-2.7
租赁	Rental and Leasing	4.4	-3.1	3.3	2.3	-17.6
赠款和赠与服务	Grant-Making And Giving Services	-2.9	3.7	-2.4	2.5	-14.0
工会	Unions	0.0	2.9	2.1	4.9	-19.3
政府	Government	0.8	1.0	0.4	0.2	-1.4
其他支持	Other Support Services	5.7	17.0	11.1	-13.9	
信息服务	Information Services	5.3	3.4	3.1	5.0	0.2
出版	Publishing	3.5	8.5	7.8	4.1	0.7
电影	Motion Pictures	3.0	-0.2	-9.6	-0.8	-17.9
录音	Sound Recording	6.4	7.0	-2.9	14.0	-20.2
广播	Broadcasting	3.3	-0.3	-1.6	-0.6	-1.5
其他信息服务	Other Information Services	12.8	7.8	18.6	17.0	14.3
制造	Manufacturing	1.4	-0.5	4.2	-6.2	-10.9
珠宝和银器制造	Jewelry and Silverware Manufacturing	7.1	1.4	12.7	-16.6	-5.7
印刷制品生产	Printed Goods Manufacturing	0.2	-1.4	-1.2	-2.9	-12.4
乐器制造	Musical Instruments Manufacturing	20.2	3.4	4.2	-8.1	-21.1
定制建筑木制品和金属制品	Custom Architectural Woodwork and Metalwork	3.9	-0.1	1.5	-3.4	-20.7
其他产品制造业	Other Goods Manufacturing	-8.1	-1.9	10.3	-3.7	1.7
建筑	Construction	3.4	11.0	-2.4	0.8	-24.3
非ACPSA相关产品	NonACPSA-related Production	1.4	-2.4	1.4	0.3	-11.7
批发及运输行业	Wholesale and Transportation Industries	0.8	5.2	-0.8	-1.3	-8.6
零售行业	Retail Industries	3.2	5.5	3.8	3.7	-3.4
其他产业	**All Other Industries**	**1.4**	**-2.4**	**1.4**	**0.3**	**-11.7**

6-9　加拿大文化产业基本情况
Statistics on Culture Industries in Canada

单位：百万加元　　(CAD million)

类　别	Category	2016	2017	2018	2019	2020
文化产业合计	**Culture Industries, Total**	**56467**	**59115**	**61851**	**64376**	**61005**
文化产品	Culture Products	43465	45312	47108	48538	45022
遗址和图书馆	Heritage and Libraries	604	627	652	674	500
现场表演	Live Performance	2374	2472	2560	2638	1724
视觉和应用艺术	Visual and Applied Arts	7976	8483	8987	9486	8998
文学作品	Written and Published Works	7743	7974	7639	7391	6548
视听和交互媒体	Audio-visual and Interactive Media	12598	13085	13953	14569	13593
录音	Sound Recording	514	506	534	547	499
教育和培训	Education and Training	3367	3460	3621	3781	3636
治理、资金和专业支持	Governance, Funding and Professional Support	7629	8035	8418	8695	8806
多领域	Multi domain	659	670	745	757	719
其他产品	All Other Products	13002	13803	14742	15838	15983

注：1.资料来源：加拿大统计局。
2.多领域包括与多个文化领域相关的文化产业，如与文化相关的会议和展会组织商;磁光学媒体的生产和复制；非金融无形资产的租赁;网络出版和传播以及网络搜索门户行业。这些文化产业都会影响不止一个文化域但不能轻易分配给单个域,所以将它们聚合在一起。

a) Data source: Statistics Canada.
b) The Multi domain includes culture industries that are associated with more than one culture domain: the culture portion of convention and trade show organizers; manufacturing and reproducing magnetic optical media; lessors of non-financial intangible assets; internet publishing and broadcasting and web search portal industries. These culture industries all affect more than one culture domain but cannot be easily allocated to a single domain, so they have been aggregated together.

6-10 澳大利亚文化产业增加值基本情况
The Added Value of Creative Industries in Australia

单位：百万澳元 (AUD million)

类 别	Category	2005/2006	2006/2007	2007/2008	2008/2009
合 计	**Total**	**35144**	**36891**	**36805**	**33704**
音乐和表演艺术	Music&Performing Arts	412	450	440	459
电影、电视和广播	Film,Television&Radio	5504	5150	4883	4418
广告&市场营销	Advertising & Marketing	779	793	806	805
软件开发&交互内容	Software &Interactive Content	15373	17000	16876	14931
文学、印刷、出版媒体	Writing,Publishing& Print Media	8159	8131	8016	7365
设计&视觉艺术	Design&Visual Arts	1897	1943	1965	1925
建筑	Architecture	3020	3470	3820	3800

资料来源：市场研究公司IBISWorld的工业报告预测。
Data source: IBISWorld.

6-10 续表 continued

单位：百万澳元 (AUD million)

类 别	Category	2009/2010	2010/2011	2011/2012
合 计	**Total**	**33600**	**32809**	**32666**
音乐和表演艺术	Music&Performing Arts	494	512	559
电影、电视和广播	Film,Television&Radio	4463	4327	4419
广告&市场营销	Advertising & Marketing	784	768	767
软件开发&交互内容	Software &Interactive Content	15053	15286	15708
文学、印刷、出版媒体	Writing,Publishing& Print Media	7231	6484	5925
设计&视觉艺术	Design&Visual Arts	1876	1907	1939
建筑	Architecture	3700	3525	3350

6-11 英国文化产业基本情况(2019年)
The Creative Industries in UK (2019)

类 别	Category	公司数量(个) Count (unit)	岗位数量(个) Employment (post)	就业人数(人) Employees (person)	营业额(千英镑) Turnover (1000 pounds)
合 计	**Total All Industries**	**297500**	**1343724**	**1309530**	**235074902**
广告和营销	Advertising and Marketing	24990	160727	157902	37952643
电影、电视、广播和摄影	Film, TV, Radio and Photography	33825	170220	163585	48420381
信息技术、软件和计算机服务	IT, Software and Computer Services	150350	589921	586349	97773872
建筑设计	Architecture	16560	80685	77792	7963400
工艺品	Crafts	1300	5016	4443	809492
出版	Publishing	10955	126053	124528	19294352
音乐和表演艺术	Music and Performing Arts	35035	117595	105283	14224100
博物馆、艺术馆和图书馆	Museums, Galleries and Libraries	1015	29789	29628	940344
产品、图表和时尚设计	Product, Graphic and Fashion Design	23470	63718	60020	7696318

资料来源：英国国家统计局。
Data source: Office for National Statistics of UK.

6-12 德国文化产业基本情况
Key Data on the Culture and Creative Industries in Germany

类　别	Category	企业数量(个) Number of Enterprises(unit)								
		2011	2012	2013	2014	2015	2016	2017	2018	2019
合　计(扣除重复计算)	**Total(No Double Counting)**	**244290**	**245816**	**246353**	**246967**	**250439**	**254484**	**254657**	**259349**	**258790**
音乐产业	Music Industry	13894	13796	13811	13759	14057	14430	14197	14881	14670
图书市场	Book Market	16702	16828	16811	16798	17079	17268	17254	17531	17450
艺术市场	Art Market	13422	13203	13153	12794	12752	12874	12616	12649	12390
电影产业	Film Industry	18199	18282	18440	18267	18624	19075	19013	20218	19975
广播产业	Broadcasting Industry	18128	18154	18159	18074	18179	17880	18071	17339	17091
表演艺术产业	Performing Art Industry	15982	16497	17004	17473	18249	19080	19419	20786	21212
设计产业	Design Industry	52439	53676	54454	55624	57127	58431	59548	60307	60481
建筑市场	Architectural Market	40702	40762	40205	40040	39849	39691	39605	38723	38395
出版市场	Press Market	33498	33131	32557	32119	32341	32241	31569	31590	31082
广告	Advertising Market	34577	33448	32107	30855	30221	30220	28490	29562	29142
软件/游戏产业	Software/Games Industry	30413	31915	33365	34725	35933	37375	39016	40561	41963
其他	Other Activities	7736	7751	7812	7775	7887	8249	8183	8140	8197
占全国企业数的比重(%)	**as % of National Total**	**7.60**	**7.56**	**7.60**	**7.62**	**7.69**	**7.79**	**7.74**	**7.91**	**7.87**

资料来源：德国联邦经济技术部。
Data source: Federal Ministry of Economics and Technology.

6-12 续表 continued

类　别	Category	营业额(百万欧元) Total Turnovers (EUR 100 million)								
		2011	2012	2013	2014	2015	2016	2017	2018	2019
合　计(扣除重复计算)	**Total(No Double Counting)**	**140970**	**143338**	**143155**	**146895**	**152067**	**158814**	**158578**	**171051**	**174085**
音乐产业	Music Industry	6639	7099	7674	7896	8178	8139	8858	8685	9039
图书市场	Book Market	14255	14032	13737	13686	13657	14024	13572	14077	14257
艺术市场	Art Market	2341	2316	2292	2091	2170	2249	2151	2223	2192
电影产业	Film Industry	9283	9228	9060	9328	9844	9572	9523	9874	10011
广播产业	Broadcasting Industry	7905	8327	8942	9378	9578	9892	10484	10657	10864
表演艺术产业	Performing Art Industry	3742	3909	3971	4262	4502	4770	4851	5604	5724
设计产业	Design Industry	18353	18535	18338	18566	19078	19764	19428	20604	20949
建筑市场	Architectural Market	8708	8813	9130	9554	10236	10700	10829	11943	12427
出版市场	Press Market	31711	31931	31065	30657	30133	30054	29855	29416	30019
广告	Advertising Market	24929	24965	25175	26130	27033	29405	28344	29975	29633
软件/游戏产业	Software/Games Industry	28442	29642	29418	31619	34362	37727	38005	46655	50166
其他	Other Activities	1652	1587	1531	1418	1381	1425	1343	1411	1378
占全国企业营业额的比重(%)	**as % of National Total**	**2.48**	**2.49**	**2.48**	**2.50**	**2.54**	**2.61**	**2.56**	**2.58**	**2.56**

6-13 法国文化产业增加值及构成(2020年)
Value-added of Cultural Industries and Its Composition in France(2020)

类　别	Category	增加值 (亿欧元) Value-added (EUR 100 million)	构 成 (%) Composition (%)
合　计	**Total**	**461**	**100.0**
音像	Audio-visual Arts	125	27.0
现场表演	Live Performance	67	14.6
图书、报刊	Books, Press	67	14.4
广告	Advertising	52	11.2
文化遗产	Cultural Heritage	51	11.1
视觉艺术	Visual Arts	41	8.9
建筑设计	Architecture	36	7.8
文化教育	Cultural Education	23	4.9

资料来源：法国文化统计部门。
Data source:Culture Ministerial Statistical Department.

6-14 西班牙核心文化产业增加值
Value-added of Core Cultural Industries in Spain

类　别	Category	2015	2016	2017	2018	2019
合　计(亿欧元)	**Total (EUR 100 million)**	**253**	**260**	**270**	**282**	**286**
文化遗产、档案馆和图书馆	Heritage, Archives and Libraries	26	25	25	24	24
书籍、报刊	Books, Newspapers and Magazines	70	70	69	68	71
造型艺术	Plastic Arts	46	49	52	58	58
表演艺术	Performing Arts	25	26	30	31	30
视听和多媒体	Audio-visual and Media	66	70	74	77	80
跨学科文化	Interdisciplinary Culture	19	20	21	24	23
构 成 (%)	**As % of Total Value-added(%)**	**100.0**	**100.0**	**100.0**	**100.0**	**100.0**
文化遗产、档案馆和图书馆	Heritage, Archives and Libraries	10.1	9.7	9.2	8.6	8.5
书籍、报刊	Books, Newspapers and Magazines	27.7	26.7	25.4	24.2	24.7
造型艺术	Plastic Arts	18.4	18.7	19.1	20.6	20.4
表演艺术	Performing Arts	10.0	10.1	11.2	10.9	10.6
视听和多媒体	Audio-visual and Media	26.1	27.0	27.3	27.1	27.9
跨学科文化	Interdisciplinary Culture	7.7	7.7	7.8	8.5	7.9
占GDP的比重(%)	**As % of GDP(%)**	**2.6**	**2.6**	**2.6**	**2.6**	**2.5**
文化遗产、档案馆和图书馆	Heritage, Archives and Libraries	0.3	0.3	0.2	0.2	0.2
书籍、报刊	Books, Newspapers and Magazines	0.7	0.7	0.7	0.6	0.6
造型艺术	Plastic Arts	0.5	0.5	0.5	0.5	0.5
表演艺术	Performing Arts	0.3	0.3	0.3	0.3	0.3
视听和多媒体	Audio-visual and Media	0.7	0.7	0.7	0.7	0.7
跨学科文化	Interdisciplinary Culture	0.2	0.2	0.2	0.2	0.2

资料来源：西班牙文化部。
Data source: Ministry of Education, Culture and Sport, Spain.

6-15 日本文化产业基本情况
Statistics on Culture Industries in Japan

类　别	Category	企业数量(千家) Number of Enterprises (1000 unit)			从业人员数量(千人) Engaged Persons (1000 person)		
		1999	2004	2011	1999	2004	2011
全国	**All Industries**	**5414.8**	**4709.5**	**5768.5**	**45450.5**	**40128.6**	**55838.3**
创意产业	**Creative Industries**	**243.4**	**211.9**	**178.0**	**2387.4**	**2154.9**	**2053.2**
创意产业-制造业	**Creative Industries-manufacturing**	**107.4**	**78.5**	**53.4**	**921.8**	**620.4**	**456.4**
纤维和服装服装	Fiber & Apparel Clothing	71.3	47.6	32.2	629.8	389.0	293.4
家具	Furniture	10.2	10.9	7.2	90.9	87.1	60.2
皮革制品	Leather Article	8.2	5.6	2.8	52.6	35.1	18.6
餐具	Tableware	2.7	2.1	1.5	33.6	27.2	19.3
玩具	Toys	4.2	3.2	2.4	41.6	28.5	22.8
首饰	Jewelry	2.5	1.7	1.4	15.2	11.0	8.1
工艺	Crafts	7.8	6.7	5.5	45.6	32.5	23.8
文具	Stationery	0.6	0.5	0.4	12.3	10.0	10.1
创意产业-服务业	**Creative Industries-service**	**136.0**	**133.4**	**124.6**	**1465.6**	**1534.5**	**1596.8**
软件和计算机服务	Software & Computer Service	14.4	20.1	25.4	455.7	618.8	795.4
广告	Advertising	11.7	10.9	10.5	146.6	144.5	128.0
出版	Publishing	3.6	2.6	7.0	118.7	121.0	117.0
建筑	Architecture	59.2	53.8	46.7	429.3	357.7	294.2
电视和收音机	Tv & Radio	1.7	1.6	2.2	68.5	62.9	68.1
音乐视频	Music & Video	27.8	27.2	20.0	105.6	107.1	83.0
电影	Film	4.6	4.4	3.0	68.6	43.5	49.1
表演艺术	Performing Arts	2.2	2.3	2.0	26.4	31.0	28.0
设计	Design	9.6	9.4	7.0	44.4	46.3	32.7
艺术	Arts	1.1	1.1	0.6	1.7	1.8	1.2

资料来源：日本政策研究大学院大学(GRIPS)。
Data source: National Graduate Institute for Policy Studies.

6-16 韩国文化产业统计(2020年)
Statistics of Korea's Creative Content Industry(2020)

类　别	Category	企业数量(个) Number of Enterprises (unit)	从业人员数量(人) Engaged Persons (person)	销售额(百万韩元) Total Sales (million KRW)	出口额(千美元) Exports (thousand USD)	进口额(千美元) Imports (thousand USD)
合　计	**Total**	**99551**	**642086**	**128287034**	**11924284**	**920822**
出版	Publication	25244	185444	21648849	345960	254371
漫画	Manhwa	6144	11230	1534444	62715	6493
音乐	Music	33138	65464	6064748	679633	12146
游戏	Games	916	10497	2987075	54157	28330
电影	Movie	11541	83303	18885484	8193562	270794
动画	Animation	490	5472	553290	134532	7791
广播	Broadcast	1070	50239	21964722	692790	60969
广告	Advertisements	6337	68888	17421750	119935	98672
人物形象	Characters	2700	36505	12218076	715816	158420
知识信息	Knowledge Information	9949	93182	19373367	691987	9467
文化产业解决方案	Contents Solution	2022	31863	5635230	233196	13369

资料来源：韩国内容产业振兴院。
Data source: KOCCA.

6-17 印度娱乐传媒业营业额基本情况
Business Revenue of Entertainment and Media Industry in India

单位：10亿卢比　　　　(INR billion)

类　别	Category	2011	2012	2013		
				营业额 Business Revenue	构成(%) as % of Total Revenue	比上年增长(%) Increase compared to last year(%)
合　计	**Total**	**805**	**965**	**1120**	**100.0**	**16.1**
电视	Television	340	383	420	37.5	9.7
出版印刷	Publishing and Printing	190	212	223	19.9	5.2
互联网	Internet	116	171	252	22.5	47.4
电影	Film	96	112	126	11.3	12.5
户外广告	Outdoor Advertising	16	17	19	1.7	11.8
广播	Broadcasting	14	15	18	1.6	20.0
音乐	Music	12	13	12	1.1	-7.7
游戏	Games	11	18	21	1.9	16.7
互联网广告	Internet Advertising	10	23	29	2.6	26.1

资料来源：PWC数据公司。
Data source: PWC Data Centre.

附录一

Appendix 1

中国入选世界文化遗产项目

Items Listing in World Cultural Heritage of China

1.中国入选“世界遗产名录”的文化和自然遗产项目

序号	名　称	项　目	批准时间
1	泰山	文化与自然双重遗产	1987.12
2	敦煌莫高窟	文化遗产	1987.12
3	周口店“北京人”遗址	文化遗产	1987.12
4	长城[1]	文化遗产	1987.12
5	秦始皇陵及兵马俑	文化遗产	1987.12
6	明清皇宫[2]	文化遗产	1987.12
7	黄山	文化与自然双重遗产	1990.12
8	黄龙国家级名胜区	自然遗产	1992.12
9	武陵源国家级名胜区	自然遗产	1992.12
10	九寨沟国家级名胜区	自然遗产	1992.12
11	武当山古建筑群	文化遗产	1994.12
12	曲阜孔庙、孔府及孔林	文化遗产	1994.12
13	承德避暑山庄及周围寺庙	文化遗产	1994.12
14	布达拉宫和大昭寺[3]	文化遗产	1994.12
15	峨眉山—乐山风景名胜区	文化与自然双重遗产	1996.12
16	庐山风景名胜区	文化景观	1996.12
17	苏州古典园林	文化遗产	1997.12
18	平遥古城	文化遗产	1997.12
19	丽江古城	文化遗产	1997.12
20	天坛	文化遗产	1998.11
21	颐和园	文化遗产	1998.11
22	武夷山	文化与自然双重遗产	1999.12
23	大足石刻	文化遗产	1999.12
24	皖南古村落：西递、宏村	文化遗产	2000.11
25	明清皇家陵寝[4]	文化遗产	2000.11

注：1. 2002年11月辽宁九门口水上长城获批加入此项世界文化遗产。
2. 明清皇宫：包括北京故宫(北京)和沈阳故宫(辽宁)，分别于1987年12月和2004年7月获批。
3. 2001年12月拉萨的罗布林卡获批加入此项世界文化遗产。
4. 明清皇家陵寝：明显陵(湖北钟祥市)、清东陵(河北遵化市)、清西陵(河北易县)于 2000年11月获批，明孝陵(江苏南京市)、明十三陵(北京昌平区)于 2003年7月获批，盛京三陵(辽宁沈阳市)于2004年7月获批。
5. 丝绸之路：长安-天山走廊的路网为中国、哈萨克斯坦和吉尔吉斯斯坦三国联合申报并共有的项目。

续表 continued

序号	名 称	项 目	批准时间
26	龙门石窟	文化遗产	2000.11
27	青城山和都江堰	文化遗产	2000.11
28	云冈石窟	文化遗产	2001.12
29	“三江并流”	自然遗产	2003.7
30	高句丽王城、王陵及贵族墓葬	文化遗产	2004.7
31	澳门历史城区	文化遗产	2005.7
32	四川大熊猫栖息地	自然遗产	2006.7
33	殷墟	文化遗产	2006.7
34	中国南方喀斯特	自然遗产	2007.6
35	开平碉楼与古村落	文化遗产	2007.6
36	福建土楼	文化遗产	2008.7
37	三清山	自然遗产	2008.7
38	五台山	文化景观	2009.6
39	登封“天地之中”历史建筑群	文化遗产	2010.7
40	中国丹霞	自然遗产	2010.8
41	杭州西湖文化景观	文化景观	2011.6
42	元上都遗址	文化遗产	2012.6
43	云南澄江帽天山化石地	自然遗产	2012.7
44	云南红河哈尼梯田	文化景观	2013.6
45	新疆天池	自然遗产	2013.6
46	丝绸之路：长安-天山走廊的路网[5]	文化遗产	2014.6
47	大运河	文化遗产	2014.6
48	土司遗址	文化遗产	2015.7
49	广西左江花山岩画	文化景观	2016.7
50	湖北神农架	自然遗产	2016.7
51	青海可可西里	自然遗产	2017.7
52	厦门鼓浪屿	文化遗产	2017.7
53	贵州梵净山	自然遗产	2018.7
54	良渚古城遗址	文化遗产	2019.7
55	黄(渤)海候鸟	自然遗产	2019.7
56	泉州：宋元中国的世界海洋商贸中心	文化遗产	2021.7

2.中国入选世界“非物质文化遗产代表作名录”的项目

序号	名 称	批准时间	备注
1	昆曲	2001	
2	古琴艺术	2003	
3	新疆维吾尔木卡姆艺术	2005	
4	蒙古族长调民歌[1]	2005	
5	中国篆刻	2009	
6	中国雕版印刷技艺	2009	
7	中国书法	2009	
8	中国剪纸	2009	
9	中国传统木结构营造技艺	2009	
10	南京云锦织造技艺	2009	
11	端午节	2009	
12	中国朝鲜族农乐舞	2009	
13	《格萨尔》史诗	2009	
14	侗族大歌	2009	
15	甘肃花儿	2009	
16	新疆《玛纳斯》史诗	2009	
17	妈祖信俗	2009	
18	蒙古族呼麦	2009	
19	福建南音	2009	
20	青海热贡艺术	2009	
21	中国传统桑蚕织技艺	2009	
22	藏戏	2009	
23	龙泉青瓷传统烧制技艺	2009	
24	宣纸传统制作技艺	2009	
25	西安鼓乐	2009	
26	粤剧	2009	
27	羌年	2009	急需保护的非物质文化遗产
28	中国木拱桥传统营造技艺	2009	急需保护的非物质文化遗产
29	黎族传统纺染织绣技艺	2009	急需保护的非物质文化遗产
30	麦西热甫	2010	急需保护的非物质文化遗产
31	中国水密隔舱福船制造技艺	2010	急需保护的非物质文化遗产
32	中国活字印刷术	2010	急需保护的非物质文化遗产
33	中医针灸	2010	
34	京剧	2010	
35	赫哲族说唱艺术伊玛堪	2011	急需保护的非物质文化遗产
36	皮影戏	2011	
37	福建木偶戏传承人培养计划	2012	非物质文化遗产优秀实践
38	珠算	2013	
39	二十四节气	2016	
40	藏医药浴法	2018	
41	太极拳	2020	
42	送王船[2]	2020	

注：1.该项目为与蒙古国联合申报。
2.该项目为与马来西亚联合申报。

附录二

Appendix 2

主要统计指标解释

Explanatory Notes on Main Statistical Indicators

主要统计指标解释

国内生产总值(GDP) 指一个国家所有常住单位在一定时期内生产活动的最终成果。国内生产总值有三种表现形态，即价值形态、收入形态和产品形态。从价值形态看，它是所有常住单位在一定时期内生产的全部货物和服务价值与同期投入的全部非固定资产货物和服务价值的差额，即所有常住单位的增加值之和；从收入形态看，它是所有常住单位在一定时期内创造的各项收入之和，包括劳动者报酬、生产税净额、固定资产折旧和营业盈余；从产品形态看，它是所有常住单位在一定时期内最终使用的货物和服务价值与货物和服务净出口价值之和。在实际核算中，国内生产总值有三种计算方法，即生产法、收入法和支出法。三种方法分别从不同的方面反映国内生产总值及其构成。

对于一个地区来说，称为地区生产总值或地区 GDP。

人口数 指一定时点、一定地区范围内有生命的个人总和。年度统计的年末人口数指每年 12 月 31 日 24 时的人口数。年度统计的全国人口总数内未包括香港、澳门特别行政区和台湾省以及海外华侨人数。

城镇人口和乡村人口 城镇人口是指居住在城镇范围内的全部常住人口；乡村人口是除上述人口以外的全部人口。

就业人员 指年满 16 周岁，为取得报酬或经营利润，在调查周内从事了 1 小时 （含 1 小时）以上劳动的人员；或由于在职学习、休假等原因在调查周内暂时未工作的人员；或由于停工、单位不景气等原因临时未工作的人员。

法人单位 指有权拥有资产、承担负债，并独立从事社会经济活动（或与其他单位进行交易）的组织。法人单位应同时具备以下条件：（1）依法成立，有自己的名称、组织机构和场所，能够独立承担民事责任；（2）独立拥有（或授权使用）资产或者经费，承担负债，有权与其他单位签订合同；（3）具有包括资产负债表在内的账户，或者能够根据需要编制账户。法人单位包括五种类型：企业法人、事业单位法人、机关法人、社会团体和其他成员组织法人、其他法人。

全社会固定资产投资 是以货币形式表现的在一定时期内全社会建造和购置固定资产的工作量以及与此有关的费用的总称。该指标是反映固定资产投资规模、结构和发展速度的综合性指标。全社会固定资产投资按登记注册类型可分为国有、集体、联营、股份制、私营和个体、港澳台商、外商、其他等。

居民可支配收入 指居民可用于最终消费支出和储蓄的总和，即居民可以用来自由支配的收入。既包括现金收入，也包括实物收入。按照收入的来源，可支配收入包含四项，分别为：工资性收入、经营净收入、财产净收入和转移净收入

货物进出口总额 指实际进出我国国境的货物总金额。包括对外贸易实际进出口货物，来料加工装配进出口货物，国家间、联合国及国际组织无偿援助物资和赠送品，华侨、港澳台同胞和外籍华人捐赠品，租赁期满归承租人所有的租赁货物，进料加工进出口货物，边境地方贸易及边境地区小额贸易进出口货物，中外合资企业、中外合作经营企业、外商独资经营企业进出口货物和公用物品，到、离岸价格在规定限额以上的进出口货样和广告品(无商业价值、无使用价值和免费提供出口的除外)，从保税仓库提取在中国境内销售的进口货物，以及其他进出口货物。该指标可以观察一个国家在货物贸易方面的总规模。我国规定出口货物按离岸价格统计，进口货物按到岸价格统计。

一般公共预算收入 指国家财政参与社会产品分配所取得的收入，是实现国家职能的财力保证。主要包括：（1）各项税收：包括国内增值税、国内消费税、进口货物增值税和消费税、出口货物退增值税、出口消费品退消费税、企业所得税、个人所得税、资源税、城市维护建设税、房产税、印花税、城镇土地使用税、土地增值税、车船税、船舶吨税、车辆购置税、关税、耕地占用税、契税、烟叶税、环境保护税等。（2）非税收入：包括专项收入、行政事业性收费、罚没收入、国有资本经营收入、国有资源（资产）有偿

使用收入和其他收入。财政收入按现行分税制财政体制划分为中央本级收入和地方本级收入。

一般公共预算支出 指国家财政将筹集起来的资金进行分配使用，以满足经济建设和各项事业的需要。主要包括：一般公共服务、外交、国防、公共安全、教育、科学技术、文化旅游体育与传媒、社会保障和就业、卫生健康、节能环保、城乡社区、农林水、交通运输、资源勘探工业信息等、商业服务业等、金融、援助其他地区、自然资源海洋气象等、住房保障、粮油物资储备、灾害防治及应急管理、债务付息、债务发行费用等方面的支出。财政支出根据政府在经济和社会活动中的不同职权，划分为中央财政支出和地方财政支出。

旅游收入 指游客在中国（大陆）境内旅行、游览过程中用于交通、参观游览、住宿、餐饮、购物、娱乐等全部花费。

入境游客 指报告期内来中国（大陆）观光、度假、探亲访友、就医疗养、购物、参加会议或从事经济、文化、体育、宗教活动的外国人、港澳台同胞等游客（即入境旅游人数）。统计时，入境游客按每入境一次统计 1 人次。入境游客包括入境过夜游客和入境一日游游客。

国内游客 指报告期内在中国（大陆）观光游览、度假、探亲访友、就医疗养、购物、参加会议或从事经济、文化、体育、宗教活动的中国（大陆）居民人数，其出游的目的不是通过所从事的活动谋取报酬。统计时，国内游客按每出游一次统计 1 人次。

文化及相关产业 指为社会公众提供文化产品和文化相关产品的生产活动的集合。《文化及相关产业分类(2018)》规定文化及相关产业包括新闻信息服务、内容创作生产、创意设计服务等九大类。按业态不同，可分为文化制造业、文化批发和零售业和文化服务业。

规模以上文化制造业企业 指《文化及相关产业分类(2018)》所规定行业范围内，年主营业务收入在 2000 万元及以上的工业企业法人。

R&D（研究与试验发展） 指为增加知识存量（也包括有关人类、文化和社会的知识）以及设计已有知识的新应用而进行的创造性、系统性工作，包括基础研究、应用研究和试验发展三种类型。国际上通常采用 R&D 活动的规模和强度指标反映一国的科技实力和核心竞争力。

R&D 人员折合全时当量 指报告期企业 R&D 全时人员（全年从事 R&D 活动累积工作时间占全部工作时间的 90%及以上人员）工作量与非全时人员按实际工作时间折算的工作量之和。

R&D 经费内部支出 指企业在报告年度用于内部开展 R&D 活动的实际支出。包括用于 R&D 项目（课题）活动的直接支出，以及间接用于 R&D 活动的管理费、服务费、与 R&D 有关的基本建设支出以及外协加工费等。不包括生产性活动支出、归还贷款支出以及与外单位合作或委托外单位进行 R&D 活动而转拨给对方的经费支出。

限额以上文化批发和零售业企业 指《文化及相关产业分类(2018)》所规定行业范围内，年主营业务收入在 2000 万元及以上的批发业企业法人和年主营业务收入在 500 万元及以上的零售业企业法人。

规模以上文化服务业企业 指《文化及相关产业分类(2018)》所规定行业范围内，年主营业务收入在 1000 万元及以上的服务业企业，其中交通运输、仓储和邮政业，信息传输、软件和信息技术服务业，水利、环境和公共设施管理业的营业收入在 2000 万元及以上，居民服务、修理和其他服务业以及文化、体育和娱乐业的年营业收入在 500 万元及以上。

少儿读物 指供初中及初中以下少年儿童阅读的书籍。

版权合同登记 指根据国际条约和中国有关法律法规，申请人到著作权行政管理部门登记著作权质权等各类授权合同的行为。

作品自愿登记 指作者、其他享有著作权的公民、法人或者非法人单位和专有权所有人及其代理人，自愿到著作权行政管理部门登记应予以保护作品的行为。

版权引进和输出 指以受版权保护的作品的财产权为标的物，与国外的出版单位等相关机构进行的交易行为，其内容涉及图书、报刊、影视、动漫、戏剧、音乐、软件等。

广播（电视）节目综合人口覆盖率 指根据国家广电总局制定的《广播电视人口覆盖率统计技术标准

和方法》进行统计调查的，在对象区内能接收到中央、省、地市、或县通过无线、有线或卫星等各种技术方式转播的各级广播（电视）节目的人口数占全部总人口的比重。

有线广播电视实际用户数　指通过广播电视有线传输网收看电视节目的家庭用户数，包括接收模拟信号和接收数字信号的有线电视用户数。不包括宾馆、单位、写字楼等集体用户。

数字电视实际用户数　指通过广播电视有线传输网收看数字信号电视节目的家庭用户数。

全年广播（电视）节目制作时间　指广播电视节目制作机构全年自采、自编、自录的及合作制作、加工制作的各类广播（电视）节目（包括直播节目）的总时长。

公共广播（电视）节目套数　指经国家广电总局批准的、广播电视播出机构开办的不向听众收取收听（收看）费用，以为大众提供公共广播（电视）服务为主要目的，用固定频率（频道）播出，并编有整套自办节目时间表的广播（电视）节目套数。

全年公共广播（电视）节目播出时间　指广播电视播出机构自办节目频率（频道）内公共节目全年播出的时长（含节目重复播出时长）。

艺术表演团体　指由文化部门主办或实行行业管理（经文化市场行政部门审批或已申报登记并领取相关许可证），专门从事表演艺术等活动的各类专业艺术表演团体，含民间职业剧团。不包括群众业余文艺表演团体。

艺术表演场馆　指由文化部门主办或实行行业管理（经文化市场行政部门审批或已申报登记并领取相关许可证），有观众席、舞台、灯光设备，公开售票、专供文艺团体演出的文化活动场所。

博物馆　指为了研究、教育、欣赏的目的，收藏、保护、展示人类活动和自然环境的见证物，向公众开放，非营利性、永久性社会服务机构，包括以博物馆（院）、纪念馆（舍）、美术（艺术）馆、科技馆、陈列馆等专有名称开展活动的单位。

总藏量　指公共图书馆已编目的古籍、图书、期刊和报纸的合订本、小册子、手稿，以及缩微制品、录像带、录音带、光盘等视听文献资料数量之和。

藏品　指文博机构根据收藏品的文化属性、自然属性等情况，所划分的文物藏品、标本藏品、模型藏品（含具有收藏、展示价值的雕塑、绘画等艺术作品）和复制品藏品的总和。本指标所统计的藏品是指报告期末，该机构已经整理并登记入账的藏品数。

国家综合档案馆　指归口中央或地方各级档案行政管理部门直接管理的，按行政区划或历史时期设置的，收集和管理所辖范围内多种门类档案的档案馆。

娱乐场所　指以营利为目的，并向公众开放、消费者自娱自乐的歌舞、游艺等场所，以及各地文化行政部门依据相关规定管理并发放《娱乐场所经营许可证》的其它娱乐场所。

网吧　指通过计算机等设备向公众提供互联网上网服务的营业性娱乐文化服务场所。

动漫企业　指经文化和旅游部、财政部、国家税务总局三部门联合认定的从事漫画创作、动画创作、网络动漫（含手机动漫）创作、动漫舞台创作、动漫软件开发和动漫衍生产品研发等动漫业务的企业。

移动个性化回铃用户　指报告期末电信企业开通的、可由用户自己选择回铃音的移动电话用户。包括使用套餐由电信企业提供多种回铃音的移动电话用户。

互联网宽带接入用户　指报告期末在电信企业登记注册，通过 xDSL、FTTx+LAN、FTTH/O 以及其他宽带接入方式和普通专线接入公众互联网的用户。

互联网普及率　指报告期末互联网网民占行政区域总人口的比率。互联网网民是指通过定期调查进行估算的过去半年内使用过互联网的 6 周岁及以上中国居民。

网页长度（总字节数）　指报告期内中国所有网站所含网页的总长度。网站是指以域名本身或者“www.+域名”为网址的 web 站点，其中包括中国的国家顶级域名.CN 和类别顶级域名（gTLD）下的 web 站点，该域名的注册者位于中国境内。

网站数　指报告期内中国所有网站的总数量。网站是指以域名本身或者“www.+域名”为网址的 web 站点，其中包括中国的国家顶级域名.CN 和类别顶级域名（gTLD）下的 web 站点，该域名的注册者位于中国境内。

互联网宽带接入端口 指用于接入互联网用户的各类实际安装运行的接入端口的数量，包括 xDSL 用户接入端口、LAN 接入端口、FTTH/O 端口及其他类型接入端口等，不包括窄带拨号接入端口。

互联网国际出口带宽 指基础电信企业与其他国家和地区相连的网络出口带宽总数。

互联网及相关服务企业数 指获得工业和信息化部或省、自治区、直辖市通信管理局颁发的《增值电信业务经营许可证》、在中国大陆境内经营全国或区域性增值电信业务的服务商数。

互联网及相关服务收入 指企业经营《增值电信业务经营许可证》中注册的业务所获得的收入总和。

更多指标解释可参见《中国统计年鉴》和相关专业统计年鉴。

附录三

Appendix 3

文化及相关产业分类(2018)

Classification of Culture and Related Industries (2018)

文化及相关产业分类(2018)

一、分类目的和作用

（一）为深化文化体制改革和持续推进社会主义文化强国建设提供统计保障，建立科学可行的文化及相关产业统计制度，制定本分类。

（二）本分类为反映我国文化及相关产业生产活动提供标准分类依据，为文化及相关产业统计提供统一的定义和范围，为发展文化产业、推进社会主义文化繁荣兴盛提供统计服务。

二、分类定义和范围

（一）定义。

本分类规定的文化及相关产业是指为社会公众提供文化产品和文化相关产品的生产活动的集合。

（二）范围。

1.以文化为核心内容，为直接满足人们的精神需要而进行的创作、制造、传播、展示等文化产品（包括货物和服务）的生产活动。具体包括新闻信息服务、内容创作生产、创意设计服务、文化传播渠道、文化投资运营和文化娱乐休闲服务等活动。

2.为实现文化产品的生产活动所需的文化辅助生产和中介服务、文化装备生产和文化消费终端生产（包括制造和销售）等活动。

三、编制原则

（一）以《国民经济行业分类》为基础。

本分类以《国民经济行业分类》（GB/T 4754-2017）为基础，根据文化生产活动的特点，将行业分类中相关的类别重新组合，是《国民经济行业分类》的派生分类。

（二）兼顾文化管理需要和可操作性。

根据我国文化体制改革和发展的实际，本分类在考虑文化生产活动特点的同时，兼顾文化主管部门管理的需要；同时立足于现行统计制度和方法，充分考虑分类的可操作性。

（三）与国际分类标准相衔接。

本分类借鉴了联合国教科文组织的《文化统计框架-2009》的分类方法，在定义和覆盖范围上与其衔接。

四、结构和编码

本分类采用线分类法和分层次编码方法，将文化及相关产业划分为三层，分别用阿拉伯数字编码表示。第一层为大类，用01-09数字表示，共有9个大类；第二层为中类，用3位数字表示，共有43个中类；第三层为小类，用4位数字表示，共有146个小类。

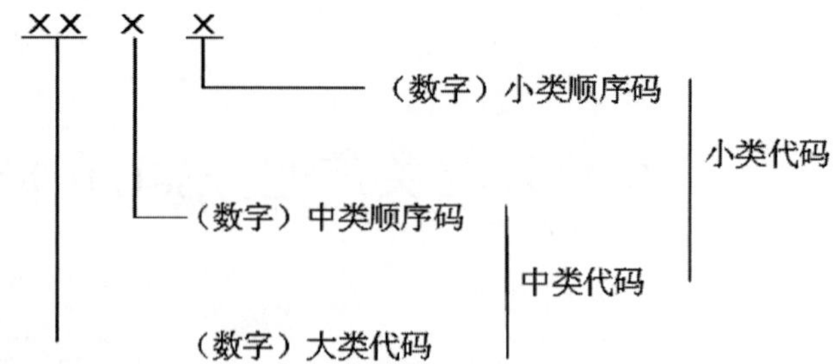

五、有关说明

（一）本分类建立了与《国民经济行业分类》（GB/T 4754-2017）的对应关系。在本分类中，如国民经济某行业小类仅部分活动属于文化及相关产业，则在行业代码后加“*”做标识，并对属于文化生产活动的内容进行说明；如国民经济某行业小类全部纳入文化及相关产业，则小类类别名称与行业类别名称完全一致。

（二）本分类全部小类对应或包含在《国民经济行业分类》（GB/T 4754-2017）相应的行业小类中，具体范围和说明可参见《2017 国民经济行业分类注释》。

（三）本分类 01-06 大类为文化核心领域，07-09 大类为文化相关领域。

六、文化及相关产业分类表

表1　文化及相关产业的类别名称和行业代码

代码			类别名称	说　明	行业分类代码
大类	中类	小类			
			文化核心领域	本领域包括01-06大类。	
01			新闻信息服务		
	011		新闻服务		
		0110	新闻业	包括新闻采访、编辑、发布和其他新闻服务。	8610
	012		报纸信息服务		
		0120	报纸出版	包括党报出版、综合新闻类报纸出版和其他报纸出版服务。	8622
	013		广播电视信息服务		
		0131	广播	指广播节目的现场制作、播放及其他相关活动，还包括互联网广播。	8710
		0132	电视	指有线和无线电视节目的现场制作、播放及其他相关活动，还包括互联网电视。	8720
		0133	广播电视集成播控	指IP电视、手机电视、互联网电视等专网及定向传播视听节目服务的集成播控，还包括普通广播电视节目集成播控。	8740
	014		互联网信息服务		
		0141	互联网搜索服务	指互联网中的特殊站点，专门用来帮助人们查找存储在其他站点上的信息。	6421
		0142	互联网其他信息服务	包括网上新闻、网上软件下载、网上音乐、网上视频、网上图片、网上动漫、网上文学、网上电子邮件、网上新媒体、网上信息发布、网站导航和其他互联网信息服务。	6429
02			内容创作生产		
	021		出版服务		
		0211	图书出版	包括书籍出版、课本类书籍出版和其他图书出版服务。	8621
		0212	期刊出版	包括综合类杂志出版，经济、哲学、社会科学类杂志出版，自然科学、技术类杂志出版，文化、教育类杂志出版，少儿读物类杂志出版和其他杂志出版服务。	8623
		0213	音像制品出版	包括录音制品出版和录像制品出版服务。	8624
		0214	电子出版物出版	包括马列毛泽东思想、哲学等分类别电子出版物，综合类电子出版物和其他电子出版物出版服务。	8625
		0215	数字出版	指利用数字技术进行内容编辑加工，并通过网络传播数字内容产品的出版服务。	8626
		0216	其他出版业	指其他出版服务。	8629
	022		广播影视节目制作		
		0221	影视节目制作	指电影、电视和录像（含以磁带、光盘为载体）节目的制作活动，该节目可以作为电视、电影播出、放映，也可以作为出版、销售的原版录像带（或光盘），还可以在其他场合宣传播放，还包括影视节目的后期制作，但不包括电视台制作节目的活动。	8730

代码			类别名称	说明	行业分类代码
大类	中类	小类			
		0222	录音制作	指从事录音节目、音乐作品的制作活动，其节目或作品可以在广播电台播放，也可以制作成出版、销售的原版录音带（磁带或光盘），还可以在其他宣传场合播放，但不包括广播电台制作节目的活动。	8770
	023		创作表演服务		
		0231	文艺创作与表演	指文学、美术创造和表演艺术（如戏曲、歌舞、话剧、音乐、杂技、马戏、木偶等表演艺术）等活动。	8810
		0232	群众文体活动	指对各种主要由城乡群众参与的文艺类演出、比赛、展览等公益性文化活动的管理活动。	8870
		0233	其他文化艺术业	包括网络（手机）文化服务，史料、史志编辑服务，艺（美）术品、收藏品鉴定和评估服务，街头报刊橱窗管理服务和其他未列明文化艺术服务。	8890
	024		数字内容服务		
		0241	动漫、游戏数字内容服务	指将动漫和游戏中的图片、文字、视频、音频等信息内容运用数字化技术进行加工、处理、制作并整合应用的服务，使其通过互联网传播，在计算机、手机、电视等终端播放，在存储介质上保存。	6572
		0242	互联网游戏服务	指以互联网为传输媒介，以游戏运营商服务器和用户计算机为处理终端，以游戏客户端软件为信息交互窗口，旨在实现娱乐、休闲、交流和取得虚拟成就的具有可持续性的个体性多人在线游戏。包括互联网电子竞技服务。	6422
		0243	多媒体、游戏动漫和数字出版软件开发	仅指通用应用软件中的多媒体软件、游戏动漫软件、数字出版软件开发。该小类包含在应用软件开发行业小类中。	6513*
		0244	增值电信文化服务	仅指固定网增值电信、移动网增值电信、其他增值电信中的文化服务。该小类包含在其他电信服务行业小类中。	6319*
		0245	其他文化数字内容服务	仅指文化宣传领域数字内容服务。该小类包含在其他数字内容服务行业小类中。	6579*
	025		内容保存服务		
		0251	图书馆	包括公共图书馆、高等院校图书馆、专业图书馆和其他图书馆管理服务。	8831
		0252	档案馆	包括综合档案馆、专门档案馆、部门档案馆、企业档案馆、事业单位档案馆和其他档案馆管理服务。	8832
		0253	文物及非物质文化遗产保护	指对具有历史、文化、艺术、科学价值，并经有关部门鉴定，列入文物保护范围的不可移动文物的保护和管理活动；对我国口头传统和表现形式，传统表演艺术，社会实践、意识、节庆活动，有关的自然界和宇宙的知识和实践，传统手工艺等非物质文化遗产的保护和管理活动。	8840
		0254	博物馆	指收藏、研究、展示文物和标本的博物馆的活动，以及展示人类文化、艺术、科技、文明的美术馆、艺术馆、展览馆、科技馆、天文馆等管理活动。	8850
		0255	烈士陵园、纪念馆	包括烈士陵园和烈士纪念馆管理服务。	8860
	026		工艺美术品制造		
		0261	雕塑工艺品制造	指以玉石、宝石、象牙、角、骨、贝壳等硬质材料，木、竹、椰壳、树根、软木等天然植物，以及石膏、泥、面、塑料等为原料，经雕刻、琢、磨、捏或塑等艺术加工而制成的各种供欣赏和实用的工艺品的制作活动。	2431

代　码			类别名称	说　明	行业分类代码
大类	中类	小类			
		0262	金属工艺品制造	指以金、银、铜、铁、锡等各种金属为原料，经过制胎、浇铸、锻打、錾刻、搓丝、焊接、纺织、镶嵌、点兰、烧制、打磨、电镀等各种工艺加工制成的造型美观、花纹图案精致的工艺美术品的制作活动。	2432
		0263	漆器工艺品制造	指将半生漆、腰果漆加工调配成各种鲜艳的漆料，以木、纸、塑料、铜、布等作胎，采用推光、雕填、彩画、镶嵌、刻灰等传统工艺和现代漆器工艺进行的工艺制品的制作活动。	2433
		0264	花画工艺品制造	指以绢、丝、绒、纸、涤纶、塑料、羽毛、通草以及鲜花草等为原料，经造型设计、模压、剪贴、干燥等工艺精制而成的花、果、叶等人造花类工艺品，以画面出现、可以挂或摆的具有欣赏性、装饰性的画类工艺品的制作活动。	2434
		0265	天然植物纤维编织工艺品制造	指以竹、藤、棕、草、柳、葵、麻等天然植物纤维为材料，经编织或镶嵌而成具有造型艺术或图案花纹，以欣赏为主的工艺陈列品以及工艺实用品的制作活动。	2435
		0266	抽纱刺绣工艺品制造	指以棉、麻、丝、毛及人造纤维纺织品等为主要原料，经设计、刺绣、抽、拉、钩等工艺加工各种生活装饰用品，以及以纺织品为主要原料，经特殊手工工艺或民间工艺方法加工成各种具有较强装饰效果的生活用纺织品的制作活动。	2436
		0267	地毯、挂毯制造	指以羊毛、丝、棉、麻及人造纤维等为原料，经手工编织、机织、栽绒等方式加工而成的各种具有装饰性的地面覆盖物或可用于悬挂、垫坐等用途的生活装饰用品的制作活动。	2437
		0268	珠宝首饰及有关物品制造	指以金、银、铂等贵金属及其合金以及钻石、宝石、玉石、翡翠、珍珠等为原料，经金属加工和连结组合、镶嵌等工艺加工制作各种图案的装饰品的制作活动。	2438
		0269	其他工艺美术及礼仪用品制造	指其他工艺美术品的制造活动。	2439
	027		艺术陶瓷制造		
		0271	陈设艺术陶瓷制造	指以粘土、瓷土、瓷石、长石、石英等为原料，经制胎、施釉、装饰、烧制等工艺制成，主要供欣赏、装饰的陶瓷工艺美术品制造。	3075
		0272	园艺陶瓷制造	指专门为园林、公园、室外景观的摆设或具有一定功能的大型陶瓷制造。	3076
03			创意设计服务		
	031		广告服务		
		0311	互联网广告服务	指提供互联网广告设计、制作、发布及其他互联网广告服务。包括网络电视、网络手机等各种互联网终端的广告的服务。	7251
		0312	其他广告服务	指除互联网广告以外的广告服务。	7259
	032		设计服务		
		0321	建筑设计服务	仅包括房屋建筑工程，体育、休闲娱乐工程，室内装饰和风景园林工程专项设计服务。该小类包含在工程设计活动行业小类中。	7484*
		0322	工业设计服务	指独立于生产企业的工业产品和生产工艺设计，不包括工业产品生产环境设计、产品传播设计、产品设计管理等活动。	7491
		0323	专业设计服务	包括时装、包装装潢、多媒体、动漫及衍生产品、饰物装饰、美术图案、展台、模型和其他专业设计服务。	7492
04			文化传播渠道		
	041		出版物发行		

代码			类别名称	说明	行业分类代码
大类	中类	小类			
		0411	图书批发	包括书籍、课本和其他图书的批发和进出口。	5143
		0412	报刊批发	包括报纸、杂志的批发和进出口。	5144
		0413	音像制品、电子和数字出版物批发	包括音像制品及电子出版物的批发和进出口。	5145
		0414	图书、报刊零售	包括图书零售服务，报纸、杂志专门零售服务，图书、报刊固定摊点零售服务。	5243
		0415	音像制品、电子和数字出版物零售	包括音像制品专门零售店、电子出版物专门零售、音像制品及电子出版物固定摊点零售服务。	5244
		0416	图书出租	指各种图书出租服务，不包括图书馆的租书业务。	7124
		0417	音像制品出租	指各种音像制品出租服务，不包括以销售音像制品为主的出租音像活动。	7125
	042		广播电视节目传输		
		0421	有线广播电视传输服务	指有线广播电视网和信号的传输服务。	6321
		0422	无线广播电视传输服务	指无线广播电视信号的传输服务。	6322
		0423	广播电视卫星传输服务	包括卫星广播电视信号的传输、覆盖与接收服务，卫星广播电视传输、覆盖、接收系统的设计、安装、调试、测试、监测等服务。	6331
	043		广播影视发行放映		
		0431	电影和广播电视节目发行	包括电影发行和进出口交易、非电视台制作的电视节目发行和进出口服务。	8750
		0432	电影放映	指专业电影院以及设在娱乐场所独立（或相对独立）的电影放映等活动。	8760
	044		艺术表演		
		0440	艺术表演场馆	指有观众席、舞台、灯光设备，专供文艺团体演出的场所管理活动。	8820
	045		互联网文化娱乐平台		
		0450	互联网文化娱乐平台	仅包括互联网演出购票平台、娱乐应用服务平台、音视频服务平台、读书平台、艺术品鉴定拍卖平台和文化艺术平台。该小类包含在互联网生活服务平台行业小类中。	6432*
	046		艺术品拍卖及代理		
		0461	艺术品、收藏品拍卖	指艺术品、收藏品拍卖活动。包括艺（美）术品拍卖服务、文物拍卖服务、古董和字画拍卖服务。	5183
		0462	艺术品代理	指艺术品代理活动。包括字画代理、古玩收藏品代理、画廊艺术经纪代理和其他艺术品代理。	5184
	047		工艺美术品销售		
		0471	首饰、工艺品及收藏品批发	指首饰、工艺品及收藏品的批发活动。	5146
		0472	珠宝首饰零售	指珠宝首饰的零售活动。	5245
		0473	工艺美术品及收藏品零售	指专门经营具有收藏价值和艺术价值的工艺品、艺术品、古玩、字画、邮品等的店铺零售活动。	5246
05			文化投资运营		

代　码			类别名称	说　明	行业分类代码
大类	中类	小类			
	051		投资与资产管理		
		0510	文化投资与资产管理	仅指政府主管部门转变职能后，成立的国有文化资产管理机构和文化行业管理机构的活动；文化投资活动，不包括资本市场的投资。该小类包含在投资与资产管理行业小类中。	7212*
	052		运营管理		
		0521	文化企业总部管理	仅指文化企业总部的活动，其对外经营业务由下属的独立核算单位或单独核算单位承担，还包括派出机构的活动（如办事处等）。该小类包含在企业总部管理行业小类中。	7211*
		0522	文化产业园区管理	仅指非政府部门的文化产业园区管理服务。该小类包含在园区管理服务行业小类中。	7221*
06			文化娱乐休闲服务		
	061		娱乐服务		
		0611	歌舞厅娱乐活动	指各种歌舞厅娱乐活动。	9011
		0612	电子游艺厅娱乐活动	指各种电子游艺厅娱乐服务。	9012
		0613	网吧活动	指通过计算机等装置向公众提供互联网上网服务的网吧、电脑休闲室等营业性场所的服务。	9013
		0614	其他室内娱乐活动	包括儿童室内游戏娱乐服务、室内手工制作娱乐服务和其他室内娱乐服务。	9019
		0615	游乐园	指配有大型娱乐设施的室外娱乐活动及以娱乐为主的活动。	9020
		0616	其他娱乐业	指公园、海滩和旅游景点内小型设施的娱乐活动及其他娱乐活动。	9090
	062		景区游览服务		
		0621	城市公园管理	指主要为人们提供休闲、观赏、游览以及开展科普活动的城市各类公园管理活动。	7850
		0622	名胜风景区管理	指对具有一定规模的自然景观、人文景观的管理和保护活动，以及对环境优美、具有观赏、文化和科学价值风景名胜区的保护与管理活动。	7861
		0623	森林公园管理	指国家自然保护区、名胜景区以外的，以大面积人工林或天然林为主体而建设的公园管理活动。	7862
		0624	其他游览景区管理	指其他未列明的游览景区的管理活动。	7869
		0625	自然遗迹保护管理	包括地质遗迹保护管理、古生物遗迹保护管理等。	7712
		0626	动物园、水族馆管理服务	指以保护、繁殖、科学研究、科普、供游客观赏为目的，饲养野生动物场所的管理服务。	7715
		0627	植物园管理服务	指以调查、采集、鉴定、引种、驯化、保存、推广、科普为目的，并供游客游憩、观赏的园地管理服务。	7716
	063		休闲观光游览服务		
		0631	休闲观光活动	指以农林牧渔业、制造业等生产和服务领域为对象的休闲观光旅游活动。	9030
		0632	观光游览航空服务	指直升机、热气球等游览飞行服务。	5622
			文化相关领域	本领域包括 07-09 大类。	
07			文化辅助生产和中介服务		
	071		文化辅助用品制造		

代码			类别名称	说明	行业分类代码
大类	中类	小类			
		0711	文化用机制纸及纸板制造	仅指未涂布印刷书写用纸、涂布类印刷用纸、感应纸及纸板制造。该小类包含在机制纸及纸板制造行业小类中。	2221*
		0712	手工纸制造	指采用手工操作成型，制成纸的生产活动。包括手工纸（宣纸、国画纸、其他手工纸）及手工纸板。	2222
		0713	油墨及类似产品制造	指由颜料、联接料（植物油、矿物油、树脂、溶剂）和填充料经过混合、研磨调制而成，用于印刷的有色胶浆状物质，以及用于计算机打印、复印机用墨等的生产活动。	2642
		0714	工艺美术颜料制造	指油画、水粉画、广告等艺术用颜料的制造。	2644
		0715	文化用信息化学品制造	指电影、照相、医用、幻灯及投影用感光材料、冲洗套药，磁、光记录材料，光纤维通讯用辅助材料，及其专用化学制剂的制造。	2664
	072		印刷复制服务		
		0721	书、报刊印刷	指书、报刊的印刷活动。	2311
		0722	本册印制	指由各种纸及纸板制作的，用于书写和其他用途的本册生产活动。	2312
		0723	包装装潢及其他印刷	指根据一定的商品属性、形态，采用一定的包装材料，经过对商品包装的造型结构艺术和图案文字的设计与安排来装饰美化商品的印刷，以及其他印刷活动。	2319
		0724	装订及印刷相关服务	指专门企业从事的装订、压印媒介制造等与印刷有关的服务。	2320
		0725	记录媒介复制	指将母带、母盘上的信息进行批量翻录的生产活动。	2330
		0726	摄影扩印服务	包括摄影服务、照片扩印及处理服务。	8060
	073		版权服务		
		0730	版权和文化软件服务	仅指版权服务、文化软件服务。该小类包含在知识产权服务行业小类中。	7520*
	074		会议展览服务		
		0740	会议、展览及相关服务	指以会议为主，也可附带展览及其他相关的活动形式，包括项目策划组织、场馆租赁保障、相关服务。	7281-7284 7289
	075		文化经纪代理服务		
		0751	文化活动服务	指策划、组织、实施各类文化、晚会、娱乐、演出、庆典、节日等活动的服务。	9051
		0752	文化娱乐经纪人	指各种文化娱乐经纪人活动。包括演员挑选、推荐服务，艺术家、作家经纪人服务，演员经纪人服务，模特经纪人服务，其他演员、艺术家经纪人服务。	9053
		0753	其他文化艺术经纪代理	指其他文化艺术经纪代理活动。	9059
		0754	婚庆典礼服务	仅指婚庆礼仪服务。该小类包含在婚姻服务行业小类中。	8070*
		0755	文化贸易代理服务	仅指文化贸易代理服务。该小类包含在贸易代理行业小类中。	5181*
		0756	票务代理服务	指除旅客交通票务代理外的各种票务代理服务。	7298
	076		文化设备（用品）出租服务		
		0761	休闲娱乐用品设备出租	指各种休闲娱乐用品设备出租活动。	7121

代码			类别名称	说明	行业分类代码
大类	中类	小类			
		0762	文化用品设备出租	指各种文化用品设备出租活动。	7123
	077		文化科研培训服务		
		0771	社会人文科学研究	指各种社会人文科学研究活动。	7350
		0772	学术理论社会（文化）团体	仅指学术理论社会团体、文化团体的服务。该小类包含在专业性团体行业小类中。	9521*
		0773	文化艺术培训	指国家学校教育制度以外，由正规学校或社会各界办的文化艺术培训活动，不包括少年儿童的课外艺术辅导班。	8393
		0774	文化艺术辅导	仅包括美术、舞蹈、音乐、书法和武术等辅导服务。该小类包含在其他未列明教育行业小类中。	8399*
08			文化装备生产		
	081		印刷设备制造		
		0811	印刷专用设备制造	指使用印刷或其他方式将图文信息转移到承印物上的专用生产设备的制造。	3542
		0812	复印和胶印设备制造	指各种用途的复印设备和集复印、打印、扫描、传真为一体的多功能一体机的制造；以及主要用于办公室的胶印设备、文字处理设备及零件的制造。	3474
	082		广播电视电影设备制造及销售		
		0821	广播电视节目制作及发射设备制造	指广播电视节目制作、发射设备及器材的制造。	3931
		0822	广播电视接收设备制造	指专业广播电视接收设备的制造，但不包括家用广播电视接收设备的制造。	3932
		0823	广播电视专用配件制造	指专业用录像重放及其他配套的广播电视设备的制造，但不包括家用广播电视装置的制造。	3933
		0824	专业音响设备制造	指广播电视、影剧院、录音棚、会议、各种场地等专业用录音、音响设备及其他配套设备的制造。	3934
		0825	应用电视设备及其他广播电视设备制造	指应用电视设备、其他广播电视设备和器材的制造。	3939
		0826	广播影视设备批发	指广播影视设备的批发和进出口活动。	5178
		0827	电影机械制造	指各种类型或用途的电影摄影机、电影录音摄影机、影像放映机及电影辅助器材和配件的制造。	3471
	083		摄录设备制造及销售		
		0831	影视录放设备制造	指非专业用录像机、摄像机、激光视盘机等影视设备整机及零部件的制造，包括教学用影视设备的制造，但不包括广播电视等专业影视设备的制造。	3953
		0832	娱乐用智能无人飞行器制造	指按照国家有关安全规定标准，经允许生产并主要用于娱乐的智能无人飞行器的制造。该小类包含在智能无人飞行器制造行业小类中。	3963*
		0833	幻灯及投影设备制造	指通过媒体将在电子成像器件上的文字图像、胶片上的文字图像、纸张上的文字图像及实物投射到银幕上的各种设备、器材及零配件的制造。	3472
		0834	照相机及器材制造	指各种类型或用途的照相机的制造。包括用以制备印刷板，用于水下或空中照相的照相机制造，以及照相机用闪光装置、摄影暗室装置和零件的制造。	3473
		0835	照相器材零售	指照相器材专门零售。	5248

代码			类别名称	说明	行业分类代码
大类	中类	小类			
	084		演艺设备制造及销售		
		0841	舞台及场地用灯制造	指演出舞台、演出场地、运动场地、大型活动场地用灯制造。	3873
		0842	舞台照明设备批发	仅指各类舞台照明设备的批发。该小类包含在电气设备批发行业小类中。	5175*
	085		游乐游艺设备制造		
		0851	露天游乐场所游乐设备制造	指主要安装在公园、游乐园、水上乐园、儿童乐园等露天游乐场所的电动及非电动游乐设备和游艺器材的制造。	2461
		0852	游艺用品及室内游艺器材制造	指主要供室内、桌上等游艺及娱乐场所使用的游乐设备、游艺器材和游艺娱乐用品，以及主要安装在室内游乐场所的电子游乐设备的制造。	2462
		0853	其他娱乐用品制造	指其他未列明的娱乐用品制造。	2469
	086		乐器制造及销售		
		0861	中乐器制造	指各种中乐器的制造活动。	2421
		0862	西乐器制造	指各种西乐器的制造活动。	2422
		0863	电子乐器制造	指各种电子乐器的制造活动。	2423
		0864	其他乐器及零件制造	指其他未列明的乐器、乐器零件及配套产品的制造。	2429
		0865	乐器批发	指各种乐器的批发活动。	5147
		0866	乐器零售	指各种乐器的零售活动。	5247
09			文化消费终端生产		
	091		文具制造及销售		
		0911	文具制造	指办公、学习等使用的各种文具的制造。	2411
		0912	文具用品批发	指文具用品的批发活动。	5141
		0913	文具用品零售	指文具用品的零售活动。	5241
	092		笔墨制造		
		0921	笔的制造	指用于学习、办公或绘画等用途的各种笔制品的制造。	2412
		0922	墨水、墨汁制造	指各种墨水、墨汁及墨汁类似品的制造活动。	2414
	093		玩具制造		
		0930	玩具制造	指以儿童为主要使用者，用于玩耍、智力开发等娱乐器具的制造。	2451-2456 2459
	094		节庆用品制造		
		0940	焰火、鞭炮产品制造	指节日、庆典用焰火及民用烟花、鞭炮等产品的制造。	2672
	095		信息服务终端制造及销售		
		0951	电视机制造	指非专业用电视机制造。包括彩色、黑白电视机以及其他视频设备（移动电视机和其他未列明视频设备）的制造。	3951
		0952	音响设备制造	指非专业用音箱、耳机、组合音响、功放、无线电收音机、收录音机等音响设备的制造。	3952
		0953	可穿戴智能文化设备制造	指由用户穿戴和控制，并且自然、持续地运行和交互的个人移动计算文化设备产品的制造。该小类包含在可穿戴智能设备制造行业小类中。	3961*

代码			类别名称	说明	行业分类代码
大类	中类	小类			
		0954	其他智能文化消费设备制造	指虚拟现实设备制造活动。该小类包含在其他智能消费设备制造行业小类中。	3969*
		0955	家用视听设备批发	指家用视听设备批发活动。	5137
		0956	家用视听设备零售	指专门经营电视、音响设备、摄录像设备等的店铺零售活动。	5271
		0957	其他文化用品批发	包括玩具批发服务以及玩具、游艺及娱乐用品、照相器材和其他文化娱乐用品批发和进出口。	5149
		0958	其他文化用品零售	指专门经营游艺用品及其他未列明文化用品的店铺零售活动。	5249

注：行业分类代码后标有“*”的表示该行业类别仅有部分内容属于文化及相关产业。

表 2 带“*”行业分类文化生产活动内容的说明

序号	国民经济行业分类及代码	文化及相关产业类别名称及小类代码	文化生产活动的内容
1	应用软件开发 （6513*）	多媒体、游戏动漫和数字出版软件开发（0243）	包括应用软件开发中的多媒体软件、游戏动漫软件、数字出版软件开发活动。
2	其他电信服务 （6319*）	增值电信文化服务 （0244）	仅指固定网增值电信、移动网增值电信、其他增值电信中的文化服务，包括手机报、个性化铃音等业务服务。
3	其他数字内容服务 （6579*）	其他文化数字内容服务 （0245）	仅指文化宣传领域数字内容服务。
4	工程设计活动 （7484*）	建筑设计服务 （0321）	仅包括房屋建筑工程，体育、休闲娱乐工程，室内装饰和风景园林工程专项设计服务。
5	互联网生活服务平台 （6432*）	互联网文化娱乐平台 （0450）	仅包括互联网演出购票平台、娱乐应用服务平台、音视频服务平台、读书平台、艺术品鉴定拍卖平台和文化艺术平台。
6	投资与资产管理 （7212*）	文化投资与资产管理 （0510）	指政府主管部门转变职能后，成立的国有文化资产管理机构和文化行业管理机构的活动；文化投资活动，不包括资本市场的投资。
7	企业总部管理 （7211*）	文化企业总部管理 （0521）	指不具体从事对外经营业务，只负责文化企业的重大决策、资产管理，协调管理下属各机构和内部日常工作的文化企业总部的活动，其对外经营业务由下属的独立核算单位或单独核算单位承担，还包括派出机构的活动（如办事处等）。
8	园区管理服务 （7221*）	文化产业园区管理 （0522）	仅指非政府部门的文化产业园区管理服务。
9	机制纸及纸板制造 （2221*）	文化用机制纸及纸板制造 （0711）	包括未涂布印刷书写用纸制造、涂布类印刷用纸制造、感应纸及纸板制造。
10	知识产权服务 （7520*）	版权和文化软件服务 （0730）	版权服务包括版权代理服务，版权鉴定服务，版权咨询服务，著作权登记服务，著作权使用报酬收转服务，版权交易、版权贸易服务和其他版权服务。文化软件服务指与文化有关的软件服务，包括软件代理、软件著作权登记、软件鉴定等服务。
11	婚姻服务 （8070*）	婚庆典礼服务 （0754）	指婚庆礼仪服务。包括婚礼策划、组织服务，婚礼租车服务，婚礼用品出租服务，婚礼摄像服务和其他婚姻服务。
12	贸易代理 （5181*）	文化贸易代理服务 （0755）	包括文化用品、图书、音像、文化用家用电器和广播电视器材等国际国内贸易代理服务。
13	专业性团体 （9521*）	学术理论社会（文化）团体 （0772）	学术理论社会团体包括党的理论研究、史学研究、思想工作研究、社会人文科学研究等团体的服务。文化团体包括新闻、图书、报刊、音像、版权、广播、电视、电影、演员、作家、文学艺术、美术家、摄影家、文物、博物馆、图书馆、文化馆、游乐园、公园、文艺理论研究、民族文化等团体的服务。

序号	国民经济行业分类及代码	文化及相关产业类别名称及小类代码	文化生产活动的内容
14	其他未列明教育（8399*）	文化艺术辅导（0774）	包括美术、舞蹈、音乐、书法和武术等辅导服务。
15	智能无人飞行器制造（3963*）	娱乐用智能无人飞行器制造（0832）	指按照国家有关安全规定标准，经允许生产并主要用于娱乐的智能无人飞行器的制造。
16	电气设备批发（5175*）	舞台照明设备批发（0842）	包括各类舞台照明设备的批发。
17	可穿戴智能设备制造（3961*）	可穿戴智能文化设备制造（0953）	指由用户穿戴和控制，并且自然、持续地运行和交互的个人移动计算文化设备产品的制造。
18	其他智能消费设备制造（3969*）	其他智能文化消费设备制造（0954）	仅指虚拟现实设备制造活动。